景区接待服务

主 编 郎富平 陈添珍 李 俊
副主编 藏 思 史云凡 张丽利

中国教育出版传媒集团

高等教育出版社 · 北京

内容提要

本教材为高等职业教育旅游大类专业新形态一体化教材，也是国家职业教育智慧景区开发与管理专业教学资源库配套教材，还是浙江省高职院校"十四五"重点教材。

本教材以教育部颁布的旅游大类专业目录和专业简介为依据，紧紧围绕旅游景区接待服务这一主题，采用育训结合、校企合作的方式组织内容，设置了认识旅游景区、职业道德与服务礼仪规范、景区预约服务、景区交通服务、景区游客中心服务、景区景点场馆服务、景区商业接待服务、景区导游讲解服务、景区游乐项目服务、景区定制服务、景区服务质量监控与管理 11 个模块。

本教材配套有一体化的教学资源，可通过扫描二维码在线学习，在提升学习兴趣的同时，也为学习者提供更多自主学习的空间；同时，还附有教学课件。此外，本书还配有数字课程，可登录智慧职教（www.icve.com.cn），在"景区接待服务（课程负责人：陈添珍）"课程页面在线观看、学习。教师也可利用智慧职教一键导入该数字课程，开展线上线下混合式教学。

本教材适用于高等职业院校、职业本科院校、应用型本科院校及中等职业学校旅游类相关专业师生学习使用，还可供相关从业人士作为业务参考书使用。

图书在版编目（CIP）数据

景区接待服务 / 郎富平，陈添珍，李俊主编. -- 北京：高等教育出版社，2023.11
ISBN 978-7-04-060924-0

Ⅰ.①景⋯　Ⅱ.①郎⋯ ②陈⋯ ③李⋯　Ⅲ.①旅游区–商业服务–高等职业教育–教材　Ⅳ.①F590

中国国家版本馆CIP数据核字（2023）第143809号

Jingqu Jiedai Fuwu

策划编辑	张　卫	责任编辑	张　卫	封面设计	姜　磊	版式设计	李彩丽
责任绘图	李沛蓉	责任校对	刁丽丽	责任印制	朱　琦		

出版发行	高等教育出版社	网　　址	http://www.hep.edu.cn
社　　址	北京市西城区德外大街 4 号		http://www.hep.com.cn
邮政编码	100120	网上订购	http://www.hepmall.com.cn
印　　刷	涿州汇美亿浓印刷有限公司		http://www.hepmall.com
开　　本	787mm×1092mm　1/16		http://www.hepmall.cn
印　　张	15.25		
字　　数	340 千字	版　　次	2023 年 11 月第 1 版
购书热线	010-58581118	印　　次	2023 年 11 月第 1 次印刷
咨询电话	400-810-0598	定　　价	46.00 元

本书如有缺页、倒页、脱页等质量问题，请到所购图书销售部门联系调换
版权所有　侵权必究
物 料 号　60924-00

当前,旅游业已成为全球的支柱产业之一,是世界各国推动社会经济发展,加强文化传播交流,促进和平友谊的重要载体。旅游景区作为旅游业的发展基础和发展主体,在实现旅游业高质量发展中具有重要作用。旅游景区是一个国家和地区人文资源、自然景观的精华,是展示民族文化和民族历史的窗口,通常是旅游目的地的标志之一。随着我国旅游业的快速发展,旅游景区的建设和接待服务水平越来越受到重视。据统计,截至 2022 年年底,全国共有 5A 级旅游景区 318 家,拥有各级各类景区 3 万余家。旅游景区接待业作为我国旅游业中发展最快的一个产业,已经成为中国旅游发展的主力军和国际旅游形象的重要组成部分。

在旅游景区发展过程中,接待服务质量不仅是景区管理水平的体现,也是影响游客体验感和满意度的重要因素,更是景区经济效益和品牌形象的关键点。随着旅游业的发展,游客在景区活动时间逐渐延长,活动空间不断扩大,活动项目日渐多元化,进而对景区的接待服务水平不断提出更新更高的要求。如何提供优质服务已经成为旅游景区高质量发展中的焦点。因此,景区注重接待服务的重要性和必要性不言而喻。

浙江旅游职业学院早在 2001 年就开设了“景区开发与管理”专业,从专业开设伊始,就一直将旅游景区相关岗位需求作为人才培养的重要导向之一。2021 年,教育部立足新发展阶段,对接新经济、新业态、新技术、新职业,将智能、智慧、数字化等内涵有机融合到专业建设中,将“景区开发与管理”专业更名为“智慧景区开发与管理”专业。同年,受教育部职成司、文化和旅游部科教司和全国旅游职业教育教学指导委员会委托,浙江旅游职业学院牵头开展智慧景区开发与管理专业教学标准研制工作。《景区接待服务》教材的编写以党的二十大精神为指引,落实立德树人的根本任务。教材内容契合了景区高质量发展的需要,也满足了新版专业目录下智慧景区开发与管理专业教学标准修订的需要,有利于提高专业适配产业升级的响应速度,为专业人才培养提供遵循和参照。

此外,该教材的编写背景也赋予了其特殊使命。一是基于智慧景区开发与管理专业国家级教学资源库建设,成为完善资源库配套课程体系的重要支撑;二是基于智慧景区开发与管理专业国家级教师教学创新团队建设及文体旅游(二)协作共同体建设,成为促进校际合作、推动专业建设及团队协作的重要载体;三是基于浙江省“十四五”重点教材建设,成为提升专业教材质量、深化教学改革的重要抓手。这些平台和项目也为教材的编写提供了有力的支持和保障,为景区接待服务人才培养和教育教学改革提供了宝贵的经验和资源。

该教材有以下特点。

1. 理论与实践并重,知行合一

在教学过程中,我们不难发现,学生们往往接触了很多理论知识,但却缺乏实际操作的经验,这导致他们在实际岗位工作中常常遇到很多困惑和困难。该教材既有传统理论与知识的梳理,也注重景区岗位的实践操作。教材内容按照梳理岗位职责—明确岗位管理制度—解析服务流程与规范—处理典型岗位任务的逻辑主线展开,让学生清晰了解岗位要求,高效掌握工作技巧。在常见岗位的基础上,编写团队还实现了两个升级:景区定制服务和景区服务质量监控与管理,定位更高的岗位目标与工作要求,既符合现实,又着眼于未来,具有较高的指导性和前瞻性。

2. 案例与情景多元,符合学生学习习惯

顺应国内外教材案例化的发展趋势,加大教材案例化的程度,各模块内容均由情景案例导入,引导学生通过典型案例、新闻报道、行业趋势等进行分析、思考与练习,加强学生理论与实践相结合的能力,体现职业教育类型特色和高职教材建设的方向。

3. 院校与企业合作,作者队伍实力较强

该教材作者既有来自5所旅游院校的专业教师,其中不乏原国家旅游局旅游业青年专家、博士、教授,也有宋城演艺集团、蜗牛(北京)景区管理有限公司等企业的高管、专家,践行了产教融合、校企合作的理念,为该教材增加了实践性、可读性和可操作性。

该教材是在浙江旅游职业学院旅游规划与设计学院院长郎富平教授的带领下,一批对景区接待服务的理论和实践有着深入研究和思考的骨干教师与行业专家共同努力的结果。在编写教材的过程中,经历了无数个日夜,反复修改和完善,把好的思路、优秀的案例、实用的技巧融入教材,力求使教材内容更加丰富实用。可以说,这本教材凝聚了他们的心血,汇集了他们的智慧,也正是他们的扎实功底和辛勤付出,为教材的高质量和实用性奠定了坚实的基础。

该教材可为广大旅游专业学生、景区管理者、服务人员以及相关专业人士提供有力的支持和帮助,促进景区行业的健康发展。同时,也希望读者能够在学习和实践中,充分利用好该教材,不断提升自己的服务水平和专业能力,共同推动我国旅游业的高质量发展。

王昆欣

浙江旅游职业学院教授

教育部全国旅游职业教育教学指导委员会副主任委员

2023 年 9 月　于杭州湘湖压湖山岛

党的二十大报告明确指出,要"坚持以文塑旅、以旅彰文,推进文化和旅游深度融合发展"。旅游不仅是人们日常生活的必要组成部分,可以让"人民生活更加幸福美好",而且是"讲好中国故事、传播好中国声音,展现可信、可爱、可敬的中国形象"的重要方式。旅游品质的好坏,直接影响到人民对美好生活是否实现的判断。应该说,优美的山水风光、浓郁的人文风情、丰富的产品业态、优质的服务质量,才能给游客营造好的旅游体验。但是,值得注意的是,影响游客满意度的主要因素,是旅游目的地的旅游景区或旅游度假区的接待服务水平与质量。景区接待服务水平的高低,归根结底就是地方旅游景区等行业企业人才队伍建设、运营与管理等综合能力与水平的体现。

本教材是编写团队多年磨合与思考沉淀的结晶。2019 年 11 月 8 日,教育部职业教育与成人教育司发布《关于公布 2019 年第二批职业教育专业教学资源库立项建设项目名单的通知》,由浙江旅游职业学院、太原旅游职业学院和云南旅游职业学院联合主持的景区开发与管理专业教学资源库正式立项,并正式将本教材所对应的"景区服务与管理"课程作为整个资源库的核心课程之一,开启了真正的校际共建共享;2020 年 5 月 28 日,教育部职业教育与成人教育司发布《关于开展职业院校专业目录动态调整调研论证工作的通知》,全国旅游职业教育教学指导委员会组织了包括浙江旅游职业学院、太原旅游职业学院、郑州旅游职业学院等在内的骨干院校开展了相关调研,景区开发与管理专业也正式更名为智慧景区开发与管理专业,同时也为进一步扩大合作院校并联合开展本教材的编写奠定了基础。2021 年 8 月 9 日,全国旅游职业教育教学指导委员会发布《关于提交专业简介和教学标准修(制)订详细工作计划的通知》,正式启动了新版专业目录下专业简介和教学标准修(制)订工作。浙江旅游职业学院负责牵头修订智慧景区开发与管理专业简介和教学标准相关工作。期间,通过大量的人才需求调研及相关企业的座谈交流,最终将原"景区服务与管理"核心课程拆分为"景区接待服务"和"景区运营与管理实务"两门课程,均作为智慧景区开发与管理专业的核心课程。2021 年年底,由浙江旅游职业学院与蜗牛(北京)景区管理有限公司联合研究,分别系统梳理了"景区接待服务"和"景区运营与管理实务"两门课程的内容框架,相关成果于 2022 年 8 月被浙江省文化和旅游厅正式公布并纳入第一批旅游业"微改造、精提升"技术导则,充分体现了行业的认可度。2022 年 6 月 30 日,浙江省正式启动了高职院校"十四五"首批重点教材建设项目申报工作。浙江旅游职业学院在前期团队磨合、框架内容设计和样章撰写的基础上,正式与高等教育出版社合作,联合申报并获得了浙江省高职院校"十四五"首批重点教材建设项目立项。

高等职业教育必须紧跟行业发展的实际需求,高等职业教育的教材也必须贴近行业实践与操作规程,才能培养出符合时代发展与企业需求的高技能专业人才。本教材以党的二十大精神为指引,贯彻立德树人的根本任务,紧跟高等职业教育"三教"改革的步伐,紧扣旅游行业新技术、新规范、新标准等发展变化,针对旅游景区的实际岗位特征与需求,重点让学习者掌握景区接待服务流程、技巧及典型任务的处理,从而能够胜任景区接待服务岗位的系列工作。

本教材内容编排科学、普适性强。在编写过程中,以职业教育的类型特色和学习者的学习认知规律为基础,设置了"9+1+1"的内容模块:前9个模块是景区接待服务的基础岗位要求,是每个学习者或基层从业人员均需掌握的基础知识、素质与能力;第10个模块是在掌握景区基础岗位能力的基础之上,针对个性化接待服务所应该掌握的知识、素质与能力,通常面向景区接待服务部门的主管级或部门助理级岗位,是前9个模块的能力进阶;第11个模块则是面向前10个模块的平行监控与管理,不仅要求学习者全面掌握各项知识、素质与能力,而且要根据景区品质化运营管理、品牌形象塑造等要求进行服务质量的管理,通常是面向景区接待服务部门的负责人或质量控制部门的负责人。

本教材逻辑清晰、科学性强。我们紧紧围绕旅游景区专业人才培养中需求量最大且游客最为在意的景区接待服务系列工作任务及配套能力培养,结合智慧景区开发与管理专业教学标准与国家级教学资源库核心课程"景区服务与管理"教学改革所提出的要求,在内容上以专业学生将来要从事的相关工作内容和本专业教学所要求的知识、能力、素养标准为依据,进行了必要的整合。教材采用学习目标、情景案例、项目小结、讨论与思考、项目测验、扩展技能训练的栏目设置,突出了对素质的夯实、技能的训练、知识的运用及其提升,以求更加贴近岗位的实际并及时做好复习巩固。

作为智慧景区开发与管理专业国家级教学资源库的核心课程,本教材还配备了丰富的在线教学资源(标准化课程),可以通过访问智慧景区开发与管理专业教学资源库官方网站(http://www.icve.com.cn/jqkfygl)查询。未来,教材编写组会持续对课程资源进行更新。

本教材共设置11个模块36个单元,由全国旅游职业教育教学指导委员会景区与休闲类专委会办公室主任、浙江旅游职业学院旅游规划与设计学院院长郎富平统筹设计编写体例并总纂、统稿,对部分项目、任务的内容进行了调整,具体的编写分工为:浙江旅游职业学院郎富平(模块1、模块4、模块6、模块10和模块11),浙江旅游职业学院陈添珍(模块3、模块5、模块6、模块9),浙江旅游职业学院陈蔚(模块2、模块10),太原旅游职业学院许萍(模块8),山西旅游职业学院杨滢(模块7),蜗牛(北京)景区管理有限公司史云凡(模块4),郑州旅游职业学院藏思(模块6)等。郑州旅游职业学院李俊、三峡旅游职业技术学院张丽利、宋城演艺赵雪璎、蜗牛(北京)景区管理有限公司徐挺对教材整体设计与编写策划提供了案例和很好的建议。浙江旅游职业学院原党委书记、全国旅游职业教育教学指导委员会副主任委员王昆欣教授对教材的编写进行了悉心的指导；书中的部分规章制度、流程规范、岗位职责及案例得到了宋城演艺、上海海昌、上海欢乐谷、杭州 HelloKitty 乐园、兰里景区、杭州低碳科技馆等单位的支持。在此，一并表示衷心的感谢！

在编写过程中由于时间比较仓促，加之水平有限，书中的疏漏在所难免，恳请广大师生、读者不吝赐教，以便今后不断完善。

编者

2023 年 9 月

目录 <<<<<<

二维码资源目录 <<<<<<

模块 1　认识旅游景区

◆ **学习目标**

● **素养目标**

1. 能意识到旅游景区从业人员应遵守的职业道德。

2. 能发现旅游景区中的美与品牌影响力。

3. 能善于多途径分析判断旅游景区的发展现状。

● **知识目标**

1. 了解旅游景区相关的法律法规、标准等基础知识。

2. 理解旅游景区的概念、特征与类型。

3. 了解旅游景区的发展历史与发展趋势。

● **能力目标**

1. 能有效辨析旅游景区的类型、内涵及核心竞争力。

2. 能分析诊断旅游景区存在的表面问题及其深层次原因。

3. 能结合景区未来发展趋势,提出旅游景区提升整改的对策与措施。

情景案例

菜品量化公示缘何成为景区餐饮的"一股清流"？

2023年春节假期"黄金周"，国内热门旅游目的地或旅游景区餐饮情况频频登上热搜。1月28日，一位网友发布了一张牛肉面量化公示牌照片。公示牌不仅标明了牛肉面的价格，还标明了面条、丸子、牛肉片、汤的份量。图片显示，牛肉面内含面、3颗丸子、3片牛肉、香菜和汤等配料，含碗总重1190克，价格为每碗15元。该景区工作人员回应，这是景区开展的量化公示工作，参与量化公示的店面已经超过60家。

随着旅游景区功能综合化趋势越来越明显，餐饮、住宿等是景区的软实力，与景区口碑有着唇亡齿寒的因果联系。所以，景区管理部门应做好景区业态管理，保障游客的权益。

（资料来源：中国旅游报，2023-01-31，有删改）

想一想：旅游景区精细化管理是否有必要？作为旅游行业从业人员，应该遵守哪些职业道德？

视频：旅游业
的发展现状

单元1　旅游业与旅游景区

一、旅游业的发展现状

我国旅游历史起源较早，但现代意义的旅游业主要崛起于改革开放以后，尤其是自20世纪90年代后，我国旅游业快速发展。在1998年，中国已经成为世界最大的国内旅游国；自此，旅游业的经济增长也得到了各级政府的广泛重视。随着我国市场经济的逐步发展与完善，国民旅游和休闲的消费观念也发生了翻天覆地的变化，再加上航空、高速等交通条件的不断完善与升级，使得国内旅游业逐步盛行并壮大，已经成为百姓生活中的重要组成部分。2017年党的十九大报告明确指出，我国社会主要矛盾已经转化为人民日益增长的美好生活需要和不平衡不充分的发展之间的矛盾。为满足人民群众日益增长的美好生活需要，国务院于2019年年初正式组建了国家文化和旅游部，掀开了文化和旅游全面融合发展的新篇章。三年疫情，对旅游业的发展造成了巨大的冲击。2022年党的二十大报告明确指出要"坚持以文塑旅、以旅彰文，推进文化和旅游深度融合发展"，使旅游业的发展有了更加明确的目标、更加明确的方向、更加强劲的动力。

（一）旅游业发展的现状分析

1. 旅游业总体发展向好的趋势不变

截至2022年年底，国内游客接待量为25.30亿人次，比上年同期减少7.16亿人次，同比下降22.1%。可见，受新冠疫情影响，我国国内旅游业退回到2011年的水平，出入境旅游则基本归零；国内旅游总人次仅为2019年疫情前的42.12%。2022年国内旅游总收入为2.04

万亿元,比上年减少 0.87 万亿元,同比下降 30.0%,总收入仅为 2019 年疫情前的 30.77%。由此可见,疫情的影响不仅导致国内旅游总人次及旅游收入的双双下降,导致我国连续增长的态势明显受挫,而且折射出旅游平均消费水平的"缩水"、游客出游的信心也受影响。同时,2021 年年末,全国共有 A 级景区 14 196 个,从业人员 157 万人,全年接待总人数 35.4 亿人次,实现旅游收入 2 228.1 亿元。但是,值得注意的是,2022 年年底国家"乙类乙管"总体方案的发布以及 2023 年 1 月 8 日起入境免隔离与开放出境游的消息,使得我国正全面重启国内旅游市场、加速重归世界旅游体系。据国家文化和旅游部数据中心统计,2023 年春节假期全国国内旅游出游 3.08 亿人次,同比增长 23.1%,恢复至 2019 年同期的 88.6%;实现国内旅游收入 3 758.43 亿元,同比增长 30%,恢复至 2019 年同期的 73.1%。因此,我国旅游业总体发展向好的趋势不变。表 1-1 为 2010—2022 年中国旅游业主要发展指标。

表 1-1 2010—2022 年中国旅游业主要发展指标

年份	国内旅游人次/亿人次	国内旅游收入/万亿元	入境旅游人次/万人次	入境旅游收入/亿美元	出境旅游人次/万人次	旅游总收入/万亿元
2010 年	21.03	1.26	13 376	458.14	5 739	1.57
2011 年	26.41	1.93	13 542	484.64	7 025	2.25
2012 年	29.57	2.27	13 241	500.28	8 318	2.59
2013 年	32.62	2.63	12 908	516.64	9 819	2.95
2014 年	36.11	3.03	12 850	1 053.80	10 728	3.73
2015 年	39.90	3.42	13 382	1 136.50	11 689	4.13
2016 年	44.35	3.94	13 844	1 200.00	12 203	4.69
2017 年	50.01	4.57	13 948	1 234.17	13 051	5.40
2018 年	55.39	5.13	14 120	1 271.03	14 972	5.97
2019 年	60.06	5.73	14 531	1 313.00	15 463	6.63
2020 年	28.79	2.23	—	—	—	2.23
2021 年	35.40	2.92	—	—	—	2.92
2022 年	25.30	2.04	—	—	—	2.04

注:数据来自《中华人民共和国文化和旅游部 2019 年文化和旅游发展统计公报》《中华人民共和国文化和旅游部 2021 年文化和旅游发展统计公报》《中华人民共和国文化和旅游部 2022 年度国内旅游数据情况》。

2. 旅游业发展环境不断优化

旅游业发展环境不断优化,主要体现在三个方面:一是体制机制不断改革完善,促进文化和旅游资源的有效、科学开发与利用。从国家层面到各级地方政府,结合各自资源优势与特征,实现了旅游和文化、广电、影视、体育等相关职能部门的有机融合,实现了相应旅游资源的科学、有效开发与利用;同时,原有国土、环境、林业、建设等部门的高等级旅游资源也均实现了统一归口管理,为后续开发高品质、高资源依托型旅游产品提供了可能。二是相关政策法规日益完善。"十一五"以来,我国旅游业相关政策法规或条例相继出台。2006 年,

《风景名胜区条例》(国务院令第 474 号)正式颁布实施,结束了我国风景名胜区管理暂行 20 余年的历史;2009 年,《国务院关于加快旅游业发展的意见》(国发〔2009〕41 号)正式颁布实施,旅游业发展进入新纪元;2013 年,《国民旅游休闲纲要》(国办发〔2013〕10 号)和《中华人民共和国旅游法》相继颁布实施;2014 年,《国务院关于促进旅游业改革发展的若干意见》(国发〔2014〕31 号)文件颁布实施,并明确了各部委的工作职责;2015 年,《国务院办公厅关于进一步促进旅游投资和消费的若干意见》(国办发〔2015〕62 号)颁布实施,重点关注通过改革创新促进旅游投资和消费;2016 年,《国务院关于印发“十三五”旅游业发展规划的通知》(国发〔2016〕70 号)首次实现了旅游业五年规划由国务院直接发布;2018 年,《国务院办公厅关于促进全域旅游发展的指导意见》(国办发〔2018〕15 号)颁布实施,以有效缓解我国旅游业供给不足;2019 年,《国务院办公厅关于进一步激发文化和旅游消费潜力的意见》(国办发〔2019〕41 号)颁布实施,更加注重以高质量文化和旅游供给增强人民群众的获得感和幸福感。三是旅游业发展的基础设施不断提升优化。在我国进入全面建设社会主义现代化强国的新征程背景下,不仅是涵盖高速公路、高铁、机场等方面的外部大交通条件全面改善提升,而且还涉及地方城乡交通一体化、汽车租赁服务、公共自行车等快速布局以及以旅游厕所为代表的公共服务体系日益完善,均大大方便了游客的出行;不仅是城乡现代服务业的日益完善,而且是现代互联网技术的全面融入,使得游客真正实现了“一部手机玩遍世界”。

(二)旅游业发展的诊断分析

在我国旅游业快速发展壮大的同时,也依然存在诸多的短板或结构性矛盾,主要表现在如下几个方面。

1. 旅游业政策法规相对滞后

虽然自“十二五”以来,国家文化和旅游部等相关部门乃至国务院出台了一系列的相关政策、标准与文件,但随着开放、共享理念的提出和深入,共享经济模式在旅游业中的应用更加广泛,势必会对传统的旅游业造成一定的冲击。传统的酒店业、传统的旅游景区、传统的旅行社、传统的出租车公司都或多或少受到影响,改革势在必行。共享经济、共享旅游的出现在很多领域带给我们新的命题,如税务的征收、就业模式和监管模式的创新等。同时,随着以“互联网+”为代表的信息技术全面渗透与全域旅游的快速发展,旅游业新兴业态层出不穷。虽然共享经济和信息技术已成为老百姓生活必不可少的一部分,但与之相关的法律法规、政策制度尚不完善,甚至仍是空白,旅游业各个领域的相关政策法规、标准、规范等急需加紧落地。

2. 在线旅游平台的监管挑战不断

近年来,随着旅游消费的不断升级,旅游市场的规模也不断增长,但是对于 OTA(Online Travel Agent,在线旅游服务商)平台来说,挑战和竞争也加倍升级,“小而精、高利润”的个性化定制游,已经成为在线旅游服务商的热门竞技场,尤其是受三年疫情的影响。在线旅游服务商认为只有不断开发符合消费者需求的个性化产品,花式“引客留人”,才能抢占中高端旅游市场。这样的个性化定制旅游虽然吸引力十足,但是近几年在线旅游服务商不能按约定提供服务、相关提示环节不到位、旅游投诉渠道不畅通、问题解决不及时等问题仍然层出不穷,缺乏相应的评价体系导致对 OTA 的监管仍是巨大挑战。此外,在线旅游平台与旅游景区、旅游度假区及旅游酒店等旅游产品的直接供应商对接不畅、信息不对称或对其情况不熟悉等,均对游客投诉产生了较大的影响。

3. 旅游景区、度假区等供给侧的结构性矛盾明显

自 1999 年,《旅游区(点)质量等级的划分与评定》(GB/T 17775—1999)等颁布实施以来,我国旅游景区和旅游度假区快速发展。2003 年,《旅游景区质量等级的划分与评定》(GB/T 17775—2003)颁布实施,旅游景区发展步入快车道和规范化阶段。但是,国内旅游景区或度假区发展,依然存在供给侧的结构性矛盾:一是存在两极分化现象,即以部分国家 5A 级景区为代表的高品级旅游景区门庭若市和大部分中低级景区门可罗雀并存;二是景区依然以传统的观光游览为主,休闲氛围营造缺失、体验产品培育不足等问题突出;三是多数景区、度假区的经营管理等专业技能人才缺失,导致接待、经营、产品研发等过程中的不规范、不科学等问题频出。

4. 旅游项目规划及开发的系统性和全面性不足

自"十二五"以来,随着我国国民经济的转型发展,大量民营企业以及国有企业纷纷进入文化和旅游产业,形成了文化旅游项目的投资及开发热潮。但是,对于如何理性、科学、系统、全面地进行投资与开发,大多数企业并没有遵循旅游业的发展规律与目标细分市场的消费规律。在建设一些主题特色明显的旅游景区、主题公园和大型游乐园等文化旅游项目时,部分项目在开发建设前期并未经过详细、系统、全面、专业的规划或策划,甚至还出现"边规划、边报批、边建设、边开放"的"四边现象",严重违背了文化、旅游产业"统筹全局、和谐发展"的总体原则,导致很多旅游项目呈现出"粗制滥造""简易山寨"等问题,不利于旅游业的可持续、健康发展。而作为地方文化和旅游业投资建设主体的县级文化和旅游国有企业,则又普遍存在"重建设、轻运营"现象,导致坐拥县域优良文化和旅游资源开发项目,建成即"亏损"成为常态。

5. 旅游管理与市场监管不到位

文化和旅游部等主管部门一再强调的"不合理低价、强迫消费、虚假广告、欺客宰客"等问题依然不同程度存在;"一日游"不履约、个别景区或购物点高额回扣经营等现象严重扰乱了市场秩序、景区流量控制不严格等问题也时有发生,迫切需要各级相关部门联合加强旅游业的市场监管,通过进一步完善管理机制及措施来加以解决。同时,旅游综合执法力度有待加强,旅游市场秩序涉及点多、面广,监管难度大,有些单位不同程度存在重投诉、轻处罚现象。此外,对于涉及跨部门、跨行业问题,存在协调联动不够积极主动、整治工作不够及时有效等问题。

二、旅游业发展的新趋势

(一)旅游业发展的新机遇

1. 以旅游休闲为代表的消费驱动经济发展机制基本形成

国家统计局初步核算结果数据显示,2022 年,我国人均 GDP 已经达到 85 724 元,折合 12 745 美元(按 2022 年美元与人民币平均汇率 6.726 1 折算);

视频:旅游业发展的新趋势

2021年,全国居民恩格尔系数为29.8%(受疫情等因素影响,高于2019年的28.2%),全年最终消费支出拉动国内生产总值增长5.3个百分点;全年全国居民人均消费支出中,服务性消费支出占比为44.2%,比上年增长17.8%。尤其值得重视的是,2022年年底,中共中央、国务院印发《扩大内需战略规划纲要(2022—2035年)》明确要进一步发挥国内超大规模市场优势,坚定实施扩大内需战略,扩大居民包括旅游消费在内的消费和有效投资。因此,消费作为经济增长主动力的地位与作用进一步巩固,人民群众对旅游休闲的消费需求日益强烈,以旅游景区为核心载体的现代文化和旅游发展迎来了崭新的机遇期。同时,随着人们生活水平的提高与收入的增加,其对旅游休闲消费的主题化、体验化、规范化、个性化及品质化的需求也越来越明显。在此情境下,能够满足游客此类消费需求特征的旅游产品必将迎来大发展。

2. 各项利好政策加快旅游供给侧结构性改革

2018年3月,《国务院办公厅关于促进全域旅游发展的指导意见》(国办发〔2018〕15号)强调要牢固树立和贯彻落实新发展理念,按照"统筹协调,融合发展;因地制宜,绿色发展;改革创新,示范引导"三项基本原则,加快旅游供给侧结构性改革,以实现旅游发展全域化、旅游供给品质化、旅游效益最大化的重要目标。2019年8月,《国务院办公厅关于进一步激发文化和旅游消费潜力的意见》(国办发〔2019〕41号)提出要"顺应文化和旅游消费提质转型升级新趋势,深化文化和旅游领域供给侧结构性改革,从供需两端发力,不断激发文化和旅游消费潜力",并提出了推出消费惠民措施、提高消费便捷程度、提升入境旅游环境、推进消费试点示范、着力丰富产品供给、推动旅游景区提质扩容、发展假日和夜间经济、促进产业融合发展、严格市场监管执法等九条路径任务和两条保障措施。2022年年底,中共中央、国务院印发的《扩大内需战略规划纲要(2022—2035年)》更是明确要"扩大文化和旅游消费。完善现代文化产业体系和文化市场体系,推进优质文化资源开发,推动中华优秀传统文化创造性转化、创新性发展。鼓励文化文物单位依托馆藏文化资源,开发各类文化创意产品,扩大优质文化产品和服务供给。大力发展度假休闲旅游。拓展多样化、个性化、定制化旅游产品和服务。加快培育海岛、邮轮、低空、沙漠等旅游业态。"

3. 以高铁为代表的现代交通体系助力旅游交通升级

随着第三产业的浪潮席卷而来,旅游交通问题也一直是社会关注的一个热点,旅游交通是带动旅游业发展的关键"引擎",是旅游客源地与目的地之间的桥梁。近年来,"高铁+租车""飞机+租车"等新兴旅游交通组合方式日益流行,已经成为近程游客与中远程游客出行的重要选择方式。我国非常重视高铁方面的长期建设与规划。2022年年底全国铁路营业里程达15.5万千米,其中高铁营业里程达到3.5万千米,稳居世界第一。目前,我国依托已经建成的高铁路网,形成了几条经典旅游线路:如在首都北京西北,张呼高铁与大张高铁、京张高铁同步通车,京津冀地区游客可实现内蒙古大草原"一日游";在武陵山区,黔张常铁路开通运营,恩施、湘西、张家界等"诗与远方"不再遥远。另外,根据我国《新时代中长期铁路网规划(2020—2035年)》可知,未来我国在基本成形的"八纵八横"为骨架的高铁网基础上,逐步调整为"十纵十横"或"十二纵十二横"高速铁路主通道,将实现我国高铁网络的全覆盖,必将对旅游业的发展起到至关重要的作用。

4. 文化和旅游的融合为旅游业发展赋予了新的内生动力

2018 年 3 月,根据国务院机构改革方案,对原文化部和原国家旅游局进行职责整合,不再保留文化部和国家旅游局,将新组建的文化和旅游部作为国务院的组成部门,重点推进文化事业、文化产业和旅游业的发展。文化和旅游部的组建,将推进文化与旅游工作更紧密的融合,既符合二者内在属性的关联,又把握了当下与未来消费升级的内在需求,还能解决旅游开发过程中的痛点与短板,对发展优质旅游、全域旅游以及打造超级旅游 IP 具有重要意义。文化和旅游部的组建,使得"文化 + 旅游"成为国内文化和旅游产业发展的重要推动力。党的二十大报告明确指出要推进文化和旅游深度融合发展,这将全面推动文化和旅游企业加大文化资源内涵的挖掘力度、在打造旅游硬件设施与项目以及培育旅游产品的同时注入更多文化内涵或元素,从而助力旅游业的整体转型升级,解决其原生内动力问题。例如,浙江省在 2022 年 11 月 19 日印发实施了《关于推进文化和旅游产业深度融合高质量发展的实施意见》。

(二) 旅游业发展的新挑战

1. 旅游人数增速放缓成必然,旅游业未来更加依靠消费质量

我国的旅游业伴随着国民经济的快速发展已经在快速增长的道路上飞驰了 20 余年,尤其是"十二五"和"十三五"期间,我国旅游业接待人数及旅游总收入两个指标的增速均明显高于 GDP 的增速(2020—2022 年受疫情影响除外,具体如图 1-1 所示)。但是,值得注意的是,我国国民经济已经明显进入转型升级的新常态。历来旅游发展与经济发展之间具有一定的滞后性,经济发展增速放缓,可支配收入增速也相对下降,必然反映在消费上。在我国人口结构进入老龄化的总体背景下,旅游人数增速放缓是必然的。因此,在这种情况下,只有高质量发展的旅游景区凭借吸引更多且高质量的游客,才能继续生存下去。

图 1-1 我国 2011—2022 年 GDP 与旅游业主要指标增速对比柱状图

2. 旅游业加速迭代

在旅游接待人数增速放缓的同时,旅游人均消费的下降也成趋势。2012 年全国旅游总人数 30.89 亿人次,旅游总收入 2.59 万亿元,旅游每人每次平均消费 838 元;2013 年全国旅游总人数 33.91 亿人次,旅游总收入 2.95 万亿元,旅游每人每次平均消费 870 元;2014 年全国旅游总人数 37.40 亿人次,旅游总收入 3.73 万亿元,旅游每人每次平均消费 997 元;2015 年全国旅游总人数 41.24 亿人次,旅游总收入 4.13 万亿元,旅游每人每次平均消费 1 001 元;2016 年全国旅游总人数 45.73 亿人次,旅游总收入 4.69 万亿元,旅游每人每次平均消费 1 026 元;2017 年全国旅游总人数 51.40 亿人次,旅游总收入 5.40 万亿元,旅游每人每次平均消费 1 051 元;2018 年全国旅游总人数 56.80 亿人次,旅游总收入 5.97 万亿元,旅游每人每次平均消费 1 051 元;2019 年全国旅游总人数 61.51 亿人次,旅游总收入 6.63 万亿元,旅游每人每次平均消费 1 078 元;2020 年全国旅游总人数 28.79 亿人次,旅游总收入 2.23 万亿元,旅游每人每次平均消费 775 元;2021 年全国旅游总人数 35.40 亿人次,旅游总收入 2.92 万亿元,旅游每人每次平均消费 825 元;2022 年全国旅游总人数 25.30 亿人次,旅游总收入 2.04 万亿元,旅游每人每次平均消费 806 元。可以看出,旅游每人每次平均消费的增长率明显低于物价上涨指数,尤其是 2017—2018 年的增速几乎为零。加上 2020—2022 年在受疫情影响的情况下,仍有大量新增或新建的旅游项目。因此,未来旅游业的发展,如何激发或扩大游客的平均消费水平、提升旅游行业利润率是关键。

3. 旅游规划行业下行成必然,主题创意挑战渐成主流

随着全国各种类型的特色小镇、风情小镇、运动休闲、乡村振兴、全域旅游等概念或项目的兴起,大量的资金、优惠政策及社会资本涌向乡村振兴领域,与特色小镇可以选择不同产业并通过地产、文旅、产业等多种形式变现不同,乡村振兴的投资领域少,可变现的路径更少。在这种情况下,乡村旅游成为乡村振兴为数不多的可变现选择路径。但是,乡村旅游项目的基本盘就是本地游客,本地客源群体总体没有大增长,乡村旅游竞争的激烈程度必然加大,相关项目后续必然乏力。因此,未来旅游规划行业必须深入旅游运营本身,以运营前置或过程思维来整体思考项目的策划与空间落地,迎合企业发展主题与特色、紧扣未来旅游消费群体需求的策划与规划,需要旅游规划企业深耕行业、持续跟进,蜻蜓点水式的"宏大叙事"敌不过市场的精细考验。

4. 刺激型的网红项目溢出效应降低成必然,主题与 IP 培育将是核心竞争力

近年来,在诸多的网红景区中有一大批是依靠网红项目带火的,不仅包括诸如玻璃桥、玻璃滑道、摇摆桥、无边泳池、灯光秀、悬崖秋千等网红项目带火了许多景区,而且也包括乡村民宿、亲子乐园等热门领域的项目。最火爆的当属玻璃桥项目,在某些景区中能够带来 6~10 倍的旅游人数增幅,有的景区甚至能达 10 倍以上的旅游人数增幅。但是,到了 2019 年,大部分网红项目已经风光不再。原因主要有两个:一是同质化的项目造成过度供给。目前,玻璃桥、玻璃滑道等几乎成为了山岳型景区的必备选择,这种情况下,其作为网红项目的溢出效应归零;二是网红项目并非依托景区自有主题或 IP(Intellectual Property,知识产权)设计而来,天生具有高仿性或可复制性,使其生命周期普遍偏短。虽然未来仍然会有网红项目的营造,但也仅仅只能作为点缀或辅助产品,其网红属性会进一步消退,网红项目会逐步回归项目本身。因此,未来旅游业的发展将更加注重地方文化基因解码、文化内涵挖掘、主题特色的营造与地方 IP 的培育,具有核心主题内涵与 IP 的产品和项目才是真正具有生命

力与竞争力的。

5. 在线旅游营销渠道格局大变成必然,景区营销渠道建设挑战不断

可以说,在互联网的世界里,"消灭你,但与你无关"的跨界威胁从未停止。与之前"百家争鸣"情况完全不同的是,B(百度)A(阿里)T(腾讯)对整个互联网流量的收缴步伐日益加快。在未来几年内,除了携程去哪儿、美团点评和阿里飞猪等三巨头在在线旅游市场中纵横捭阖、真枪实弹的市场比拼之外,位居第二梯队和第三梯队的同程艺龙、途牛、马蜂窝、驴妈妈、众信旅游等企业,则面临着更加残酷的生存市场。此外,2020年以来抖音、小红书等新兴自媒体快速崛起,已经成为包括旅游业在内的重要营销渠道。旅游景区如何调整未来营销渠道建设也将是非常重要的挑战之一。

6. 境外旅游快速恢复并持续火爆已成必然,海外旅游及投资逐步挤压国内旅游

随着我国国际地位的不断上升、综合国力的增强及人们收入水平的提高,海外高品质旅游产品对国内旅游市场形成了极大挑战。可以说,出境旅游群体是一个稳定增长的市场,而且是一个高消费市场,这个是随着中国的中等收入群体人群壮大而壮大的,从某种程度上来说,中国经济持续增长,中等收入群体的增长就会继续,对海外旅游的需求就会继续增加。虽然疫情使出入境旅游按下了暂停键,但是2023年年初随着国家"乙类乙管"方案的实施,出境旅游也正逐步加快复苏的步伐,也必将快速恢复并持续发展壮大。正因为如此,反而对国内旅游业形成了新的竞争压力与倒逼机制。此外,"一带一路"倡议提出至今,中国同"一带一路"沿线国家的经济联系日益紧密,不仅输出了大量客流,而且也输出了旅游投资。背靠中国庞大的市场、合理利用"一带一路"沿线国家劳动力资源、自然资源、土地、原材料等,享受当地及国际优惠的税务及其他政策,将成为众多出海投资企业的选择,使得国内旅游业相对减少了"输血"的机会。

7. 旅游消费的主流趋势日渐清晰,旅游景区应紧抓不放

当前,旅游消费的主流趋势也日渐清晰:一是新生代的消费趋势。"70后""80后"虽然已经撑起消费半边天,但"90后"和"00后"等新生代人群则共同撑起了超3亿人的大市场,他们对娱乐、动漫、美妆、旅游、美食等均非常敏感,且消费收入占比奇高、潜力非常大、兴趣点转移快。二是老龄化趋势。2022年我国60岁以上的人口总数2.80亿,占总人口比例达19.8%,65岁以上人口已达2.10亿,占总人口比例达14.9%。因此,老龄化的趋势在中国非常显著,但我国依然主要以家庭养老为主体的方式维系运转,中国老龄化趋势对于社会养老的需求巨大,养老旅游供给缺口巨大,但产品及运营模式探索仍在进行。三是健康体育与养生消费趋势。经济发展水平越高,人们对于自身的健康养生就越重视,对于能够提升健康的康养、医疗、保健、运动、休闲方面,就越愿意投入更多的精力与资金。对标欧洲、美国、日本,我国在这些方面的市场空间正在加快释放中,健康体育、休闲养生的潜在市场很大。面对这三大趋势,旅游景区该何去何从? 都非常值得我们深思,也是未来旅游景区在围绕既定主题下转型升级的重要可选方向。

8. 跨界联合与抱团发展已成主流,单枪匹马已然落伍

在经济形势紧张、资本寒冬以及市场竞争激烈的时期,把握市场、精准营销是旅游企业持续发展的必备技能。对于旅游企业而言,针对目标市场进行精准营销,就不得不实现跨

界联合,如旅行社、景区、酒店与新媒体结合开展营销推广就是势在必行的手段。例如,旅游景区在现有客群的基础上与新媒体合作,成就了诸多的网红景区,甚至很多旅游景区开辟了自己的 OTA 业务或旅行社;与研学或培训机构合作,衍生了研学实践项目与亲子教育项目;与无人机企业、动漫群体等合作,产生了诸多的小群体节庆活动。

9. 资源导向阶段向创新运营导向阶段转变已成事实

旅游业发展主要经历了"资源导向阶段""资金导向阶段""创新导向阶段"三个阶段。在旅游发展的初级阶段,必然是资源为王的,谁占有了优质旅游资源,拥有一定的交通条件就能够实现躺着挣钱的梦想,这一点在凤凰古城、香格里拉、黄山等一大批中国知名风景区都可以看到缩影。但是,优质的资源总是有限的,在旅游业发展浪潮中,依然有不少地区,尤其是东部发达地区,曾经涌现出一大批"无中生有"的景区,在大量资金投入运作之下,也成就了一批知名旅游景区或企业,尤其是以主题公园为代表的旅游企业。但是,在整个国家经济逐步转向现代服务业的过程中,仅有资源和资本似乎也已经过时,通过规范的、高品质的运营管理及创新,才能在竞争热潮中占得一席之地。实际上,旅行社、酒店、旅游交通等旅游业态早就进入了运营为王的阶段,运营定生死。目前,旅游景区也已经全面进入运营定生死的阶段,而当下景区的高素质综合型运营管理人才则非常稀缺。

三、旅游景区对旅游业发展的影响与作用

(一)旅游景区是地方旅游业发展的核心依托

虽然国内外游客的旅游方式及游客偏好的旅游产品等均发生了重大变化,但是游客在出游决策过程中,旅游景区的品质、数量、品牌以及集聚度等都是要考虑的重要因素。虽然游客在外出旅游过程中,表面上存在部分游客仅仅为了美食、酒店或节庆活动等原因而出游,但是实际上也与旅游景区存在"藕断丝连"的关系,因为他们所喜爱的美食可能位于某旅游目的地的历史街区,他们所喜爱的酒店可能拥有了景区的功能。可以说,旅游景区的旅游资源是吸引游客外出旅游的重要动力。各地旅游业通过旅游景区对游客产生吸引力,促进其旅游消费,并同步带动了游客对住宿、餐饮、交通、购物、娱乐等旅游业要素的直接消费,也带动了游客对目的地地产、金融、商贸零售等相关要素的间接消费。因此,旅游景区是地方旅游业发展的核心依托,是获得综合经济效益的前提或平台。

(二)旅游景区是地方旅游业品牌形象的窗口

旅游景区是城市旅游形象乃至城市整体形象的代表或窗口,是旅游景区所在地的金名片,很多城市均因其拥有的高等级景区而驰名中外。对于很多旅游目的地而言,游客往往只知道旅游景区的名称而不知道其所在地的城市名称,例如,大家都知道浙江省有两个著名的国家 5A 级旅游景区——千岛湖和乌镇,但是很多游客却并不知道景区的所在地——淳安县和桐乡市。对于很多旅游目的地而言,甚至因为其旅游景区的知名度极高,纷纷将原来的地名(城市名称)更名为景区的名称,如安徽的屯溪因黄山出名,而改名为黄山市,湖南的大庸市因国家 5A 级旅游景区——张家界,而改名为张家界市。

单元 2　景区的概念、特征与类型

一、旅游景区的概念

(一) 旅游景区的直观概念

旅游景区,简称景区、景点,是一个相对比较直观的概念。从地理学或资源学的角度来看,旅游景区更加突出"景"和"区"的概念,而所谓的"景"是指景致、景观、风景或旅游资源,也就是通俗的旅游吸引物;所谓的"区"即空间、区域、地方或场所。因此,从直观角度或旅游地理学、旅游资源学角度来看,旅游景区就是旅游资源或旅游吸引物的集中之地或空间。这也是为什么西方英语国家通常用 visitor attractions 或 tourist attractions 等词汇来描述旅游景区。而从旅游学的角度来看,又或者与酒店、旅行社等概念横向比较来看,则旅游景区可视为旅游业中的一个子行业;假如从旅游经济学的角度来看,旅游景区又可以视为旅游产品或旅游商品。在本教材中,旅游景区主要是从旅游学的角度来看,是旅游业中的一个子行业,其直观英文翻译应为 scenic area 或 scenic spot。

(二) 旅游景区的常用概念

与其他常见的专业概念一样,各国在界定旅游景区标准和管理体系方面存在诸多差异,至今还没有形成一个被普遍接受的定义。为了更好地加强行业管理,我国通常采用《旅游景区质量等级的划分和评定》(GB/T 17775—2003)中对旅游景区术语的界定标准去解释旅游景区的概念。在该标准中,旅游景区是以旅游及其相关活动为主要功能或主要功能之一的空间或地域;是指具有参观游览、休闲度假、康乐健身等功能,具备相应旅游服务设施并提供相应旅游服务的独立管理区。该管理区应有统一的经营管理机构和明确的地域范围。包括风景区、文博院馆、寺庙观堂、旅游度假区、自然保护区、主题公园、森林公园、地质公园、游乐园、动物园、植物园及工业、农业、经贸、科教、军事、体育、文化艺术等各类旅游景区。因此,根据前述旅游景区的直观概念来看,《旅游景区质量等级的划分和评定》中规定的旅游景区概念,更多的是从旅游资源的角度来衡量,才有 tourist attraction 的配套英文翻译。

本教材编写组也采用《旅游景区质量等级的划分和评定》中规定的旅游景区概念,具体可以从以下五个方面来理解。

一是旅游景区具有相对明确的空间范围或红线范围。不论旅游景区的规模多大,也不论是何种类型的旅游景区,应该都有一个明确的空间范围或红线范围,这既是创建国家 A 级旅游景区的前提与基础,也是明确旅游景区责任主体、区别全域旅游的重要依据。

二是旅游景区具有明确的旅游及相关功能。旅游景区以吸引游客为主要目的,能为游客提供参观游览、休闲度假、康乐健身、文化体验、科普研学、商务会议、节庆娱乐、宗教朝拜、美食餐饮、特色购物等一种或若干种产品。

三是旅游景区具有主客共享的特征。无论是哪里的旅游景区,其所吸引的游客既包括外埠（地）游客，也包括本地游客或居民。尤其是随着当下全域旅游的推进发展，主客共享理念日益深入人心，旅游景区的主客共享特征已经日益明显，本地游客或居民必然成为旅游景区的基础客源乃至重要客源。

想一想：目前，有哪些类型的旅游景区具有典型的主客共享特征？请举例说明。并指出此类旅游景区在经营管理过程中的优势与短板。

四是旅游景区应该具有统一的管理机构或经营主体。作为旅游业的一个子行业，每个旅游景区应具有一个明确的管理主体或经营主体，对旅游景区内的资源开发、经营服务等进行统一的管理。它既是旅游景区经营与管理的主体，也是旅游产品或服务的供给方。这个管理机构或经营主体可以是政府机构，或是事业单位，也可以是独立的法人企业。

想一想：目前国内大部分高等级旅游景区的经营管理主体均为事业单位或国有企业，请问是否合适？为什么？

五是旅游景区具有必要的基础服务设施，提供相应的旅游服务。资源、设施与服务是旅游景区产品的主体，也是旅游景区旅游功能得以发挥的基础。没有基础服务设施与配套服务，再好的旅游资源也只是旅游资源，不能成为可供旅游者消费的旅游产品，也无法实现旅游景区或旅游资源的价值。

（三）与旅游景区相关的概念辨析

与旅游景区相关的概念主要有旅游地、旅游景点、旅游区、旅游吸引物、旅游资源、旅游度假区、风景名胜区、风景旅游区以及地质公园、森林公园、湿地公园、自然保护区、国家公园等。按照概念的相似程度，下面分成三组进行辨析。

一是旅游地、旅游景点、旅游区与旅游景区。旅游地是旅游目的地的简称，是一个空间概念，相对比较宽泛。通常而言，旅游（目的）地不仅包含了不同数量的旅游景区，而且还拥有能够满足游客"吃、住、行、游、购、娱"等多种需求的配套设施。因此，旅游（目的）地在内容和范围上通常要比旅游景区大得多，一般都包含一个旅游中心城市（镇）。而旅游景点、旅游区和旅游景区实质上是一个概念。

二是旅游吸引物、旅游资源与旅游景区。西方学者习惯于使用旅游吸引物的概念。旅游吸引物是一个比较宽泛的概念，通常指旅游目的地中对旅游者具有吸引力的要素。国内学者习惯于使用旅游资源，被普遍使用的旅游资源定义是《旅游资源分类、调查与评价》（GB/T 18972—2017）和《旅游景区质量等级的划分与评定》（GB/T 17775—2003）中规定的"自然界和人类社会中凡能对旅游者产生吸引力，可以为旅游业开发利用，并可产生经济效益、社会效益和环境效益的各种事物和因素"。因此，旅游吸引物和旅游资源的概念相似。

三是旅游度假区、风景名胜（旅游）区、地质公园、森林公园、湿地公园、自然保护区、国家公园与旅游景区。这些概念实质上与其主管职能部门有关。其中：旅游度假区由文化和旅游部（原国家旅游局）主导，根据《国家级旅游度假区管理办法》（文旅资源发

〔2019〕143 号),旅游度假区是指为旅游者提供度假休闲服务、有明确的空间边界和独立管理机构的区域,通常可分为国家级旅游度假区和省级旅游度假区。风景名胜区由住房和城乡建设部主导,根据《风景名胜区总体规划标准》(GB/T 50298—2018),风景名胜区是指具有观赏、文化或科学价值,自然景观、人文景观比较集中,环境优美,可供人们游览或者进行科学、文化活动的区域;是由中央和地方政府设立和管理的自然和文化遗产保护区域,简称风景区。地质公园由自然资源部(原国土资源部)主导,是以具有特殊地质科学意义,稀有的自然属性、较高的美学观赏价值,具有一定规模和分布范围的地质遗迹景观为主体,并融合其他自然景观与人文景观而构成的一种独特的自然区域。森林公园由国家林业和草原局(原国家林业局)主导,是以森林自然环境为依托,具有优美的景色和科学教育、游览休息价值的一定规模的地域,经科学保护和适度建设,为人们提供旅游、观光、休闲和科学教育活动的特定场所。湿地公园由国家林业和草原局(原国家林业局)主导,根据《国家湿地公园管理办法(试行)》(林湿发〔2010〕1 号),是指以保护湿地生态系统、合理利用湿地资源为目的,可供开展湿地保护、恢复、宣传、教育、科研、监测、生态旅游等活动的特定区域。自然保护区是指对有代表性的自然生态系统、珍稀濒危野生动植物物种的天然集中分布区、有特殊意义的自然遗迹等保护对象所在的陆地、陆地水体或者海域,依法划出一定面积予以特殊保护和管理的区域。国家公园由国家林业和草原局主导,是指国家为了保护一个或多个典型生态系统的完整性,为生态旅游、科学研究和环境教育提供场所,而划定的需要特殊保护、管理和利用的自然区域。它既不同于严格的自然保护区,也不同于一般的旅游景区。

二、旅游景区的特征

除了具有旅游业的普遍特征,根据旅游景区的定义与发展态势,可以得知其还具有要素综合性、资源集聚性、地域特色性、主客共享性、季节波动性等个性特征。

(一)要素综合性

与旅游业的其他子行业不同,旅游景区具有典型的要素综合性。首先,从旅游产业要素的角度看,一个旅游景区通常包括"吃、住、行、游、购、娱"等传统六要素,还可以包括"商、养、学、闲、情、奇"等新兴六要素。其次,从旅游产业功能的角度看,旅游景区能满足游客的参观游览、休闲度假、康乐健身、文化体验、科普研学、商务会议、节庆娱乐、宗教朝拜、美食餐饮、特色购物等各个方面的需求,可以说具有典型的综合性。此外,旅游景区还拥有资源要素、环境要素、人力要素及基础设施要素等。

视频:旅游景区的特征

(二)资源集聚性

旅游景区是各种资源的集聚场所,如自然资源、人文资源、资本资源、人力资源、智力资源、信息资源、政策资源等。从旅游景区的规划设计、开发建设到运营管理,都需要上述各种资源的综合运用。如旅游景区的开发是以自然资源和人文资源为基础的,而规划设计的实施与建设,尤其是涉及项目内容创新等又需要人力资源及其智力资源的有效支撑,还需要大量资本资源、政策资源的配合或保障,景区的有效管理和运营又需要优秀人力资源与信息资源的支持。因此,旅游景区的可持续发展不只依靠单一的资源基础,而是由资金、技术、人力等多资源要素的综合运用,而发挥其综合效能。

（三）地域特色性

旅游景区以一定的地域空间为载体。每个旅游景区，无论其规模大小，都有一个相对明确的空间范围。俗话说："一方水土养一方人"。不同的地域空间，会形成不同的自然地理环境、气候资源与生态环境，同时还能对地方经济、社会、文化等发展起到完全不一样的推动作用而形成典型的人文差异性。因此，不同地区的旅游景区必然受到地域性自然、历史、社会、文化、环境等因素的影响，进而导致旅游景区的地域特色性或差异性。

想一想：结合前述旅游业发展的趋势分析，讨论以玻璃桥为代表的诸多网红景区生命周期偏短的原因是什么。

（四）主客共享性

与旅游交通、旅游餐饮等旅游要素类似，旅游景区也具有典型的主客共享性。尤其是随着文旅融合时代的到来，泛旅游概念的提出，本地居民（游客）的"家门口"旅游休闲已经成为常态。同时，近年来，随着各种小镇旅游、乡村旅游的快速兴起，尤其是以特色小镇、风情小镇、景区城（镇、村）、历史文化街区等为代表的旅游景区，在促进主客共享方面更为突出。在我国带薪假期制度尚未完全推广实施的时代背景下，大部分社区居民依然会以双休日近距离出游作为首选，而中小型旅游景区或地方性景区自然成为主客共享的典范。同时，与其他商品消费的独自占有性不同，旅游景区的产品销售或消费具有典型的共享性，不具有排他性。例如，甲游客购买门票进入某景区进行观赏游览之际，乙游客也同样可以在同一个时间段购买门票进入旅游消费。

想一想：景区的主客共享性尤其是不排他性，可能会导致景区游客量的剧增而影响消费体验，我们可以通过何种方式进行微调，开展一定程度的排他性消费服务？

（五）季节波动性

与旅游业的季节波动性一样，旅游景区也具有典型的季节波动性，具体表现在以下三个方面。

一是景区自身依托资源的季节性导致的客流波动性。受自然旅游资源的季节性、人文旅游资源的季节性以及气候环境等因素的综合性影响，各地旅游景区的最佳游览时间均有差异，导致其年度的核心吸引力也有所差异。例如，冰雪型旅游景区的最佳旅游时间一般在冬季、额济纳胡杨林景区的最佳旅游时间主要在秋季、内蒙古阿尔山景区和新疆伊犁河谷的最佳旅游时间主要在夏季。

二是景区客源市场的季节性导致的接待波动性。受我国独有的节假日、黄金周制度及带薪休假制度的执行情况等因素影响，我国主要客源地的出游时间主要集中在寒暑假和大、小黄金周，加上景区自身年度资源吸引力差异引起的叠加效应，导致景区的游客接待量具有更强的季节波动性。

三是景区接待波动性导致的运营管理波动性。受到访游客接待量的波动性影响，会引起景区对人力资源、设备资源、物资资源、资金资源等各方面需求的波动性。其中,最为典型的是景区对人力资源的需求具有典型的季节波动性,使得景区接待服务在固定人力资源的基础上,需要常年招收临时接待服务人员和季节性接待服务人员,以满足高峰期游客接待服务的需要。

想一想: 对于一个旅游景区而言,该如何判定其固定工作人员、季节性工作人员与临时工作人员的比例? 主要受哪些因素的影响?

三、旅游景区的类型

不同的分类标准,可以将旅游景区划分为不同的类型。下面主要介绍四种分类方法。

(一) 旅游景区的景观分类

按照旅游景区所依托的景观资源进行分类,是旅游景区分类体系中最常见的一种分类方法,通常可以分为自然型旅游景区、人文型旅游景区、人造型旅游景区和综合型旅游景区。

视频:旅游景区的类型

一是自然型旅游景区,是指主要依托自然旅游资源而开发建设的旅游景区。我国历史悠久,文物古迹众多。因此,我国大多数自然型旅游景区都包含有一定的人文景观或人文旅游资源。但在自然型旅游景区中,其主体吸引物是自然风景,而不是人文景观。典型的旅游景区如黄山、九寨沟、张家界等。根据自然旅游资源的类型,自然型旅游景区又可分为山丘型旅游景区(对应地文景观类旅游资源)、森林型旅游景区(对应生物景观类旅游资源)、江河湖海型旅游景区(对应水域景观类旅游资源)以及某些特殊类型的自然型旅游景区,如瀑布型旅游景区、泉水型旅游景区、洞穴型旅游景区、湿地型旅游景区等。

二是人文型旅游景区,是指主要依托人文旅游资源而开发建设的旅游景区,由多处人文景点构成,以人文景观和人文资源为主要吸引物,并辅以一定自然景观的相对独立的旅游景区。典型的人文型旅游景区如北京故宫、丽江古城、山海关、龙门石窟、乌镇等。根据人文景观资源的不同,人文型旅游景区又可分为历史文化名城(镇、村或街区)、宗教建筑、古典园林、博物馆、商业街区等多种类型。

三是人造型旅游景区,又指主题乐园或主题公园。这类景区是根据特定的主题,采用现代信息技术与方法,借助于人力、物力和财力,为游客设计的融诸多娱乐休闲、住宿餐饮、节庆活动等功能为一体的综合性空间。典型的人造型旅游景区如迪士尼乐园、环球影城、欢乐谷、方特、宋城、海昌等。此类旅游景区大部分位于大中型城市,通常其内部或周边自然旅游资源或人文旅游资源质量一般或没有。因此,此类旅游景区属于资源脱离型的旅游产品,主要依靠创新创意。

四是综合型旅游景区,是指同时依托自然旅游资源与人文旅游资源而开发建设的旅游景区。此类景区通常拥有多处自然旅游资源和人文旅游资源,两者单体比例一般为1:2左右,二者相互映衬、相互依赖,共同吸引游客而形成相对独立的旅游景区。综合型旅游景区中的自然旅游资源和人文旅游资源的旅游价值都较高,二者复合在一起,形成复合型的旅游吸引物。典型的综合型旅游景区有泰山、峨眉山、普陀山、西湖等。

想一想：目前国内很多特色小镇景区和休闲农业类景区属于哪一类景区呢？

(二) 旅游景区的功能分类

虽然说旅游景区的要素功能相对具有综合性，但每个旅游景区依然有其主导功能。一般来说，按照旅游景区的主导功能进行分类，可以分为观光型旅游景区、度假型旅游景区、生态型旅游景区、科考研学型旅游景区、游乐型旅游景区、产业型旅游景区等。

一是观光型旅游景区。此类旅游景区以观光游览为主导功能，旅游资源通常以观赏游憩价值较高的自然旅游资源和人文旅游资源为主，观光游览为其主要的旅游活动。观光型旅游景区一般都具有较高的审美价值，能够满足游客观赏游览的需求。通常旅游景区内的服务配套设施较少，主要以辅助游客观赏为目的而建设一些旅游设施。典型的观光型旅游景区如厦门鼓浪屿、安徽黄山等。

二是度假型旅游景区。此类旅游景区以休闲度假为主要功能，旅游资源单体的个体价值不高，主要依托其宜人的气候、安静的环境、高质量的服务、优美的景观和舒适的度假设施。根据其度假活动的内容又可分为海滨度假型、山地度假型、温泉度假型、滑雪度假型、运动度假型等。典型的度假型旅游景区如大连金石滩、昆明滇池、湖州太湖、三亚亚龙湾、美国夏威夷等。一般而言，度假型旅游景区相当于旅游度假区的概念。

三是生态型旅游景区。此类旅游景区以保护生态环境、保护珍稀物种和维护生态平衡为主要目的。事实上，我国各个行政主管部门负责保护建设的风景名胜区、地质公园、森林公园、湿地公园、自然保护区等局部或全部均有此特征。典型的如杭州西溪国家湿地公园、卧龙自然保护区、张家界森林公园等。

四是科考研学型旅游景区。此类旅游景区以科学考察、普及科教知识与实践教育等为主要目的，该类旅游景区的旅游资源通常以具有较高科学研究价值、科学教育价值的景观资源和历史文化传承价值的人文资源为主，提供的设施设备主要以满足游客求知或教学为目的。典型的科考研学型旅游景区如各种地质公园、文博场馆、研学实践教育基地等。

五是游乐型旅游景区。此类景区以满足游客游乐为主要功能，旅游景区的旅游资源主要是围绕特定主题下的各种现代化游乐设施。典型的游乐型旅游景区如深圳欢乐谷、上海锦江乐园、美国迪士尼乐园等。

六是产业型旅游景区。此类旅游景区以生产为主要功能，同时兼顾游客的观赏游览、生产体验、主题购物、科普研学等消费需求。其旅游资源主要是围绕特定产业资源或发展历史而形成的系列产业设施、设备或产品。产业型旅游景区根据其产业门类的不同，又可以分为工业型旅游景区、农业型旅游景区、时尚型旅游景区、购物型旅游景区等。典型的产业型旅游景区有诸暨米果果小镇景区、义乌国际小商品城等。一般而言，产业型旅游景区的知名度相对较低。

(三) 旅游景区的等级分类

为了加强旅游景区及其资源的保护，大部分国家或地区采用分级管理方式对旅游景区或旅游资源进行管理,由此形成了不同等级的旅游景区。值得注意的是,不同的分级管理是由不同行政主管部门来负责的,具体见表1-2所示。

表1-2　我国旅游景区的等级分类及其主管单位一览表

景区主管部门	分类结果	
	分类系统	分级系统
文化和旅游部	A级旅游景区	AAAAA级旅游景区
		AAAA级旅游景区
		AAA级旅游景区
		AA级旅游景区
		A级旅游景区
	旅游度假区	国家级旅游度假区
		省级旅游度假区
	历史文化名城(镇、村、街区)	国家级历史文化名城(镇、村、街区)
		省级历史文化名城(镇、村、街区)
住房和城乡建设部	风景名胜区	国家级风景名胜区
		省级风景名胜区
国家林业和草原局(隶属于自然资源部)	地质公园	世界地质公园
		国家级地质公园
		省级地质公园
		县级地质公园
	湿地公园	世界级湿地公园
		国家级湿地公园
		省级湿地公园
	森林公园	国家级森林公园
		省级森林公园
	自然保护区	国家级自然保护区
		省级自然保护区
	国家公园	国家级国家公园
水利部	水利风景区	国家水利风景区

(四)旅游景区的其他分类

根据旅游景区的其他属性特征,还可以将旅游景区划分为其他类型体系。一是根据旅游景区开发建设和经营管理的主体来分,可以分为政府事业型旅游景区、国有企业型旅游景区、民营企业型旅游景区、中外合资型旅游景区等;二是根据旅游景区是否封闭或收费,可以划分为封闭收费型旅游景区、开放免费型旅游景区及半开放部分免费型旅游景区等。

单元3　景区发展的历史、现状与趋势

一、中国旅游景区的发展历程

(一) 中国古代旅游景区的发展

旅游景区是随着旅游与休闲活动的发展而出现的。由于旅游与休闲活动在古代就已存在,因此,古代那些能吸引人们的自然景观和人文景观所在地实际上就是当时的旅游景区,也是现代社会中旅游景区的最原始状态。

与现代旅游的主流人群所不同的是,中国古代旅游的群体主要是帝王将相、达官贵族、文人僧侣等。因此,在中国古代历史上,出现了帝王巡游(如隋炀帝三下扬州、康熙帝六下江南等)、官吏宦游(如陆游的《入蜀记》、张骞的出使西域、郑和的下西洋等)、买卖商游(如春秋战国时期的陶朱公、吕不韦以及后期徽商、晋商等周游天下、负货贩运)、高僧云游(如东晋时期到古印度游学取经的高僧法显大师、唐代玄奘的西天取经等)、士人漫游(如中国古代的山水游记,最为典型的是浙东唐诗之路以及《徐霞客游记》等)等多种形式的旅游活动。其中,无论是古代帝王大兴土木以修建宫殿、园林和各种休闲娱乐场所供自己享乐,还是封建士大夫与商人、贵族集团修建私家园林,都促进了中国古代旅游景区的原始发展。尤其是人文骚客畅游山水,促进了隐逸文化传统和旅游文化的融合,推动了旅游文学和旅游审美文化的繁荣。

(二) 中国现代旅游景区的发展

现代旅游开始于第二次世界大战结束之后,在我国则始于中华人民共和国成立之后,具体又可以划分为事业发展期、起步发展期、快速发展期和转型发展期。

一是事业发展期:主要是改革开放前(1949—1978 年),也是我国现代旅游景区的发展萌芽时期。在该历史时期,我国旅游景区的雏形是传统园林,其功能与最初的囿和宫苑相似,均以自然观光为主,能真正享受园林生活的只是社会中的极少数人。除了传统园林,还出现了供大众游玩的公园,如 1868 年诞生于上海的"公花园"(现在的黄浦公园)。此外,也有诸如北京故宫、长城、杭州西湖等一大批知名旅游景区,但当时旅游景区的主要功能以外事接待为主,旅游景区是接待广大海外侨胞、外籍华裔的集散地,是对外宣传中国发展成就、加强国际友好往来的主要形象窗口。

二是起步发展期:主要是改革开放后的前 20 年(1979—1998 年),随着我国旅游业的迅速发展,旅游景区的功能也逐步从外事接待、事业接待转型为创汇。为了迎接国内外游客,我国许多旅游景区都迅猛发展,尤其是以 1982 年、1988 年和 1994 年国务院公布的三批共119 家国家重点风景名胜区为代表的旅游景区快速发展,竞相进行吃、住、行、游、购、娱等相关接待设施的建设,旅游接待条件已经基本具备。但是,此阶段由于旅游者消费能力比较薄弱,消费观念落后,大多数只对知名度较高的景区感兴趣,满足于"到此一游"。因此,此阶段的旅游开发重点主要为自然型景区,旅游景区总体仍处于观光游览期。

三是快速发展期：主要是改革开放后的后 15 年(1999—2014 年)。随着国民旅游需求的个性化、多样化的发展，旅游需求和供给市场共同快速发展。尤其是在原国家旅游局的主导推动下，《旅游区(点)质量等级的划分与评定》(GB/T 17775—1999)正式推出并启动了国家 A 级旅游景区的评定；2003 年又对其进行了修订，颁布实施了《旅游景区质量等级的划分与评定》(GB/T 17775—2003)，随后又出台了三个配套实施细则；同年，《旅游规划通则》(GB/T 18971—2003)、《旅游资源分类、调查与评价》(GB/T 18972—2003)(后被 GB/T 18972—2017 替代)和《旅游厕所质量等级的划分与评定》(GB/T 18973—2003)〔后被《旅游厕所质量要求与评定》(GB/T 18973—2022 替代)〕颁布实施，使得旅游景区发展正式步入规范化的快车道。因此，本阶段旅游景区的发展主要表现出以下几个方面的特点：第一，旅游资源科学评价与合理利用基础之上的旅游景区规划开发全面铺开，规范开发开始得到重视；第二，由于旅游需求多元化，经营者除了开发自然型旅游景区，对人文旅游资源开始着手开发，大量人造景区尤其是主题公园突飞猛进；第三，旅游景区的核心理念从单纯的经济目标转变为经济、社会和生态三大效益相结合，使得旅游景区环境优化，服务接待设施发展更为完善；第四，可持续发展理念开始在我国的旅游开发中占据重要地位，尤其是世界遗产管理体系的引入，使我国旅游业的环境与文物保护意识得到了质的提升。

四是转型发展期：主要是"十三五"以来，其代表性事件就是原国家旅游局于 2015 年 10 月 9 日发布通告，以秦皇岛山海关国家 5A 级旅游景区为代表的一大批旅游景区被通报批评或处理，预示着我国旅游景区发展进入了动态调整、品质发展的转型升级新时期。当前，我国城乡居民对以旅游休闲为代表的美好生活的需求日益明显，旅游景区的发展全面进入新阶段。同时，受新冠疫情的影响及信息技术发展的影响，迫使部分旅游景区关闭或转型升级。

二、中国旅游景区的发展趋势

(一) 旅游景区的产业化

在我国旅游业发展过程中，与酒店住宿业、旅行社业等相比，作为"三驾马车"之一的旅游景区可谓"起步晚、规模小、发展弱"。但是，近年来旅游景区的发展大有后来居上之势，尤其是在文化和旅游融合的背景下，使得旅游景区的产业化趋势日益明显，主要体现在以下五个方面：一是旅游景区的规模总量持续壮大。截至 2021 年年底，我国已有各类 A 级旅游景区 14 196 个，从业人员约 157 万人，加上其他非 A 级旅游景区总数近 3 万个，且数量还在不断增加。二是旅游景区的产业链条日益延拓。旅游景区不再局限于过往的第三产业，不仅在现代服务业体系中向其他第三产业进行渗透、延拓，而且以第三产业为基，全面向第一产业和第二产业延拓，现代休闲农业、乡村旅游、工业旅游、旅游装备制造等均为例证。三是旅游景区的竞争核心逐渐明晰。核心高等级旅游资源、景区专业经营管理人才以及旅游景区的核心主题 IP 等观念日益深入人心，并逐渐成为旅游景区的核心竞争力。四是旅游景区的产业地位不断提升。旅游景区对地方旅游业发展的整体贡献度及推动国民经济发展、促进社会就业、传承优秀传统文化、建设生态文明等作用越来越明显。尤其是国家 5A 级旅游景区的创建工作，已经成为很多地方政府的"一把

视频：中国旅游景区的发展趋势(一)

视频：中国旅游景区的发展趋势(二)

手"工程。五是旅游景区的开发经营逐步专业化。近年来,国内旅游教育尤其是旅游职业教育中,智慧景区开发与管理专业以及旅游管理专业学生培养规模日益壮大。

(二)旅游景区的综合化

随着我国旅游业综合发展水平的提升,尤其是我国游客需求日益综合化、多元化,使得我国旅游景区的发展也逐步摆脱其以往以观光游览为主,配置简单的购物、餐饮、交通、娱乐等功能的局限性,而逐步形成了以观光游览为基础,全面培育"吃、住、行、游、购、娱"等传统六要素和"商、养、学、闲、情、奇"等新兴六要素。例如,浙江乌镇景区作为国家5A级旅游景区,在各种类型的业态培育上下足了功夫,其在传统乌镇景区的概念上,全面植入了度假乌镇、文化乌镇、会展乌镇、养生乌镇、数字乌镇、戏剧乌镇等概念,尤其是世界互联网大会也将乌镇作为永久会址,促进其以休闲度假为主的住宿业和商务会议、餐饮等配套功能全面发展,使得旅游景区作为一个空间概念更加明显。

(三)旅游景区的规范化

未来旅游景区的发展也将和整个旅游业标准化发展一致,无论是开发建设、资源保护还是运营管理等,都将越来越标准化和规范化,重点将体现在四个方面:一是关于旅游景区的安全管理。通过近年来对通报批评、警告乃至摘牌的A级旅游景区的分析来看,旅游安全都是其中非常重要的一个环节。尤其是2014年12月31日晚上上海外滩踩踏事件发生以来,国家各相关职能部门非常重视旅游景区的安全管理。原国家旅游局不仅出台了行业标准《景区最大承载量核定导则》(LB/T 034—2014),而且紧急要求全国A级旅游景区对景区的最大承载量、瞬时最大承载量进行测定并对外公布,同时要求各个景区主入口应实时公布景区实时游客量。《国务院办公厅关于进一步激发文化和旅游消费潜力的意见》(国办发〔2019〕41号)也明确要求"推广景区门票预约制度,合理确定并严格执行最高日接待游客人数规模。到2022年,5A级国有景区全面实行门票预约制度"。在后疫情时代,游客预约到访已经成为绝大部分场馆型旅游景区的常规操作。二是关于旅游景区的服务质量管理。无论是旅游景区的停车场管理、游客中心管理、服务设施管理,还是具体到每个岗位的服务接待流程与规范,都将越来越受到重视并可能成为未来旅游景区的核心竞争力。三是关于旅游景区的购物管理。随着文化和旅游的全面融合,旅游景区必然成为未来文化和旅游融合的主阵地,旅游购物也必然要告别之前"无品牌"的尴尬境地,围绕景区特定主题或IP的旅游购品或相应的文创产品必然流行,尤其是故宫文创产品的流行带领了大批旅游景区开发相应的文创旅游产品。四是关于旅游景区的公共服务管理。随着旅游景区散客群体规模日益扩大,旅行社导游在旅游景区游客接待体系中的作用越来越小,但游客对包括信息咨询、餐饮住宿、交通服务、商品购物、旅游厕所等公共服务的需求将不降反增,也就对旅游景区的公共服务管理提出了更高更有效的要求。

(四)旅游景区的生态化

随着我国国民经济的快速发展,人们对生态环境以及居住环境的生态要求也全面提高。以旅游景区为核心的旅游业向来以"无烟工业"自居,导致人们对其生态质量的期望与要求更高。因此,未来旅游景区在彰显生态化发展趋势的时候,应重点关注三个方面的内容:一是要充分认识到游客消费理念的生态化。游客消费理念的生态化,反映到游客现实消费行为习惯,就是对旅游景区的生态环境质量(包括水环境质量、空气环境质量、声环境质量)、植被绿化覆盖率、环境卫生清洁度等方面的要求会越来越高。二是要不断重视旅游景区项目设施的生态化建设,即未来旅游景区新建或改建的旅游项目、配套设施都应体现生态、绿色、低碳的理念,尤其是垃圾分类与回收处理、绿色可再生能源的使用等方面应率先取得突破。三是要实现旅游景区内外空间环境的生态化。即未来旅游景区至少应在游客视野范围之内,能够保证旅游环境本底的高品质维持和游览环境的清洁、卫生、整洁。

(五) 旅游景区的智慧化

目前,5G 时代已经到来,互联网技术必然全面渗透到旅游景区的每个角落,全面打造智慧旅游景区是必然趋势。而所谓的智慧旅游景区,是指通过智能网络与信息技术手段,对旅游景区的地理事物、自然资源、游客行为、工作人员行迹、景区基础设施和服务设施等进行全面、透彻、及时的感知;对游客、工作人员实现可视化管理;并与旅游景区上下游企业形成战略联盟;实现旅游景区环境、社会和经济的全面、协调与可持续发展。简单而言,主要体现在四个方面:一是未来旅游景区应实现服务的智慧化。通过对旅游景区的咨询服务信息系统、票务预订售卖系统、出入口管理与检票信息系统、游乐设施设备管理系统等方面的互联互通,就能自动为每个游客提供一个最优的游览与休闲体验方案,且能最大限度地减轻旅游景区的人力成本。二是未来旅游景区应实现营销的精准化。在旅游景区自身数据与各大平台运营商的大数据分析支撑下,旅游景区不仅能对到访游客进行全程可逆化的数据分析,并为其后续购买决策提供精准有效的服务方案,而且能通过对潜在游客进行系统分析整理而提出针对性的营销套餐。三是未来旅游景区应实现管理的智慧化。即通过现代信息技术手段,旅游景区在办公自动化、人事管理、服务质量管理、资源与设施设备管理、财务管理、安全应急管理、商业运营管理等各个方面都能实现管理体系的重构、服务流程与规范的再造,以全面提升旅游景区的管理效率并全面降低管理成本。四是未来旅游景区应探索开发智慧沉浸式体验旅游产品。即充分利用 AR/VR/XR 等数字技术,积极鼓励旅游景区尤其是文化型旅游景区开发数字沉浸式体验旅游产品、数字藏品等。

想一想:是否通过线上虚拟旅游就可以放弃线下旅游了? 该如何有效利用现代信息技术服务旅游景区的发展?

(六) 旅游景区的国际化

随着我国综合国力的全面提升,旅游景区在彰显民族自信,尤其是文化自信方面应该更有作为。因此,旅游景区依然需要在以往扮演好外事接待角色的同时,尤其应有效融入并传承我国优秀的传统文化,以提升旅游景区的服务水平。具体可以从三个方面予以重点关注:一是应进一步增强对外营销力度,逐步增加外埠客源比例,尤其是国家 4A 级和 5A 级旅游景区,其入境游客接待数量应有一定比例。二是应进一步提升旅游资源开发和利用的国际化水平,尤其是在传承中华传统优秀文化的同时,如何实现中西文化的交融与合作,如何让真正本土化的文化资源成为真正国际化的产品,是未来旅游景区尤其是高等级旅游景区必须解决的重大课题。三是应进一步提升旅游服务的国际化水平,即要求旅游景区不仅要用国际化旅游消费或体验的设施设备,而且要体现国际化的服务理念与水平。

(七) 旅游景区的主题化

主题与品牌是未来产业竞争的核心。依托鲜明的地方特色或主题品牌,开展基于标准化基础之上的个性化服务,是未来旅游景区的必由之路。具体可以从四个方面予以关注:一是旅游景区产品开发的主题化。如何确定一个本地具有比较优势的资源,能够为中外游客喜闻乐见的资源,并能够有效转换为旅游产品的主题或品牌是重中之重。围绕旅游景区的既定主题,如何提取核心主题相关的配套元素,也是旅游景区个性化发展的关键所在。二是旅游景区产品消费的自由化。未来旅游景区应积极向高端酒店业学习,在标准化服务流程设计的基础之上,配套智慧旅游服务系统,保证游客既能体验消费的自由化,又能保障游客随时呼叫并获得人工服务的支持。三是旅游景区产品体验的情景化。即旅游景区应围绕既定主题和文化内涵,并结合其真实或简化的生产、生活、生态过程,利用现代信息技术尤其是 AR/VR/XR 等技术,使游客能身临其境地感受到主题文化的魅力。四是旅游景区产品市场的细化分。应该说,未来旅游景区的发展必然是"细分为王",包罗万象、主题缺失的旅游景区必然会迷失方向。因此,除极少数综合型或体量庞大的旅游景区之外,大部分旅游景区应根据自身主题及创新产品特色,瞄准具体细分市场,精准发力,才能稳操胜券。

单元 4　景区接待服务的准备

对于旅游景区接待服务而言,为更好地提升游客的旅游满意度,旅游景区也要做好接待服务的准备工作。

一、景区接待服务的人员准备

(一) 人员礼仪准备

视频:景区
接待服务的
人员准备

景区从业人员是景区接待服务的窗口,其整体仪容仪态、言行举止等均能对游客的体验感与满意度产生很大的影响。具体而言,旅游景区从业人员的礼仪准备,重点要做好三个方面的工作:一是要统一着装。景区应提供具有景区特色与标识的工作服,至少确保同一个部门或同一类岗位人员的着装要统一。景区各部门工作人员应根据要求统一着装,佩戴工牌,以便于游客识别并树立景区工作人员的良好职业形象和景区的品牌形象。二是要文明礼仪。景区应通过"内培外引"的政策,建立内外专兼职文明礼仪培训队伍,尤其应通过质量监察、技能比赛等方式,增强景区员工的服务意识,提升专业服务技能。三是要善于沟通。景区工作人员应充分掌握沟通技巧,注意聆听或观察游客的需求。此外,景区还应该加强工作人员的心理管理,让工作人员做好服务抗压的心理准备。

想一想:旅游景区类型多样、岗位复杂,在景区工作人员统一着装方面,应该考虑哪些因素?

（二）人员内容准备

如果说景区从业人员的礼仪准备是第一步,是给游客的第一印象,那么内容准备就是与游客深入沟通、有效服务的核心内容。具体内容准备主要包括两个层面:一是从景区管理方面来说,首先应编制景区"应知应会"手册,让景区工作人员做到应知应会,确保游客在碰到相关需求或疑难问题时,能给予及时和有效的解决;同时,旅游景区应明确相关职能部门,定期根据景区发展情况及季节性变化规律,及时修编景区"应知应会"手册并做好及时的告知、培训与检测。二是从景区工作人员自身角度来说,应加强政策法规知识、史地文化知识、专业基础理论、经济社会知识、旅游旅行常识、国际知识、消防与安全救援知识、心理学和美学知识等系列知识的储备。值得注意的是,既要景区工作人员注重自身知识的储备或积累,更要景区人力资源部门做好年度培训计划,注重系列基础知识的培训,夯实景区工作人员的基本功。

想一想:旅游景区工作人员为何需要掌握那么多的基础知识?

（三）人员协调准备

游客从开始计划旅游,随后到访景区、游览景区各个区域直至离开景区,必然会涉及旅游景区的各个部门,既有线上又有线下,既有台前又有幕后。要做好景区接待服务,提高游客满意度,就必须做好工作人员的协调准备,主要包括三个方面:一是人员的数量协调。旅游景区的游客接待量具有典型的峰谷特征,即淡旺季节的接待量不同,每天不同时段的接待量不同,每个岗位的接待量也不同。因此,景区需要通过预约制或大数据分析等技术手段,精准预测景区未来的游客接待规模与需求,并及时给各个部门增派工作人员,缓解工作压力。二是人员的岗位协调。即旅游景区可以根据特殊时期不同岗位的忙碌情况,通过抽调相对闲暇部门的工作人员,通过临时培训等方式驰援接待任务紧张的岗位部门或接待服务区域。三是人员的信息协调。作为接待服务人员,不仅要确保游客接待的完整信息能及时有效地分解到各个部门并保证信息沟通、反馈顺畅,而且要及时掌握各部门配合服务接待人员、设施设备等到位情况。

想一想:旅游景区接待服务做好人员协调工作的必要性有哪些? 如果工作不到位,可能会出现哪些问题?

二、景区接待服务的设备准备

景区接待服务的需求、内容、流程等均会因接待游客的属性不同(如游客的目的、到访时间、游览时长、年龄结构、职业背景等)而产生重大差异,若遇到重要商务或政务团队、大型节事活动等,其接待服务所需的相关设施设备则更加复杂。近年来,旅游景区接待服务所需的设施设备已经越来越丰富多样,按实际需求层次可分为常规设施设备、智能化设施设备及个性化设施设备等三类。

视频:景区接待服务的设备准备

（一）常规设施设备的准备

所谓常规设施设备,是指游客游览景区的过程中,为保证游客体验质量所需要的设施设备,通常包括交通服务类、游览服务类、环境卫生类、餐饮住宿类、特色购物类、安全保障类等。一是交通服务类,主要涉及景区的停车场服务设施、交通换乘服务设施(如接驳巴士、摆渡船等)、游览交通车船(如观光车、缆车、画舫船等)以及景区内部游步道体系等,景区应根据游客类型及接待数量,合理安排上下客区域、车辆停放需求、接送需求等。二是游览服务类,主要涉及景区的游客服务中心(如寄存柜、触摸屏等)、标识导览系统、公共休憩服务设施、宣传资料与游览手册、饮水机等设施设备或材料。三是环境卫生类,主要涉及景区的地面、墙面、水面等干净整洁,确保旅游厕所、垃圾桶等设施干净整洁且无异味,尤其要时刻关注旅游厕所内的洗手液、卫生纸、干手机等得到有效的补给或维护。四是餐饮住宿类,主要涉及景区内部各类餐饮服务设施与住宿服务设施,尤其是餐饮服务设施,容易受到景区游客接待量的波动性影响。五是特色购物类,主要涉及具有景区主题或 IP 特征的购物商品及设施、具有地方主题或 IP 特征的购物商品及设施、游客日常生活所需的购物商品及设施,可以包括自助购物点(设施)、购物小推车、购物小木屋、购物商店等类型,重点应保证商品的供应量以及明码标价。六是安全保障类,主要涉及各类安全呼叫或呼救设施、安全救援设施(如救生艇、救生圈、防护栏、防护网等)、消防与灭火设施、急救药品与设施(如担架、氧气瓶等)等,均应保证属于有效期内或可正常使用。常规设施设备主要归属相关职能部门的日常检查或巡查,但是作为景区接待服务人员也应时刻关注相关服务设施设备的运行或维护情况,以防出现意外或故障。

（二）智能化设施设备的准备

所谓智能化设施设备,主要是指依托 5G、物联网、"互联网+"等信息技术,在旅游景区配置的配合人工接待服务或取代人工接待服务的相关服务设施设备,其类型通常与常规设施设备相一致。各个景区可根据自身信息化改造升级的进度安排及员工岗位配置情况进行酌情考量。一是交通服务类,主要涉及景区预约停车、自助缴费、沉浸式导航、车位推荐、自助洗车、自助充电等配套服务设施或设备。二是游览服务类,主要涉及自媒体平台及其预约服务系统、网络虚拟游览、智能语音讲解系统、智能标识导览系统、自助充电、影视播放系统、信息播放系统、自助存储服务设施等。三是环境卫生类,尤其是随着近几年智慧旅游厕所的快速兴起,其对空气质量的自动检测、对生态环境的自动监测等,都是非常重要的智能化环境卫生服务设施。四是信息安全类,主要涉及景区的无线 Wi-Fi 服务、游客流量监测、自助报警系统等。

（三）个性化设施设备的准备

所谓个性化设施设备,主要是指面向特殊类型游客所需的配套服务设施或设备,通常可以分为面向特殊人群的服务设施设备与面向特殊节庆活动所需的设施设备。特殊人群通常包括老人、孕妇、哺乳期妇女、婴幼儿、残障人士等。对于一个景区而言,其面向特殊人群服务水平的高低,可体现其综合服务水平的高低。对于现代社会而言,景区无障碍服务水平的高低,对能否提升其综合品牌效应具有极大的推动作用,尤其是随着我国进入深度老龄化社会,景区在面向老年人等群体的时候,提供契合特定人群的配套接待服务设施设备则更显重要。目前,旅游景区面向特殊人群的服务设施设备主要包括第三卫生间或家庭卫生间、母婴室、无障碍通道、拐杖、轮椅、推车、专用停车位等,并可通过景区预约通道进行预约。此外,目前各类企事业单位也可以选择与旅游景区合作开展部分节庆活动,或景区根据自身年度营销或品牌建设等工作计划开展相应的节庆活动,也需要采购相关物料或服务接待设施设备的,则需要根据实际情况进行准备。

想一想:景区在开展传统文化体验类节庆活动时,通常需要做好哪些接待服务设施的准备工作? 请举例说明。

三、景区接待服务的组织准备

景区要做好接待服务,必须在游客服务部门的基础上,由相关部门通力合作,才能确保游客接待服务工作的顺利、圆满完成。因此,景区接待服务也应该做好相关的组织准备:一是对于正常开放时间段,景区只需按照相关部门职责要求及流程规范要求,完成相应的接待服务任务即可;二是对于特殊开放时间段,尤其是针对客流高峰期的节假日、节庆活动举办期等,则需建立临时的专用接待服务组织体系。下面主要是针对正常开放时间段的组织准备要求。

(一) 接待服务部门的准备

景区接待服务部门是景区完成游客接待的核心部门及核心枢纽。对于景区而言,接待服务部门可以独立设置,也可以根据实际情况依托营销部门、财务部门等设置。无论是独立设置,还是依托相关部门设置,景区接待服务部门的核心职责是要明确接待服务的任务要求、流程规范、配套支撑及工作岗位等四个方面的内容。第一,接待服务部门必须明确制定接待服务的任务要求,无论是常规游客还是特殊人群,无论是节假日还是主题节庆活动期间,都应该明确预知游客总量、接待要求及其相关属性特征,以有效规划相关人员配置及配套支撑。第二,接待服务部门应根据不同类型的游客需求,尤其是特殊人群或特殊旅游团队的实际需求,针对性地设计对应的游览线路、产品套餐及服务接待体系。第三,接待服务部门应明确相关部门的配套支撑,尤其是与游客接待服务密切相关的设备、交通、信息、安全等部门,应提前做好充分的沟通,尤其是针对特殊团队或节庆活动期间的接待服务工作。第四,接待服务部门要明确工作岗位,并根据接待任务强度设置轮岗或轮休人员的数量,确保工作人员精神饱满,部门岗位人员有缺口的可通过调岗支援、聘请临时工作人员或机器代人等方式予以解决。

(二) 服务相关部门的准备

事实上,景区的各个职能部门都需完成相关的接待服务工作。如果按照游客进入景区旅游消费的时间前后顺序来划分,可以分为进入景区前、到访景区中、离开景区后三个阶段。一般而言,进入景区前,游客接待服务的工作主要以信息查询、咨询、预约、退款等需求为主,涉及景区的相关部门主要包括信息、财务、安全等部门;到访景区中,游客将可能进入景区的各个角落、发生各类消费行为或面临诸多状况,就会涉及景区的各个部门,尤其是安全、后勤、设备等部门；离开景区后，游客的相关需求主要以投诉、信息反馈等为主，主要涉及景区的信息部门。

模 块 小 结

　　旅游景区的发展对地方旅游业尤其是全域旅游的发展具有至关重要的作用和意义。旅游景区的快速、健康、高质量发展，不仅是地方旅游业保持自身长久生命力与竞争力的核心与关键，也是旅游景区自身保持对游客的吸引力并维系较高回头率的关键所在。伴随着文化和旅游的融合发展，新型旅游景区或新兴旅游业态不断涌现。当然，我国旅游景区目前发展依然面临着挑战。因此，在新形势下，我们必须重新理解旅游景区的概念与内涵，明确旅游景区具有要素综合性、资源集聚性、地域特色性、主客共享性和季节波动性等个性化特征，理解旅游景区的分类体系及其开发建设、运营管理规律。在接下来的 3~5 年时间里，应充分把握旅游景区的产业化、综合化、规范化、生态化、智慧化、国际化和主题化的趋势，做好景区接待服务的人员准备、设备准备及组织准备，重构智慧景区开发与管理专业技能人才的知识体系与技能体系。

讨论与思考

　　1. 系统阅读分析 2009—2019 年国务院关于旅游业发展的相关政策文件，并分析讨论其对旅游景区发展的影响与意义。
　　2. 我国当前旅游业及旅游景区发展的短板或问题有哪些？该如何解决呢？
　　3. 各种网红型景区的跟风发展，可能会产生哪些问题？为什么？

模 块 测 验

一、名词解释
1. 旅游景区
2. 旅游度假区
3. 风景名胜区
4. 智慧旅游景区
5. 地质公园
6. 森林公园

二、填空题

1. 为满足人民群众日益增长的美好生活需要,国务院于_____年初正式组建了_____,掀开了文化和旅游全面融合的新时代。

2. 2018 年,国家住房和城乡建设部对原《风景名胜区规划规范》进行修编,并重新发布了两个推荐性标准,分别为_____和_____。

3. 我国首批国家重点风景名胜区由_____在____年发布。

三、选择题

1. 自 2015 年以来,我国已经受到摘牌处理的国家 5A 级旅游景区有哪些?(　　　)

A. 山海关　　　　　B. 橘子洲头　　　　C. 乔家大院　　　　D. 杭州西溪湿地

2. 下列哪些类型的旅游景区概念或品牌由国家文化和旅游部归口管理?(　　　)

A. 风景名胜区　　　　　B. 自然保护区　　　　　C. A 级旅游景区

D. 旅游度假区　　　　　E. 历史文化名城　　　　　F. 地质公园

3. 旅游景区一般拥有哪些个性化特征?(　　　)

A. 要素综合性　　　B. 资源集聚性　　　C. 地域特色性　　　D. 主客共享性

4. 下列哪些旅游景区属于自然型旅游景区?(　　　)

A. 杭州西湖　　　　B. 黄山风景区　　　C. 八达岭长城　　　D. 玉龙雪山

5. 下列哪些旅游景区属于人造型旅游景区?(　　　)

A. 中国良渚古城遗址景区　　　　　B. 上海迪士尼度假区

C. 深圳世界之窗　　　　　　　　　D. 宁波方特东方神画

E. 北京故宫

四、简答题

1. 请简要说明旅游景区对旅游业发展的影响与作用是什么。

2. 请简要说明我国旅游景区发展的趋势。

3. 做好景区接待服务通常需要做好哪些准备工作?

扩展技能训练

以家乡的某一个旅游景区为例,结合未来旅游景区的发展趋势,提出其整改提升的对策与措施。

模块 2 职业道德与服务礼仪规范

◆ **学习目标**

● **素养目标**

1. 具有较好的审美和人文素养,服务意识强,提高整体职业素养。

2. 能遵守客观规律与科学精神,诚实守信,履行道德准则和行为规范,对服务内容和服务质量认真反思与总结,不断提升个人形象和素质。

3. 能正确领会热爱劳动的精神,具有明确的社会责任感、灵活、克制、诚信的职业意识、较强的集体意识和团结、协作、宽容的团队合作精神。

4. 具有细心、周密、热情的服务意识与灵活的沟通能力,能确保每次岗位服务与接待均能优质完成,让客户满意,形成自己特色的服务风格。

● **知识目标**

1. 了解景区工作人员应具备的职业道德。

2. 掌握旅游景区员工服务素养的基本要求。

3. 掌握不同情境中的着装礼仪、妆容礼仪、言行礼仪等。

4. 掌握处理礼仪危机的基本原则,掌握几种常见礼仪危机的应对策略。

● **能力目标**

1. 能判断不同场景中的礼仪服务内容,熟练运用社会交往与沟通礼仪方面的知识。

2. 能穿着适宜的服装,化适宜的妆容,言行得体。

3. 能用良好的服务态度和服务形象指导景区员工素养提升,规范其相关技能活动。

4. 能熟练掌握旅游各岗位(吃、住、行、游、购、娱)服务礼仪的基本标准与技巧。

情景案例

案例1：某旅行社导游张女士带领游客游览××景区，在购票验票入口，景区验票员为避免通道堵塞，便要求导游张女士在通道外将景区门票分发到每位游客手中，遭到张女士拒绝，她坚持在验票通道内分发门票，验票员见此便不再强求。随后，持票游客依次检票进入了景区。其后，由于张女士所带领团队还剩下四名游客在后面，张女士在等齐剩余游客后，再次抵达验票入口准备让游客入园时，被景区验票员要求出示导游证件，这引发了张女士不满，认为数分钟前才带领游客入园，现再次核查属故意为之，故而投诉，并将带团经过写成《致××景区领导的一封信》意见信，发至文旅主管部门领导。

案例2：国庆长假期间，王先生和朋友到一寺庙游玩。到达后，王先生一行被当地导游带进了一座小庙。导游说，当天有个很出名的大师要在此"度化"有缘人，称游客们都很有"福气"，大师要送大家礼物。在寺庙工作人员的诱导下，王先生最终花300元点了一盏莲花灯"做功德"。回家后，王先生将旅行社投诉到文旅质监部门，质监部门迅速展开调查，并协同当地质监机构，替游客挽回损失。

想一想：比较分析案例1和案例2，请思考游客们为什么要投诉？

单元 1　职业道德规范

一、职业道德的含义、特征与作用

（一）职业道德的含义

职业道德是人们在职业活动中应遵循的特定职业规范和行为准则，即正确处理职业内部、职业之间、职业与社会之间、人与人之间关系时应当遵循的思想和行为的规范。它是一般社会道德在不同职业中的特殊表现形式。职业道德是在相应的职业环境和职业实践中形成和发展的，不仅是从业人员在职业活动中的行为标准和要求，而且是本行业对社会所承担的道德责任和义务。职业道德是社会道德在职业生活中的具体化。

（二）职业道德的特征

职业道德具有形式上的多样性和内容上的稳定性和连续性等特点，具体有以下四方面的特点。

1. 职业道德具有行业局限性和范围上的特殊性

职业道德是调整职业活动中各种关系的行为规范。社会职业千差万别，职业道德因行业而异，个性特征鲜明，每种职业道德在特定的职业范围内具有特殊的职业道德规范，各个具体职业道德都从自己的职业要求出发，规范本职业或行业从业人员的职业行为。职业的不同差别，形成了职业道德适用范围的千差万别。

2. 职业道德内容上具有稳定性或连续性

从古至今,在人们的职业实践中,由于其历史的继承性,逐步形成了职业道德观念,具有发展的历史连续性。职业道德与职业生活紧密相联,在长期的社会职业实践中形成了相对稳定又发展的职业心理和世代相袭的职业传统习惯。

3. 职业道德形式上的多样性和具体性

职业道德的内容千差万别,各行各业从突出自身特点出发,采取具体、灵活、多样的表现形式,将职业道德的内容具体化、规范化、通俗化。

4. 职业道德具有强烈的纪律性

纪律也是一种行为规范,但它是介于法律和道德之间的一种特殊的规范。它既要求人们能自觉遵守,又带有一定的强制性。就前者而言,它具有道德色彩;就后者而言,又带有一定的法律色彩。就是说,一方面遵守纪律是一种美德,另一方面遵守纪律又带有强制性,希望能够通过纪律要求人们自觉遵守,体现职业道德的纪律性。

(三) 旅游职业道德的作用

根据旅游行业的特点和旅游队伍职业道德素质的现状,社会主义职业道德教育的内容主要包括:"三观"教育,即世界观、人生观、价值观教育;社会主义"三德"教育,即社会公德、职业道德、家庭美德教育;旅游行业职业道德"三意识"教育,即政治意识、敬业意识、服务意识教育。在这三方面的教育中,要重点抓好旅游行业职业道德的"三意识"教育。政治意识要求旅游从业人员拥护社会主义制度,热爱祖国,自觉维护祖国利益和民族尊严,顾全大局,遵纪守法;敬业意识要求旅游从业人员热爱旅游业、热爱企业、热爱本职工作,要有职业荣誉感和职业责任感,忠于职守、尽职尽责;服务意识要求旅游从业人员在游客服务中要热情友好,文明礼貌,恪守信誉,处处为游客着想,真心诚意为游客服务。旅游职业道德具有以下功能和作用。

1. 提高旅游从业人员的素质

旅游从业人员的良好素质是德智体美劳全面发展的统一,其标准是成为有道德、有理想、有文化、有纪律的社会主义旅游工作者。"德"在综合素质中是第一位的,是基本要求,它包含政治素质和品德素质。旅游从业人员品德素质的提高在于加强旅游职业道德教育。

2. 改善经营管理,提高经济效益和社会效益

旅游业的健康发展,不仅依靠法律和制度的规范,还必须结合职业道德教育,使员工有职业责任心和道德责任感。社会主义旅游职业道德对于正确调节企业与游客利益关系、旅游企业与其他行业之间的关系、旅游企业内部各种关系时所起的作用,往往比法律手段和行政手段范围更广泛、影响更深刻。

3. 改善服务态度和提高服务质量

旅游从业人员与游客之间提供服务与享受服务的关系被称作"客我关系"。要使游客满意,旅游从业人员必须以良好的服务态度,为游客提供优质服务。

4. 有利于推动良好社会风气的形成

旅游业是我国社会主义事业的重要组成部分,是社会主义精神文明建设的重要领域之一,更是新时代彰显文化自信和满足人民美好生活的重要载体。旅游活动带来广泛的人际

交往和文化交流,促进民族文化传承,丰富人民群众的精神生活,开阔眼界,了解世界。旅游业是面向世界的行业,社会主义旅游职业道德不仅关系到旅游业的发展,而且直接影响我国的社会风气和国际声誉。

5. 抵制精神污染,反对和纠正行业不正之风

改革开放以来,随着国际旅游业的发展,西方某些消极或腐朽的文化影响和冲击着中国优秀传统道德观念。社会主义旅游职业道德可以规范旅游从业人员的行为,提高他们的道德认识水平,增强对不正之风的抵制能力,培养良好的道德品质,有利于反对并纠正行业不正之风。

二、景区从业人员的职业道德、职业守则和行为规范

景区职业道德是景区从业人员在职业活动中所应遵循的,与其特定职业活动相适应的道德规范以及形成的道德观念、道德情操和道德品质等。

视频:景区从业人员的职业道德与职业守则

(一)景区从业人员的职业道德要求

旅游职业道德对景区从业人员有以下三方面的基本要求。

1. 正确认识旅游业的性质和任务,热爱旅游事业

改革开放之初,我国的旅游事业,既是经济事业,又是外事工作的一部分;既要为国家积累资金,赚取外汇,又要扩大我国的国际影响,增进各国人民之间的相互了解和友谊,开展民间性质的文化、科技交流。随着我国社会主义现代化建设事业的飞速发展,旅游成为我国人民物质生活和精神文化生活的重要组成部分,成为爱国主义教育和精神文明建设的重要途径。因此,要不断培养旅游从业人员敬业、乐业的精神。敬业是指敬重自己所从事的职业,有职业荣誉感。首先,认识到劳动是每位社会成员的职责和义务,并将劳动看成一种美德;其次,把任何一种对社会有益的劳动都看成是光荣的,任何一种形式的劳动都是社会的需要;再次,劳动是衡量每一个人社会价值的尺度。乐业是指以主人翁的姿态,热爱自己从事的职业,乐于为广大人民服务,并且以做好本职工作作为自己最大的快乐,产生职业幸福感。要树立敬业、创业精神,勤奋工作,兢兢业业,尽职尽责,忠于职守,克勤克俭,以高度的主人翁精神,进行创造性的劳动。

2. 全心全意为游客服务,提高服务质量

全心全意为游客服务,提高服务质量,这既是旅游职业道德的要求,也是为人民服务的具体体现,展现了旅游从业人员的精神境界。要热心为游客服务,关心和爱护每一位游客,尽可能满足他们的合理要求。要加强职业责任心和道德义务感,改善服务态度,提高服务质量。服务质量是反映产品或服务满足游客需求能力的特征和特性的总和。游客对服务质量的需要一般包括以下几个方面:舒适与及时;物美与境优;安全与卫生;礼貌与诚信。服务质量是通过服务过程的许多程序、过程、细节来实现的,包括服务产品的设计、服务的准备工作、服务设备设施和状态、服务产品的性能、服务的技巧以及工作效率等。

3. 发扬爱国主义精神

旅游从业人员必须热爱祖国,不仅自己是坚定的爱国主义者,而且要通过自己的讲解和服务,使游客深深体会到中华民族的自尊心和自信心。旅游景区不仅对促进经济发展具

有重要作用,也是宣传思想工作和精神文明建设的重要阵地,是对国内外游客展示祖国大好河山、介绍悠久历史文化、宣传我国良好形象的重要窗口。开发旅游资源、介绍旅游景点,要增强思想性和健康的文化内涵,体现爱祖国、爱人民、爱家乡的美好感情。景区从业人员不仅要具备有关方面的丰富知识,还要有较高的思想水平,努力成为合格的宣传与思想工作人员。

(二) 景区从业人员的职业守则

景区员工的良好职业道德品质是景区服务工作的基础。职业道德包括良好的个人修养和丰富的知识基础。景区工作人员需要面对形形色色的游客。在某些情况下,服务过程中游客容易因误解和不满与员工发生争执,这就要求员工具有良好的个人修养和强烈的服务意识,奉行克制忍让的原则,为游客提供优质服务。良好的职业道德可以通过职业素养的培养和自身不断学习获得,重点应具备以下几点。

1. 爱岗敬业、遵纪守法

爱岗敬业、遵纪守法是景区从业人员做好工作的前提,是提高旅游服务质量的根本保证,是旅游业取得社会效益和经济效益的基础。爱岗敬业是指热爱自己的本职工作,以恭敬负责的态度对待工作,勤勤恳恳、兢兢业业地履行岗位职责,“专心致志,以事其业”。遵纪守法是指景区从业人员在职业活动中严格遵守国家的法律、法规、法令和有关政策,自觉遵守各种规章制度、条例和守则等。总之,必须做到以下四点:一是树立正确的择业观,克服职业偏见;二是坚守工作岗位,具有高度责任心;三是热爱工作对象,具有职业良心;四是执行政策法规,抵制不正之风。

2. 热情服务、游客至上

热情服务、游客至上是我国人民的传统美德,是旅游行业的生存之本、发展之道,是景区从业人员的待客之道和应具备的基本品德。热情服务是指景区从业人员在工作过程中尊重游客,主动、热情、耐心、周到地关心游客并为他们排忧解难的态度和行为。游客至上就是视游客为“上帝”,把游客的利益放在首位,始终如一地为游客着想,努力满足他们在消费过程中各种正当、合理的需求。

3. 诚实守信、公私分明

诚实守信、公私分明是景区行业经营原则的具体体现,是树立景区形象的基础,是创造品牌的灵魂,是景区从业人员应有的思想品质和行为准则,是高尚情操在职业活动中的重要体现。诚实守信是指景区从业人员忠诚老实,不说谎话,不弄虚作假,遵守许下的诺言,言行一致,表里如一,做到“言必信,行必果”。公私分明是指景区从业人员正确处理和摆正公私利益关系,以国家利益、集体利益为重,不贪图个人利益,不为了个人利益损害集体、国家利益。

4. 团结协作、顾全大局

团结协作、顾全大局是生产社会化的客观要求,是建立新型人际关系的需要,是提高旅游服务质量的重要保证。团结协作是指景区内部全体从业人员相互之间团结友爱,各个工作环节和服务部门之间协同奋斗。顾全大局是景区从业人员的一切言论和行为都要从国家、旅游业、景区的大局出发,要识大体,顾大局。

5. 一视同仁、不卑不亢

一视同仁是平等原则的具体体现,是景区行业的商业性所提出的要求。不卑不亢是景区从业人员在国格、人格和民族尊严的具体体现。一视同仁是指景区从业人员在职业活动中对游客不厚此薄彼,做到同等对待。它要求从业人员不论游客的国籍、种族、性别、贫富等,都能友好地相待,一样地尊重游客的习惯以及宗教信仰等,满足游客合理的需求;维护游客的合法权益,关心游客的切身利益,真诚地为游客服务。不卑不亢是指景区从业人员在工作中要维护自己的人格、国格,坚持自己的信念,要谦虚谨慎,不要妄自菲薄,为客服务,不低三下四,热爱祖国,但不妄自尊大,学习先进,但不盲目崇洋。

想一想: 你去异地旅游时让你印象最深的旅游体验的感受是什么?给你留下印象深刻的景区服务有哪些?

视频:景区员工的行为规范

(三) 景区员工的行为规范

掌握旅游景区服务与管理的基本规律和方法,初步具备旅游景区管理工作要求的理论素养和操作技能,能帮助景区从业人员树立景区服务意识与职业思想,建立景区服务与管理工作的基本思路和总体概念,具备从事与旅游景区相关工作的基本能力,进而培养景区从业人员开展接待服务的技能,以及在旅游景区经营管理工作中分析与处理问题的能力。

1. 如何做一名优秀员工

(1) 保持整洁的仪容仪表,并随时佩戴好工牌。

(2) 面对游客,我总是面带微笑和保持目光接触。

(3) 我总是用姓名称呼游客。

(4) 我经常使用礼貌用语。

(5) 我熟悉自己的工作程序。

(6) 我熟悉景区的情况,以便回答游客的询问。

(7) 我为游客引路而不是指引方向。

(8) 解决游客的投诉是我的职责。

(9) 我总是预先考虑游客的需要并满足其需要。

(10) 我总是称赞我的景区。

2. 服务中严格遵守职业礼仪和操作规范

(1) 二不:不吸烟,不吃零食。

(2) 二静:工作场合保持安静,隆重场合保持肃静。

(3) 三轻一快:操作轻、说话轻、走路轻,动作利落,服务快。

(4) 三了解:了解游客的风俗习惯,了解生活,了解特殊要求。

(5) 三声:客来时有迎声,客问有应声,客走有送声。

(6) 四尊:尊重老人、妇女、儿童、残疾人。

(7) 五勤:眼、口、脚、手、耳勤。

3. 服务中的"五先"原则

(1) 先女宾后男宾。

(2) 先客人后主人。

(3) 先首长后一般人。

(4) 先长辈后晚辈。

(5) 先儿童后成人。

4. 游客类型和相应的服务方法

(1) 普通型游客。对其服务的方法：采用正视的服务方法。

(2) 自大型游客。对其服务的方法：首先做到不卑不亢，不能生游客的气，不能斗气，按合理的要求去做，及时说明解决。

(3) 寡言型游客。对其服务的方法：以中年学者为多，有主见，景区从业人员服务时，需事事征求游客的意见，要处处表示出对他们的尊重。

(4) 性格急躁型游客。对其服务的方法：讲究效率、马虎，易发火，以青年学生为多。景区从业人员服务时应保持镇静，及时发现问题事后进行解释。

(5) 社交型游客。对其服务的方法：大多为男性，善于攀谈。景区从业人员服务时做到周到仔细，这类游客通常比较通情达理。

(6) 固执型游客。对其服务的方法：以老人为多。景区从业人员服务时不宜争论，不宜干涉游客行为，不过多介绍。

(7) 啰唆型游客。对其服务的方法：以中年人为多。景区从业人员服务时不宜长谈，反之会影响工作。

5. 对游客服务的礼貌禁忌

(1) 与游客谈话时不准叉腰、插口袋，要正视游客。

(2) 微笑面对游客，回答游客问题的时候，"知之为知之，不知为不知"，向别人请教后再向游客解答。

(3) 同事之间不当着游客的面说家乡话和争吵。

(4) 不准偷看游客的书籍，不准偷听游客的谈话。

(5) 上级或平级见面时要致意。

(6) 不许在游客的背后做鬼脸，不许相互做鬼脸，不嘲笑游客。

(7) 交给游客物件时应双手呈上。

(8) 主动帮助残障游客和行动不便的人士。

(9) 努力记住游客的姓名。

6. 工作区服务标准

(1) 讲标准普通话，对游客热情、礼貌、周到，责任心强、服从管理，与本部门员工通力合作。遵守员工守则，做好本职工作。

(2) 熟练掌握服务技能和清洁标准，保持部门各部位设备洁净、物品整齐、空气清新、环境优雅。

(3) 坚守岗位，不准到无关区域乱窜、闲谈，忠于职守，确保游客安全，勤巡查，及时发现问题、解决问题,解决不了的立即向上级主管报告。

(4) 负责检查各部门设备的运转情况,发现问题及时向上级报请维修。

(5) 提醒游客保管好自己的物品,不要擅自减少部门所规定的服务流程并根据游客的要求合理安排。

(6) 填写单据时,字迹清楚,书写工整,不可遗漏。

(7) 拾到任何遗留物品,要立即上交,并做好记录以备存查。如果有游客认领,请游客详细描述物品特征,出示有效证件并登记备案,方可返还。如果长时间无人领取,上交景区相关部门另行处理。

(8) 游客等待服务时间限定为90秒,不得超过规定时间,不得冷遇游客。

7. 服务工作中出现小差错时怎么办?

(1) 要抱着认真负责的态度,尽最大的努力将工作做得完善妥帖,避免出现差错和事故。

(2) 对游客表示歉意,及时采取补救的措施。

(3) 事后要仔细查找原因,如实向领导汇报。

(4) 吸取经验教训,避免类似的差错发生。

(5) 凡是出现差错,均不能隐瞒。如自己不能解决,马上请示上级,以免酿成大的事故。

8. 10个习惯

(1) 员工必须清楚景区的目标、价值观及自己的工作职责。

(2) 员工都必须做到:尽量预见并满足游客的需求。

(3) 员工在工作时间不应使用客用设施设备,在任何时间、地点,行动都应该以客为先。

(4) 保证对你面前3米内的游客和员工微笑致意,并让电话中的人感受到你的微笑。

(5) 为满足游客的需求,充分运用景区给予的权利,直至寻求上级的帮助。

(6) 员工发现景区存在不足可提出改进建议,使景区的服务和质量更加完美。

(7) 积极沟通,消除部门之间的偏见。不要把责任推给其他部门或同事,在工作场所,不要对景区做消极的评论。

(8) 把游客每一次投诉视作改进服务的机会。倾听并用最快的行动解决游客投诉,保证投诉的游客得到安抚。尽一切努力,重新赢得游客的信任。

(9) 制服要干净整洁、合身,皮鞋要擦亮。仪容仪表端正大方,上岗时要充满自信。

(10) 爱护景区财产,发现景区设施设备破损时必须立即报修。

三、正确处理道德关系

旅游是人们通过异地活动获得精神愉悦、享受生活、丰富经历的过程,这一过程必然要进入他人(目的地居民)的生活空间,这就不可避免地要涉及不同人、不同机构之间复杂的利害关系,如游客与游客之间、游客与目的地居民之间、游客与目的地政府和企业之间、旅游地政府与居民之间、旅游地政府与企业之间、旅游地居民与企业之间等。从本质上说,这些关系的根源实际就是利益与责任的博弈,而这种博弈最终又落到"旅游道德"这一核心问题,旅游道德建设是一项任重道远的事业。

关于道德的含义,一般认为:"道德作为一种社会意识是对社会存在的反映,它诞生于人类的劳动实践,以是非、善恶评价为形式,依靠社会舆论、传统习俗和内心理念及调节人际关系的心理意识、原则规划、行为活动的总和,即包括道德意识、道德规范和道德实践。旅游道德问题是与旅游活动相伴而生的,是旅游过程中各个利益相关者之间利益关系在道德层面的集中反映。我们把旅游道德的概念界定为:能够被旅游活动的各个利益相关者所接受、可以用来调整各个利益相关者个体行为的意识和规范。在旅游活动利益关系中,各个相关者的身份和关注的利益不同、付出的成本不同,他们寻求的旅游道德规范和表现出的道德行为也不相同。而作为景区从业人员,主要是要正确处理与同事、与游客、游客与游客、游客与社区居民之间的道德关系。

(一)正确处理与同事之间的道德关系

美国学者乔恩·R.卡曾巴赫认为,团队是指由具备一定的互补技能,愿意为了共同目标而相互协作的个体所组成的正式群体。团队以群体和协作的优势激励团队成员间的合作意识,营造一种增加工作满意度的氛围,从而赢得竞争的主导地位。在这一概念中可以清楚地看到,团队的基本要素有三个:一是有共同的目标;二是成员之间要互相协作;三是成员要具备一定的互补技能。

团队精神,简单来说就是大局意识、协作精神和服务精神的集中体现。团队精神的基础是尊重个人的兴趣和成就。核心是协同合作,最高境界是全体成员的向心力、凝聚力,反映的是个体利益和整体利益的统一,并进而保证组织的高效率运转。团队精神的形成并不要求团队成员牺牲自我,相反,挥洒个性、表现特长保证了成员共同完成任务目标,而明确的协作意愿和协作方式则产生了真正的内心动力。团队精神是组织文化的一部分,良好的管理可以通过合适的组织形态将每个人安排至合适的岗位,充分发挥集体的潜能。

沟通是团队协同合作、树立共同目标的必然途径,是形成一个优秀团队不可或缺的重要条件,是团队精神的黏合剂。在思想上、精神上充分地把团队的价值目标在系统中得到合理有效的传播和建设,以坦诚、开放、沟通作为团队的基本原则来实现团队管理,并使这些原则在思想观念上扎根、生长。在心理上实现一系列鼓励倾听、积极回应他人观点、对他人提供支持并尊重他人兴趣与成就的价值观念。"一个团队的目的不是达到目标而是向目标看齐。"为了向共同的目标看齐,要求团队成员之间必须有良好的沟通,这样才能达到资源共享、互通有无,加强团队协同合作。

团结友爱的前提是人们的相互尊重。在景区职业活动中,要尊重本行业、本单位、本部门的每一个人,包括领导与员工之间、同事之间、新老员工之间。旅游职业道德规范要求领导者密切联系群众,尊重群众,吃苦在前,享乐在后,大公无私,以身作则,关心群众疾苦,体谅下级困难,严格要求并不断提高员工的各方面素质。同时,员工要尊重领导,支持领导的工作,齐心协力完成工作。在师徒之间、新老员工之间,要做到相互尊重。学员和青年职工都要尊重老职工,向他们学习。老职工要爱护、培养、关心、尊重学员和青年职工,把宝贵的经验、技能技巧毫无保留地传授给他们,既教授知识、技能,又教育他们做人。

建立团队,最重要的是在认知上形成一种强烈的、积极的归属感和同群感,这种感觉根植于人类的本性。志同道合是指志向相同,途径一致,它表示朋友之间或集体成员之间的道德关系。为了实现既定目标,就必须形成良好的集体,同舟共济,即全体旅游从业人员的根本利益是一致的、目标是一致的,就要团结互助,同心协力,战胜困难,取得胜利。强烈的归属感和同群感的产生是以互相依赖、互相沟通为前提的。情感取向是个体对群体在感情上的忠诚,是组织目标和个人目标整合一致的过程。要想产生整体大于个体之和的效果,必须充分发挥团队中每个人的智慧和所长,这就需要通过沟通去发现每个人的优点。

在这个世界上,任何一个人的力量都是渺小的,只有融入团队,只有与团队一起奋斗,你才能实现个人价值的最大化,你才能成就自己的卓越!团队,是为了实现一个共同的目标而集合起来的一个团体,需要的是心往一处想,劲往一处使;需要的是分工协作,优势互补;需要的是团结友爱、关怀帮助;需要的是风雨同舟,甘苦与共!一个想成为卓越的人,仅凭自己的孤军奋战,单打独斗,是不可能成大气候的。你必须要融入团队,你必须要借助团队的力量。与团队和谐相处的秘诀就是:尊重别人、关心别人、帮助别人、肯定别人、赞美别人、学习别人、感恩别人!

(二)正确处理与游客之间的道德关系

宾客至上是旅游从业人员应尽的职业责任和道德义务,全心全意为旅游者服务,提高服务质量,这既是旅游职业的需要,也是社会主义核心价值观的要求,体现着旅游从业人员的道德素养。具体要做到:首先,尊重游客,做到礼貌待人,无论游客的人种、肤色、国籍、宗教信仰等情况,都应该平等对待,不歧视游客;其次,真诚待人,不欺骗游客,在推销或宣传旅游产品时,要真实、客观地介绍旅游产品的特点和优点,不夸大、不虚假宣传;最后,尊重游客的隐私,在旅游过程中,不窥探、不泄露游客的私人信息。总之,正确处理与游客之间的道德关系需要注重以人为本,在旅游职业活动中,把旅游者放在首位,一切为旅游者着想,一切使旅游者满意,尽力为旅游者服务,增强游客的满意度,促进旅游产业的可持续发展。

(三)正确处理游客与游客之间的道德关系

游客与旅游过程中同伴的关系处理也是旅游道德行为的重要组成部分。游客不文明旅游行为本身往往成为其他游客游览活动中的视觉污染,影响游兴,破坏环境气氛,进而影响其他游客的游览质量。尤其是处于同一个旅游团队的同伴,大家来自不同或相同的背景,却怀着同样的旅游目的,彼此之间产生临时性的伙伴关系。虽然是临时性的关系,但仍然应该互相尊重、关爱,一起克服旅游过程中遇到的困难,共同营造一个良好的旅游氛围。尤其是应该做好典范游客或标杆游客的树立,形成"头羊效应";也要鼓励游客不仅要做到自我监督,而且要学会监督同属一个团队或同一个空间的"玩伴"。作为景区从业人员,更要做好游客矛盾或不同观念、不同理念的协调。

(四)正确处理游客与当地社区居民之间的道德关系

一方面,旅游者与目的地居民由于地缘、文化意识形态、生活习惯等的不同极容易出现矛盾和冲突;另一方面,旅游本身就是穿越他人生活空间的过程,势必对目的地社区居民的生活过程产生打扰。这就要求旅游者必须以尊重、平等的态度对待目的地居民,尊重当地的文化、风俗习惯、宗教信仰及生产生活方式,规范自己的行为,不给当地人的生活带来阻碍或困扰。在我国古代,古人就已经意识到尊重当地居民的重要性。古语"入境而问禁,入国而问俗，入门而问讳"（《礼记·曲礼》）就充分说明了这一点。

此外，从旅游业可持续发展的角度出发，应建立基于利益均衡原则的"旅游立德"机制，以保障各个旅游利益相关者的利益诉求都得到公平的对待，使各个旅游利益相关者都能够以共同的道德准则规范自己的行为。具体可以从如下四个方面开展。

一是强化旅游道德意识，建立旅游道德体系。道德是人内心承认的意识形态，只有当道德规范内化于心，真正成为人们内心所接纳的思想，才能潜移默化地指导人们的行动。因此最根本的就是提高人们的修养，加强旅游道德意识。这就需要相关的国际组织以及各国政府，通过研究、倡议、宣传等各种方式来加强和提高人们的旅游道德意识，确立能够广泛被国际社会接受的旅游道德体系。

二是健全旅游法规体系，用法律手段保障旅游利益的均衡。法律与道德属于两个不同领域，法律是由国家制定的强制性行为规范，对人的各种行为具有很强的约束力，并由国家机器来保证人们的旅游行为能够遵循法律。道德体系虽不属于法律范畴，但同样需要通过法律手段来为其设定最后的底线，为旅游道德提供刚性保障。

三是完善行业规范，用标准体系规范旅游开发和经营行为。标准对于行业的规范化发展具有十分重要的意义，因此要进一步完善四级行业标准体系，即国际的、国家的、地方的和企业的。另外，旅游行业其实是一个行业的集群，包含了旅游接待业、餐饮业、住宿业、景区、交通企业等许多类型的企业。需要根据他们在旅游产业链条中所处的不同位置和功能、各自的不同特点，从实际出发，建立自己的行业规范，使行业的发展和企业的行为有规范可循。

四是充分发挥社会公众和非政府组织的作用，通过有效的公共监督机制来提高旅游发展的公平性。旅游道德是旅游活动主体所接受的意识形态，用来指导和规范自己的行为。但利益的驱使有可能使许多个体出现"道德缺失"或"道德弱化"现象，单靠个体自律不能完全保证他们对道德的恪守。有效的方法是在加强道德自律的同时，建立有效的公共监督机制，发挥社会公众和非政府组织的作用，利用社会舆论的广泛性和公众的正义感，来加强对旅游利益相关者的道德监督，实现旅游发展的公平性。

单元 2　服务礼仪规范

视频：员工
仪容仪表仪
态规范

一、员工服务形象规范

服务形象是指在景区工作中，景区工作人员在游客面前树立的形象，包括外在形象、内在品德修养等，它主要通过衣着打扮、言谈举止等反映出来。景区工作人员的形象也是一个人内在品质的外部反映，它是反映一个人内在修养的窗口。景区工作人员的形象除了反映自身形象，还反映了景区的整体形象和管理水平。因此景区应严格要求工作人员的形象，工作人员应该按照景区的要求积极塑造自身的形象。服务形象主要包括以下几方面。

（一）仪容规范

仪容是指一个人的容貌，是按照社会的审美观念进行修饰后的容貌。景区工作人员的仪容规范是指景区工作人员对自身面容和发型以及人体所未被服饰遮掩的肌肤的修饰。这些修饰根据景区自身性质和岗位性质不同而不同。例如，主题公园根据活动的主题要求扮演角色的员工有特殊妆容，大部分景区仪容修饰的要求为干净、整齐、健康、美化，涉及人的形体美、服饰美与发型美的有机结合。应是比例匀称、发育正常的健康美，而不是追求文身束胸的病态美。发型要根据职业特点设计，基调是活泼开朗，朝气蓬勃，干净利落。

1. 发型要求

（1）男士：头发长度不长于 7 厘米，前不覆额、侧不掩耳、后不及领。

（2）女士：梳理整齐，长发要盘起或挽起，短发不过肩。

（3）注意：不论男士、女士不要前卫发型，不要在头发上乱加装饰之物，不宜使用彩色发胶、发膏；男士不宜用任何发饰；女士发饰应以蓝、灰、棕、黑为主。

2. 面容修饰

景区工作人员面容修饰主要包括眼睛、耳朵、鼻子、嘴巴、胡须、脖颈，需要做到整洁、健康。女性工作人员要以淡妆为主。

（二）仪表规范

仪表主要是指服饰的搭配。景区工作人员的仪表规范是根据景区性质所进行的服饰设计及穿着要求。"三分长相，七分打扮"，人的服饰美要求服饰得体、和谐、入时，做到端庄、整洁、大方，不必追求奇装异服。景区员工制服是景区性质和品质的体现，景区一般会根据景区性质设计相应的工作制服，因为统一、优质的制服不仅提升员工的职业形象，也可以塑造景区的形象。

（1）发饰：按统一标准盘起，用配发的发套和发夹固定在脑后，保持发饰整洁，不凌乱，不得染发。

（2）妆饰：按统一标准化妆上岗，要求粉底涂抹均匀，眼线、眼影、描眉、腮红、口红在岗期间时刻保持，补妆时需要回避。

（3）服饰：按统一标准，穿着工作服上岗，保持干净整洁，不得污损。

（4）饰物：按照要求穿着搭配，佩戴胸牌，不佩戴夸张的饰品上岗。

（5）气味：在岗期间确保口气清新；不得使用香味过浓的香水和化妆品。

（6）体声：工作场合打哈欠需用手遮掩。

（7）手部：保持手部的清洁，指甲长度不能超出指腹 0.1 厘米，指甲边缘不得藏污垢，可适当涂无色指甲油。

图 2-1 至图 2-4 为一些景区员工的形象。

（三）仪态规范

仪态是一个人的行为和风度，是一个人内在修养的展现。景区工作人员的仪态要求是文明、优雅、敬人。仪态修饰主要包括挺拔的站姿、优雅的坐姿、优美的步态、得体的蹲姿、适当的手势等。

图 2-1　杭州 Hellokitty 乐园工作人员形象

图 2-2　杭州西溪湿地工作人员形象

图 2-3　杭州宋城景区员工形象

图 2-4　景区电话咨询受理人员工作照

（1）微笑服务。

（2）挺拔的站姿：是指工作人员在岗位中应保持的姿态，如检票、咨询、讲解、销售等岗位，站姿的具体要求有头正、颈直、肩平、胸挺、腹收、腰立、腿靠，男士脚位可以是并列式和"V"字形，女士脚位可以有小"丁"字形和"V"字形。在岗时不准倚门、靠墙、靠柱，与游客互动时不要叉腰、两手抱胸，手不能插入衣袋，不能搓脸、弄头发；身体不能依靠物体歪斜站立；身体不能晃动。

（3）优雅的坐姿：景区中售票岗、咨询岗等工作人员经常需要坐着工作，需要保持端庄的坐姿。身体正直、挺胸收腹，腰背挺直。在岗位中不要过于放松，瘫坐在椅内。

（4）优美的走姿：走姿可以展现一个人的风度、风采、自信和干练。景区工作人员在引领游客或为游客讲解服务时，走姿应稳健协调、轻盈自然。工作人员自行前进时应靠右行，引领游客前进时应根据场地的变化适当变换引领位置,引领游客上下楼梯或台阶时,应保持高位为尊的原则;引领游客前进时应坚持以右为尊、安全为先、观景为先的原则。

（5）恰当的手势:手势是指运用手指、手掌、拳头和手臂动作的变换,表达思想情感的一种体态语言。景区工作人员在工作中应使用规范化的手势,手势宜少不宜多、不宜大,避免出现用手指乱指、乱掏、乱抓的现象,不要用手指制造响声。迎客时,需双手举起前后摆动指引游客车辆到达指定位置停车。送客时,右手左右摆动送游客离开。

（6）引领手势:若双方并排行进时,工作人员应居于左侧(游客居内侧)。若双方单行行进时,工作人员应居于左前方(游客居内侧)约1米的位置。经过拐角或上、下楼梯、台阶之处、拥挤之处时,需提醒游客注意安全,提醒时应手势与语言相结合,上身微微前倾。

二、文明礼仪与协调沟通

"诚于中而形于外""外秀而内美"。旅游工作者是美的使者,故有必要重视自身形象设计。言谈、举止、仪表、仪容、礼节、礼仪和风度等都要达到美的要求。素有"礼仪之邦"和"衣冠王国"之称的中华民族,历来强调"温文尔雅""彬彬有礼"。职业化是一种工作状态的标准化、规范化、制度化,即在合适的时间、合适的地点,用合适的方式,说合适的话,做合适的事情。

（一）服务态度

景区优质服务的核心就是员工有敬业的服务态度,服务态度包括真诚的尊重游客和健康的服务心态。员工的服务态度对景区服务质量起着决定性的作用,没有端正的服务态度就没有高水平的服务质量。

尊重他人是一种高尚的美德,是个人内在修养的外在表现,是人和人之间真诚交往的基本原则。尊重服务对象是在景区服务过程中景区工作人员与游客交往中最核心的原则。

1. 尊重的三种境界

尊重服务对象是指景区工作人员的服务语言、动作以及服务态度让游客感到舒服,感觉受到重视。服务工作中的尊重有三种境界:一是让服务对象感到舒服、满意;二是让服务对象感到惊喜;三是让服务对象感动。

扩展案例

安吉帐篷客度假景区的三重服务新标准

背景与情境:在一些传统旅游景区为入住率发愁时,一部分创新景区却游客盈门。例如,安吉帐篷客度假景区不但结合万亩白茶园创新开发了帐篷度假景区、特色美食餐饮、户外休闲运动、亲子体验活动等多种业态产品,而且推出了"满意服务、惊喜服务、感动服务"的三重服务新标准,具体内容如下。

"满意服务"是基础服务,参照五星级景区的标准服务加上人性化的服务,比如时刻保持微笑。

"惊喜服务"是特制服务,比如生日的惊喜或纪念日的特别安排。

"感动服务"是最高级的服务,一般是通过服务员的细微观察发现一些特别之处或者帮助游客解决比较大的麻烦,给游客意想不到的感动。

想一想： 分析安吉帐篷客度假景区的三重服务新标准对今后提供服务的启示,应该如何更好地满足游客?

2. 尊重的行动路径

尊重服务对象对于景区服务工作十分重要,实现尊重的路径主要是关注对方、理解对方、付出行动或满足对方。首先,关注对方,通过注视来观察景区游客的行为,注视过程中不能紧盯着对方,也不能斜眼看对方,表现应该大方得体。景区工作人员应该善于观察游客行为,善于发现游客需求。其次,理解对方,也就是换位思考,通过游客行为判断游客的需求,通过换位来思考游客的感受。最后,付诸行动,给游客提供力所能及的帮助或指引。

(二) 问候礼仪

旅游接待服务人员在工作区域遇到游客时,应主动与游客打招呼并礼貌问候,能否灵活地运用问候语,是检验旅游从业人员语言沟通与交际能力高低的一个重要依据。问候语是指在接待游客时根据不同的对象、时间、地点所使用的规范化问候用语。

(1)初次见面时,首先用"您好",欢迎语再跟上,如"欢迎到 ×× 景区""欢迎参加我们的定制旅游团"等。

(2)一天中不同时间段分别用"早上好""中午好""晚上好"等问候语问候游客。

(3)节日问候语有"祝您新年快乐""节日愉快"等。

(4)表示祝福的问候语有"祝您生意兴隆""祝您万事如意"等。

(5)根据接待地点使用不同的问候语,在酒店,可以说"您好,欢迎下榻我们酒店!",在博物馆,可以说"您好,欢迎您来参观访问!"

(6)表示关切的问候语有"您现在好点了吗?""您太劳累了,要注意休息!"

(7)表示安慰的问候语有"您别着急!""放宽心,一切都会好起来的。"

(8)服务工作中的问候语有"您需要帮忙吗?""您有什么需要?""有什么是我可以帮您做的?"

(三) 致意礼仪

1. 致意的含义

致意是最常见的、最简单的礼仪,俗称打招呼。世界上有各式各样的致意方式,如中国人的拱手礼、欧美人的吻面礼或吻手礼、阿拉伯人的按胸礼等。世界各国尽管见面礼不同,但"以礼相待"的理念是相同的。在对方能看到自己,但又不方便与对方语言交流的时候,致意是传达问候的一种最好的方式。根据双方所处情形的不同,致意可有六种不同的形式:微笑致意、点头致意、举手致意、起立致意、欠身致意、脱帽致意。

2. 致意的次序

致意的次序是,一般男士先向女士致意,年轻人先向年长者致意,职位低者先向职位高者致意,以表示对他们的尊敬,而后者要马上回应。当然,后者主动先向前者打招呼也不是不可以。每天与同事第一次遇见时,双方都应该相互致意与问候。作为景区服务人员,在面对非直接服务游客的时候,也要主动致意。

3. 握手礼仪

握手是日常交往的一般礼节,多用于见面时的问候与致意,也多用于告别时的致谢与祝愿。这是世界各国通行的礼节。握手礼的礼节,据说是起源于原始社会。握手虽是日常生活中司空见惯、看似平常的社交礼仪,但从握手中可以传递出许多信息。在轻轻一握之中,可以传达出热情的问候、真诚的祝愿、殷切的期盼、由衷的感谢,也可以传达出虚情假意、敷衍应付、冷漠与轻视。所以,绝不能等闲视之。学习握手礼,应掌握的要点有握手的场合、握手的顺序、握手的禁忌等。

(四) 介绍礼仪

介绍是日常生活及社交、旅游活动中人与人结识的一种重要方式,也是一种常见的礼节,根据介绍对象的不同,一般分为自我介绍和介绍他人两种情况。

1. 自我介绍

自我介绍的时机,即应当何时进行自我介绍,这是最关键而往往被人忽视的环节。在下面的场合,有必要进行适当的自我介绍。如应聘求职时;应试求学时;在社交场合,与不相识者相处时;在社交场合,有不相识者表现出对自己感兴趣时;在社交场合,有不相识者要求自己作自我介绍时;在公共聚会上,与周围的陌生人组成交际圈时;在公共聚会上,计划介入陌生人组成的交际圈时;交往对象因为健忘而记不清自己,或担心这种事情可能浮现时;有求于人,而对方对自己不甚了解,或一无所知时;访问熟人遇到不相识者的人挡驾,或是对方不在,而需要请不相识者代为转告时;前往陌生单位,进行业务联系时;在出差、旅行途中,与他人不期而遇,同时有必要与之建立暂时接触时;因业务需要,在公共场合进行业务推广时;初次利用大众传媒向社会公众进行自我推举、自我宣传时。事实上,这些场合都需要进行自我介绍,作为景区从业人员或接待服务人员也会碰到类似的场景。

自我介绍时应先向对方点头致意,得到回应后再向对方介绍自己的姓名、单位、身份等。自我介绍的具体形式可包括以下几种。

(1) 应酬式。适用于某些公共场合和普通的社交场合,这种自我介绍最为简洁,往往只包括姓名一项即可。例如:你好,我叫王×;你好,我是张×。作为景区接待服务人员,往往在接待普通游客及团队时经常使用此类自我介绍方式。

(2) 工作式。适用于工作场合,包括本人姓名、供职单位及其部门、职务或从事的具体工作等。例如:你好,我叫王×,是××旅游景区的销售经理;我叫张×,在××大学旅游学院教旅游策划课程。作为景区定制旅游与服务接待人员,一般可以使用此类自我介绍方式。

(3) 交流式。适用于社交活动中希翼与交往对象进一步交流与沟通。它大体应包括介绍者的姓名、工作、籍贯、学历、兴趣及与交往对象的某些熟人的关系。例如:你好,我叫王 ×,我在杭州西溪国家湿地公园上班;我叫魏 ×,是张 × 的同事,在杭州宋城演艺有限公司游客接待部工作。

(4) 礼仪式。适用于讲座、报告、演出、庆典、仪式等一些正规而盛大的场合。包括姓名、单位、职务等,并且还应加入一些适当的谦辞、敬辞。例如:各位嘉宾,大家好! 我叫王 ×,我是杭州西溪国家湿地公园的市场部经理。我代表景区热烈欢迎大家光临我们的……

(5) 问答式。适用于应试、应聘和商务交往。问答式的自我介绍,应该是有问必答,咨询什么就答什么。例如:先生,您好! 请问您如何称呼? (请问您贵姓?)先生您好! 我叫王 ×。因此,一般而言,景区接待服务人员经常会碰到游客的相关询问,必须要佩戴好工牌,条件符合的可以直接写上姓名。

同时,自我介绍的注意事项主要有三点:一是注意时机。要抓住时机,在适当的场合进行自我介绍,对方有空闲,而且情绪较好,又有兴趣时,如此就不会打扰对方。自我介绍时还要简洁,以半分钟左右为佳。为了节省时间,作自我介绍时,还可利用名片、介绍信、微信等加以辅助。二是注意说话态度。进行自我介绍,态度一定要自然、友善、亲切、随和,彬彬有礼。既不能唯唯诺诺,也不能虚张声势,轻浮夸张。语速要正常,语音要清楚。三是要真实诚恳。进行自我介绍要实事求是,真实可信,不能自吹自擂,夸大其词。

2. 介绍他人

(1) 介绍的顺序。介绍顺序的国际惯例是把身份地位低的介绍给身份地位高的、把年轻的介绍给年长的、把男士介绍给女士、把未婚的介绍给已婚的、把客人介绍给主人、把晚到的介绍给早到的、把同胞或朋友介绍给外国友人或交往不太深的人。

(2) 介绍的内容。介绍他人时要求用简练的语言,将被介绍者必要的客观情况表述给第三者。作为介绍人在作介绍时要热情、诚恳,在语言表达上不要过于突出某一方,除非另一方有此要求。在双方都介绍完后,尽量找出双方可以继续往下交流的话题,真正起到为双方穿针引线的作用。

(3) 被介绍双方的礼节。在介绍时,被介绍者应正面面向对方,且面带微笑注视对方。被介绍双方在介绍完之后,通常应互相握手问好。除长者与女士外,介绍时双方都应站着进行介绍。若是在会谈中或宴会入席后等特殊情况下,就座者可不必起身,只需欠身或微笑致意即可。

(五) 沟通礼仪

1. 旅游行业沟通的职业特点

(1) 态度诚恳。与游客交流时,要求礼貌用语,说话者应做到态度诚恳、亲切,并且通过耐心的倾听、细致而全面的解答、和颜悦色的面部表情、清晰悦耳的声音,将尊重、热情、关怀等信息传递给游客,让游客从中获得一种愉快的享受。

(2) 表情自然。用礼貌用语与游客交流时,表情要自然、大方,要注意与游客在眼神上的交流;注视对方的眼神应是自然、柔软的,目光的高度也应恰到好处,与游客始终保持 1 米左右的距离;正视游客时,目光应停留在对方的鼻眼三角区,要注意避免诸如打哈欠、搔头、掏耳、抠指甲、卷衣角、玩弄小物件等小动作。

（3）姿态得体。与游客交流时，姿态应大方、得体；站立服务时与游客交流应该按照站立服务的规范要求，不要用手指指点点，也不要抓耳挠腮，倾听别人说话可以将双手交叉在胸前，也可以用一只手支在腮前略为前倾，但不能用双手抱住头部低头听讲，也不能双手合拢抱着自己的后脑。

2. 沟通对象

俗话说："到什么山唱什么歌，见什么人说什么话。" 在旅游接待服务中，沟通方式要因人而异，否则双方很难顺利沟通并达成满意效果。具体考虑的差异性因素主要包括以下几方面。

（1）年龄的差异。与年纪较大的游客交流时，应以商量的口吻，真诚地表示出对他们的尊重，且交谈一些过去的事情更有共鸣；与中年游客交流，可谈论事业等令他们感兴趣的话题；与青年游客交流时，可以谈论一些时尚的话题，这样才有共同话题。

（2）职业的差异。对于不同职业的旅游者，在沟通过程中的方式也是不一样的。不论遇到从事何种职业的人，如果能运用与对方所掌握的专业知识相关的内容进行交谈，就能缩短与对方的心理距离。

（3）文化程度的差异。一般而言，与文化程度较低的人进行沟通时，所采用的方法应简单明确，多用浅显语句，多使用一些具体的数字和例子；对于文化程度高的人，言语的表达方式则可丰富一些。

（4）兴趣爱好的差异。无论什么性格的人，当你谈起与他的兴趣爱好有关的事情时，对方会兴致盎然，同时，对你无形中也会产生好感。

（5）文化背景的差异。与游客进行沟通时，所说的话要与其特定的文化背景协调一致。如在英国和美国称已婚女人为"夫人"，未婚女人为"小姐"，在比较严肃的场合，一般统称"女士"。

3. 沟通时注意场合

在旅游接待服务中，沟通必须讲究场合，否则可能导致说出来的话与初衷适得其反。场合是指双方进行沟通时的地点与氛围。在严肃的场合，应谨慎；在轻松的场合，应较放松。如在参观英雄纪念碑时，应以严肃的话题和语气来与游客沟通。

4. 沟通时注意时机

在与他人进行沟通时，能否把握说话或沟通的时机，直接关系到交流的效果。所谓时机，是指双方能谈得开、说得拢，对方愿意接受你的话题，并能够倾听的时候。例如，当旅行社没有预订到游客合同标准的住宿酒店时，应在游客心情较好的时机告之此事，这样游客更易于接受。

5. 沟通要把握技巧

沟通技巧主要包括语言沟通技巧和非语言沟通技巧两个方面。

（1）语言沟通技巧。我们前面讲到了旅游服务的礼貌用语，除此以外，在旅游接待服务过程中，还可以把一些修饰的成分加进去，这样能增强语言的感染力。

一是幽默。指人们面对不同环境的乐观态度。在旅游接待服务中，幽默可以使气氛变得轻松,可以扭转不好的状况。请看一位讲解员在接待一个由医生组成的团队时所致的欢迎辞:"各位团友,大家好! 我是××旅游景区的讲解员。我姓谭,单名一个捡。大家一定奇怪我为什么叫这个名字,告诉大家一个秘密,我的命是捡来的。我出生的时候难产,多亏了医生,我才得以'死里逃生',所以今天见到各位,我感到非常亲切。我从小就有一个心愿,长大后一定要为重新给我生命的医生做点什么。今天我终于有了这样一个机会。我一定会尽力而为,让大家玩得开心,游得尽兴……"这种欢迎词的形式比较轻松,旨在通过欢迎词来增强与游客的情感,制造一种活泼、愉快的气氛,缓解游客旅途的疲劳。

二是赞美语言。"爱美之心人皆有之",人们总是喜欢听到别人的称赞。在旅游接待服务中,景区从业人员应适当地给予游客赞美。例如,在见到游客时,称赞其漂亮,打扮得体等;在游客表演节目时,给予充分而真诚的赞美等。这样更易于拉近游客与工作人员的心理距离。

三是倾听。有句谚语:"用十秒钟的时间讲,用十分钟的时间听。"听,可以从谈话中获得必要的信息,领会谈话者的真实意图。在旅游接待服务中,服务人员要充分重视听的功能,讲究听的方式,追求听的艺术。怎样才能掌握聆听的艺术呢? 首先,是认真耐心。在游客阐述自己的观点时,应该认真耐心地听完,并领会其意图。许多人对别人的话题不感兴趣,或产生强烈的共鸣就忍不住打断对方而插话或做出其他举动,这是不礼貌的行为。如果必须打断,应适时示意并致歉后再插话;插话结束时,要立即告诉对方:"请您继续说"。其次,是专注有礼。在听对方讲话时,应该目视对方,以示专心。因为语言只传达了部分信息,要真正了解对方,应注意说话者的神态、表情、姿势以及声调、语气等非语言符号的变化。同时,认真聆听对说话者来说也是一种尊重和鼓励,可以使他感觉到自己的重要性。尤其在投诉服务等岗位上。再次,是呼应理解。工作人员在听取对方信息后,为使对方觉得你的确在听而非发呆,应根据情景,或微笑,或点头,适时插上一两点提问"真的吗?"等,就能实现游客与工作人员的深入、有效交流,形成心理的默契。最后,是柔性语言。在旅游接待服务中,从业人员应注意柔性语言的运用,使游客愉悦,并有较强的说服力,往往能达到以柔克刚的效果。

四是寒暄。寒暄对社交来说尤为常用,尤显重要。有的外国商店就对使用频率高的最必要的寒暄用语做了规定,要求店员能纯熟运用。顾客买好东西,店员马上会说:"欢迎下次光临!"如果店员一时实在忙得来不及接待,那更是连连抱歉:"对不起,让您久等了!"这些寒暄让顾客感到如沐春风。但是,同样的寒暄用语对同一个人或在同一时间内反复使用,则会让人感到僵硬甚至虚伪。

(2)非语言沟通技巧。非语言沟通是除语言沟通以外的其他沟通方式。它具有以下特性:无处不在、不可避免;较少意识得到;注重感受和情绪的表达;要配合语言沟通技巧运用。非语言沟通技巧包括面部表情、身体距离、姿势、手势、动作、眼神、声调音量、仪表服饰、身体接触,甚至所布置的环境等。

一是面部表情。面部是身体上最易引起注意的部位,因为产生出来的表情很丰富,而表情的变化也实在太快。面部表情基本上可分为惊讶、害怕、生气、厌恶、伤心、兴奋、喜欢、开心等,也可同时多种结合在一起。若你对对方或当时的情况了解,你很可能正确地判断出对方面部表情所代表的心绪。与游客交往时,面部表情应生动,并要配合说话内容。而笑容也是面部表情重要的一个环节,一个友善的笑容,表示愿意与人交往。而别人接收了这个友善的信息后,也较愿意接近及与你交往。

二是眼神接触。如果你避免注视某个人,他将猜测你是不诚实的,或者你有兴趣于你的眼睛正在看着的事物。眼神交流过多,如瞪视,会令人尴尬和不自然。适当的眼神接触是敬意和注意的象征。在旅游接待服务过程中,与游客交流时不要全程望着对方的眼睛。可以不时转移到对方面部。

三是身体姿势。你的身体摆出来的姿势等于告诉别人,你希望和别人有什么样的交往关系,以及对方所说的话你有没有兴趣。双手交叉或双腿交叠得太紧,都是封闭式的姿势,暗示着你紧张的情绪,或没有兴趣和别人交往。双手不交叉,双腿交叠而方向指向对方或微微张开,都是开放式的姿势,这些姿势可被理解成你精神放松,而且愿意和别人保持交往。旅游接待服务人员在工作中要根据实际情况调整好自己的身体姿势。

四是手势及其他动作。在旅游接待服务过程中,说话时可以适当地配合手势的运用,加强内容表达和感染力。不过要注意手势运用得宜和自然,不要太夸张。生气的人会手握拳,或扳折手指关节等。当一个人想表达他的友谊时,经常是张开手臂的。同时点头是聆听技巧的一种,表示正在聆听及明白对方的说话。

五是声线。声线包括语调、声量、清晰程度及流畅程度。旅游接待服务人员语调要恰当,并且抑扬顿挫,给人以亲切感;声量要适中,不要过于大声或过于细声。过于大声令人有凶恶的感觉,过于细声令人听得困难;说话尽量要清晰及流畅,不要过于简略或含糊。

三、语言技巧与服务心理

语言是社会交往的工具,是人们表达意愿、思想情感的媒介和桥梁。在旅游接待服务过程中,从业人员必须做到语言礼貌性。礼貌用语是旅游服务人员在接待游客时需要使用的一种礼貌语言,从问候游客开始,到送别游客结束。

礼貌用语具有体现礼貌和提供服务的双重功能,直接反映旅游接待服务的质量和水平。旅游行业礼貌用语的广泛使用,实际上是一个"形象工程",可以起到塑造自身品牌形象、为游客营造一个良好的文明礼貌环境、扩大景区的知名度与号召力、推销和宣传旅游产品、提高景区社会效益与经济效益等方面的重要作用。

(一) 旅游服务用语

服务语言是员工在服务过程中使用的语言,是员工素质和水平的重要体现,并直接影响到景区服务工作的成败,语言美的基本要求是准确精练、语调悦耳、热情亲切、文明礼貌,若能稍带一点幽默风趣更佳。

1. 规范的服务语言表达技巧

(1) 称呼恰当。主要包括区分对象、照顾习惯、有主有次,工作人员应根据服务对象的不同进行恰当的称呼。

（2）口齿清晰。主要包括语言标准、语调柔和、语言谦恭。服务时工作人员应以标准的普通话为主。

（3）用词文雅。工作中应文明礼貌用语，如"请、您好、对不起、谢谢、再见"。需牢记，不讲粗话、脏话、怪话、废话。

（4）有声服务、轻声服务：对游客服务时语言应让游客听得到，声音不能太大也不能太小，轻声服务主要包括说话轻、走路轻、操作轻。

2. 景区从业人员文明用语

（1）您好，欢迎光临 ×× 景区。

（2）您好，请收好门票，景区内有 ×× 个景点需要验票。

（3）谢谢，欢迎下次光临。

（4）对不起，您的证件不符合免票规定，请到售票处补票，谢谢。

（5）请拿好票，往这边走，祝您玩得愉快！

（6）您好，需要帮忙吗？

（7）对不起，这个问题我现在无法回答，让我了解清楚再告诉您，请留下您的联系方式。

（8）对不起，请再重复一遍。

（9）您好，×× 景区咨询员为您服务。

（10）感谢您打电话给 ×× 景区，希望能继续得到您的关注，谢谢！

（11）请您坐下，慢慢说。

（12）非常抱歉让您遇到这样的麻烦……

（13）这是我们工作的疏漏，十分感谢您提出的批评。

3. 景区从业人员服务忌语

（1）不知道。

（2）自己看。

（3）你是谁。

（4）牌子上写的有，你不会自己看。

（5）你可能不明白……

（6）我们不会……我们从没……我们不可能。

（7）你弄错了。

（8）这不可能。

（9）你别激动……你不要叫……你平静一点……

（10）我不是为你一个人服务的。

（11）没看到我们有多忙吗，你先等一下。

（12）你最好……之前给我们打电话，否则我们就下班了

（13）你必须先排队后买票。

（14）你刚才说你是谁？

（15）禁止……；不准……；严禁……；不得……；违者罚款；严惩。

（16）这不是我们的责任。

（二）旅游服务心理

1. 良好的心态

良好的心态是景区工作人员积极工作的源泉。心态即心理状态，它是介于心理过程和个性心理特征之间的状态，既有暂时性又有稳固性的心理特征。因此，景区工作人员的健康服务心态可以通过景区的积极引导进行塑造，并且需要不断地补充正能量。对于游客来讲，来到景区是为了寻求快乐的体验，除了景点或设施可以带给他们以上的感受，景区接待服务人员健康的服务心态可以引导或影响游客的心情。

2. 健康心态塑造

企业文化培育是企业塑造员工健康心态的重要法宝，如迪士尼员工管理的重要理念是："Follow me to the best job in the world"（跟着我，你会得到一份世界上最好的工作），员工加入迪士尼后会持续开展企业文化的培训，企业文化引领员工走向企业所希望达到的目标。员工在企业每天接受的都是快乐的信息和理念，因此传达给游客的也是快乐的信息。

模 块 小 结

随着时代进步与社会发展，人们更加注重精神文化需求。旅游属于现代服务行业，可以满足很多精神文化需求。旅游景区工作人员职业素养高低决定游客满意程度与服务质量。具备良好的职业素养，树立正确的世界观、人生观、价值观，能够给游客提供更好服务，不但增添个人魅力，还可以树立旅游景区良好形象，对于旅游业乃至旅游目的地的发展至关重要。为此，必须强化培养学生以及景区工作人员的职业素养，注重文化素养的培养、专业知识的学习。因此，本项目重点从职业道德规范和服务礼仪规范两个层面来强化学生与景区从业人员的综合素养。首先，重点阐述了职业道德的含义、特征与作用，分析了景区职业道德的相关要求、规范及从业人员的行为规范，提出如何正确处理与相关利益主体的道德关系。其次，分别从仪容仪表仪态规范、文明礼仪与协调沟通、语言技巧与服务心理三个方面，提出服务礼仪规范的掌握要领并能有效应用于实践。

讨论与思考

1. 道德的本质是什么？

2. 如何培养和提高景区从业人员的语言修养？

3. 随着现代信息技术的快速发展，自助旅游已经成为新常态，景区是否还需要强化职业道德与服务礼仪？

模 块 测 验

一、名词解释

1. 职业道德

2. 服务形象

3. 仪态

4. 服务语言

5. 团队精神

二、填空题

1. ＿＿＿＿是团队协同合作、树立共同目标的必然途径,是形成一个优秀团队不可或缺的重要条件,是团队精神的黏合剂。

2. ＿＿＿＿＿＿、＿＿＿＿＿＿是我国人民的传统美德,是旅游行业的生存之本、发展之道,是旅游从业人员的待客之道和应具备的基本品德。

3. ＿＿＿＿＿＿＿＿可以成为人们决定采取某个行动与否的有力影响因素。

4. 景区优质服务的核心就是员工有职业化的＿＿＿＿＿＿＿。

5. 客人等待服务时间限定为＿＿＿＿秒。

三、选择题

1. 服务工作中的尊重有哪三种境界?(　　　)

A. 让服务对象感到舒服、满意　　　　B. 让服务对象感到惊喜

C. 让服务对象感动　　　　　　　　　D. 让服务对象激动

2. 男士头发长度不长于?(　　　)

A. 5 cm　　　　B. 6 cm　　　　C. 7 cm　　　　D. 8 cm

3. 女士发饰应以什么颜色为主?(　　　)

A. 棕　　　　B. 蓝　　　　C. 灰　　　　D. 黑

4. 引领客人前进时应坚持什么原则?(　　　)

A. 以右为尊　　　B. 安全为先　　　C. 以左为尊　　　D. 观景为先

5. 服务中的"五先"原则有哪些?(　　　)

A. 先女宾后男宾　　　　B. 先客人后主人　　　　C. 先首长后一般

D. 先长辈后晚辈　　　　E. 先儿童后成人

四、简答题

1. 景区工作人员具备良好的职业道德包含哪些内容?

2. 景区工作人员爱岗敬业、遵纪守法应该做到哪几点?

3. 服务工作中出现小差错时怎么办?

4. 如何塑造健康的心态?

5. 请谈谈遇到游客投诉,作为景区工作人员应该如何解决。

扩展技能训练

请到访本地 A 级旅游景区,通过暗访形式观察景区工作人员的言行举止,分析该景区工作人员职业道德与服务礼仪规范方面存在的问题,剖析原因,并提出相应的对策与措施。

模块 3　景区预约服务

◆ **学习目标**

● **素养目标**

1. 认识到预约服务对于保障游客游览安全和游览质量的重要性。

2. 树立未雨绸缪、防微杜渐的理念。

● **知识目标**

1. 了解旅游景区预约服务的内容。

2. 熟悉旅游景区中游客常用的预约渠道。

3. 理解旅游景区预约服务的岗位职责和工作制度。

● **能力目标**

1. 能根据工作流程和规范开展标准化的预约接待服务。

2. 能分析判断游客的预约需求并开展针对性服务。

3. 能灵活处理旅游景区预约服务过程中的各类突发事件。

情景案例

春节假期，多地景区实行门票预约制度，及时采取限流措施

2023年春节是新冠疫情"乙类乙管"政策实施后第一个公众假期，全国文化和旅游市场异常火爆，国内文化和旅游产业强势复苏。据中国新闻网报道，2023年春节期间，全国多地景区采取了门票预约制度，对客流饱和的景区提前采取临时限流措施，确保游览安全。

据四川省文化和旅游产业领导小组办公室消息，截至2023年1月23日15时，四川全省纳入统计的743家A级旅游景区，三天累计接待游客1053.7万人次(当日接待游客499.49万人次，实现门票收入5091.22万元)，实现门票收入8997.95万元。与2022年同口径相比，分别累计增长30.45%和67.6%；与2019年同口径相比，分别恢复至68.04%和74.92%。春节期间，四川峨眉山景区门票单日发售限量33000张，门票采取分时预约的方式，游客需通过网络预约实名购票，预约时间至少提前1日。1月24日，峨眉山景区发布消息，当日8时30分，峨眉山景区游客量已饱和，为确保游览安全，停售1月24日峨眉山景区门票。1月24日上午，四川成都西岭雪山发布提示，截至当日10时，景区2023年1月24日预约量已达上限，为了确保游客的安全和出游质量，景区将采取限流措施。1月24日上午，三星堆博物馆官方微博也发布通知：当日门票已售罄，请尚未预约门票的游客及时调整行程，选择周边其他博物馆、景区参观。提前预约、错峰出行。同日，四川眉山瓦屋山景区发布公告：2023年1月25日(大年初四)瓦屋山景区预定人数已达上限，未预定的游客请勿前往。

浙江天台山、神仙居等景区景点也因预约人数达到上限，宣布采取临时管制、限流措施。神仙居景区、天台山景区同时于1月22日发布限流公告，称截至目前，景区1月23日(初二)、1月24日(初三)的门票预约人数已达到核定承载量，为确保游览秩序和游客安全，景区将关闭1月23—24日线上、线下售票通道，并将采取限流措施，已成功预约购票的游客请有序入园，文明游览。

查一查： 景区预约游览是何时开始出现的？是不是后疫情时代之下的"新规"？

近年来，随着国内经济水平不断提升、交通出行日益便捷、旅游惠民措施层出不穷，外出旅游已经成为大众的生活常态。而与此同时，由于我国人口基数大、带薪休假制度尚未完善等现实特点，使得旅游"井喷"现象愈加显著，尤其是"五一""十一""春节"等大小黄金周期间，几乎所有景区都是人满为患，知名景点更是持续超负荷运行。2019年"十一"黄金周期间，经文化和旅游部综合测算，全国共接待国内游客7.82亿人次，实现国内旅游收入6497.1亿元，旅游市场火爆程度令人瞠目。

旅游"井喷"现象的出现，不仅造成了旅游地游客拥挤、食宿困难、交通拥堵、旅游设施损坏、生态环境恶化等不良后果，也严重影响了游客的旅游体验质量，降低了游客满意度，甚至会引发游客的人身安全事故。因此，全面推行旅游景区预约服务势在必行，这是维持旅游业健康发展、提升游客游乐体验的重要举措。

预约,从法律层面上阐释,即"约定将来订立一定契约的契约",通常,人们把将来要订立的契约称为本约,而以订立本约为其标的合同便是预约。"预约"在日常生活中无处不在,尤其是随着互联网的不断发展和大数据的广泛应用,网上预约早已遍及各行各业,不仅方便了人们的日常生活,也提高了各行业的服务效率,如外出就餐前我们通常会在美团或餐厅小程序等进行预约,到店后便可省去排队时间,尽情享受美味,有时还能享受一定的优惠;就诊寻医时,提前在医院的网上服务平台预约挂号,就可以合理安排就诊时间,避免长时间等候;去政府部门办理个人事务,也可在政务网上进行预约,就能加快办理进度,同时还能及时跟踪进度⋯⋯

2020 年 4 月,由美团发布的《旅游景区预约游览服务规范》中对"预约游览"做出了如下定义:"消费者通过互联网平台查询景区相关景点信息,远程预约景区游览时间和游览服务,景区提供快速扫码入园游览,减少消费者排队等候时间。"

相较于预约订餐、预约挂号、预约选座等在日常生活中的普及程度而言,景区预约服务目前发展并不成熟,不论是在人们的观念上,还是行业内部管理水平上,都有很长的路要走。从 2014 年开始,国家相关部门就开始提倡实施景区门票预约;2014 年 8 月,国务院印发的《关于促进旅游业改革发展的若干意见》中提出,"要抓紧建立景区门票预约制度,对景区游客进行最大承载量控制"。2019 年国务院办公厅发布的《关于进一步激发文化和旅游消费潜力的意见》中明确提出,"强化智慧景区建设,推广景区门票预约制度,到 2022年,5A 级国有旅游景区全面实行门票预约制度"。各地相关部门也开始着手推广景区门票预约制度,力求提供更好的旅游环境。例如,敦煌莫高窟景区在根据景区容量实行精准预约制的基础上,同时实行分时段预约参观制;故宫博物院从试行限流及实名制购票过渡到实行完全网络购票制;北京香山公园实行网络预约门票制,同时根据最大承载量和瞬间承载量实行限流管控。此外,八达岭长城、北京恭王府、布达拉宫、江苏拙政园、留园等多家景区也先后实行了门票预约制度。但这一阶段,景区预约还主要停留在门票预约上,且真正实施预约制度的旅游景区较少,未大规模推行。

2020 年,在全球暴发的新冠疫情是一次重大的突发公共卫生事件,对全世界都造成了很大的影响,旅游行业尤其遭受重创。在复工复产的初期阶段,为防范游客聚集拥挤增加疫情传播风险,严格规范解禁后的旅游景区管理,确保旅游景区安全有序开放,2020 年 4 月13 日,文化和旅游部、国家卫健委联合印发的《关于做好旅游景区疫情防控和安全有序开放工作的通知》明确要求,旅游景区要建立完善预约制度,推行分时段游览预约,引导游客间隔入园、错峰旅游,严格限制现场领票、购票游客数量,做好游客信息登记工作。各景区纷纷开始推行预约游览制度。同年 4 月,山西省文旅厅发布提示称山西部分景区仅限提前预订或网络提前购票才能游览;6 月,上海市文化和旅游局宣布沪上国家 5A 级景区将全部实施分时预约,探索景区预约常态化,为市民游客营造安全舒适的出游环境。9 月,文旅产业指数实验室发布的《5A 景区数字文旅发展水平调研报告》显示,我国 5A 级景区在线预约比例已达 94%。

2021 年 6 月,由中国旅游报社主办的 2021 预约旅游发展研讨会在北京召开,会上发布的《2021 中国景区门票预约服务专题研究报告》显示,随着"限量、预约、错峰"等措施的开展,作为主要参考指标之一的门票线上化率已提升至 22.4%。报告显示,针对景区门票预约服务的体验,有 45.2% 的受访者体验到"提前限流,不需要排队",有 42.1% 的受访者认为可以"提前了解确定行程",有 41.9% 的受访者认为能够"提前知晓景区信息"。

新冠肺炎疫情加快了景区预约制度的推进速度,助推了游客群体对景区预约的认可度,也成为景区开展预约服务的动力来源。景区预约逐渐从"应急之策"转向为"大势所趋",成为新时代景区运营管理的"规定动作",也成为智慧景区建设提升的重要抓手,景区预约的内容也从单纯的"门票预约"逐渐拓展开来,"能约尽约"的"预约旅游"时代正在加速到来。

视频:预约
内容

单元 1 预约内容

一、票务预约

票务预约,即游客对旅游景区的门票、演出票、游乐项目票、交通票等各类项目的"入场券"进行预约。票务预约是景区预约旅游的首要切入口,对于旅游产业发展乃至国家治理体系完善均具有重要意义。首先,景区票务预约满足了旅游行业安全发展的基本要求,从安全运行角度看,落实景区票务预约是旅游业实现安全发展的重要前提;其次,旅游产业的高质量发展,离不开行业数字化进程的不断推进,而景区票务预约是推动行业实现数字化转型的有力支点,是旅游业转型升级的必经过程;最后,景区票务预约落实是国家治理能力现代化的具体体现,是景区景点、平台企业等市场主体发挥力量共同解决公共问题的典型事例。

与现场购票等传统形式相比,旅游景区推行票务预约主要具有以下优势。

一是保证景区游客的体验感。通过票务预约,旅游景区可以有效地控制每日入园游客数量,避免拥堵,同时让外地游客在第一时间里了解景区当日门票余量,有助于优化决策,避免行程被耽搁。

二是提高售票效率。以往游客在售票口排起长队是司空见惯的现象,在遇到酷暑、寒冬、雨雪等不良天气之时,不少游客排队半小时以上只为买门票,买完门票还要排队验票,导致还没入园便已身体不适或过度劳累。通过票务预约,游客可以选择适合自己的方式购买门票,避免了在售票口的长时间等待,大大缩减入园时间。

三是降低景区人力成本。游客通过电话、网络等多种渠道预约购票,可以极大地减轻票务人员尤其是售票人员乃至验票人员的工作量,让景区有更多的人力去做其他事情,降低景区的人力成本。

四是提高数字化管理能力。景区票务预约的顺利实施通常需要借助票务预约系统。通过信息化技术的运用,可以获取每张票据的去向及购买者的数据信息,再经过系统的自动收集与处理,生成实时财务报表及游客大数据报表,为景区管理者的经营管理提供数据支持,有利于提高景区数字化管理水平。

试一试：请尝试打开微信搜索故宫博物院、杭州国家版本馆、宋城演艺（旅游）等微信公众号，进入预约通道完成预约体验，并搜集整理，预约信息填报通常需要包括哪些信息？需要注意哪些事项？

想一想：目前我国大部分文博场馆均对游客免费开放，我们预约了之后如果因为有突发事情就可以不去并不用取消预约吗？为什么？

二、交通预约

景区交通是指旅游者利用某种手段和途径，围绕旅游景区，实现从一个地点到达另一个地点的空间转移过程。它既是抵达目的地的手段，也是在目的地内活动往来的手段。景区交通直接关系着旅游者出游愿望能否顺利实现，是景区旅游活动顺利进行不可缺少的物质基础。交通预约，即游客对到达旅游景区或在景区内活动往来的交通工具进行预约。

旅游景区常见的交通工具主要可分为陆上交通、水上交通、空中交通和特种交通四种类型。其中，陆上交通工具主要包括接驳巴士、小火车、电瓶车、自行车等；水上交通工具主要有邮轮、普通游船、游艇、帆船、汽艇、气垫船、帆板、冲浪板、竹筏、羊皮筏等；空中交通工具主要包括小型飞行器，如热气球、滑翔机、升空伞、超轻型飞机等，还可以采用高塔跳伞和山顶索道滑翔等形式；特种交通通常是指带有娱乐、体育、体验以及辅助老幼病残旅游者和特种欣赏意义的旅游交通工具，如索道、滑竿、溜索、轿子、马车等。此外，随着自驾车的普及，有更多的旅游交通服务设施提供，诸如车位预约服务，重点提供特殊人群服务。

对于旅游景区而言，高峰时段客流量大，内外部的交通拥堵问题是景区运营管理工作中的一大挑战。交通预约作为旅游景区中一种新型服务模式，能够减少传统限流措施造成的站点排队和人员聚集，缓解因交通服务需求过量集中造成的无序和低效等待问题。同时能够在景区交通资源有限的情况下，通过预约数据精准地匹配供需，建立合理的交通工具分配调度机制，对于需求量不大的平峰时段，按需提供灵活的交通服务，避免资源浪费。

想一想：除机票和高铁票等预约之外，景区内的交通预约主要有哪些类型？其预约的基本信息应包括哪些？

三、活动预约

演艺娱乐活动是旅游景区彰显文化内涵的有效形式载体，也是景区提高吸引力和市场竞争力的重要手段。活动预约，即游客对旅游景区内策划开展的各种演艺娱乐活动进行消费的预约形式。

景区演艺娱乐活动通常具有以下特质：一是传播的社会性。景区的演艺娱乐活动本身就是一个传播媒体,其作用像一个大众传播媒介,在活动开展之后,就开始发挥传播作用,并且能够产生广泛的传播效果。二是运作的可靠性。对于景区的演艺娱乐活动而言,在举办过程中,关键环节的成功往往只有一次机会,一旦出现失误很难弥补,也许会导致整个活动的失败。三是参与的广泛性。由于演艺娱乐活动的策划、组织、实施和参与都需要大量的人力和物力,因此会有众多人员参与其中。四是审批的严格性。演艺娱乐活动的举办涉及多个方面,尤其是举办大型活动时,还需要一定行政级别批准,审批流程相对严格复杂。

按照属性,景区演艺娱乐活动主要划分为传统节日活动、现代庆典活动和其他活动三大类。传统节日活动如新春元宵节的逛花灯活动、庙会活动等;现代庆典活动如捕鱼节、辣椒节、桃花节、风筝节、啤酒节等与生产生活密切相关的演艺娱乐活动;其他活动包括演出、展览和体育赛事等,如电竞节、动漫节等。

想一想:景区内的活动预约主要有哪些类型? 请从重要客户与普通游客两个视角分析,其预约的基本信息应包括哪些?

四、服务预约

服务预约,即游客对旅游景区提供的各类服务产品进行预约。旅游景区提供的服务产品具有服务复杂性和综合性。不同类型景区的个性特点、景点内容、功能体系和所处区域不同,除拥有的共性服务之外,还具有各自不同的风格和特点。以风景名胜区、主题公园、旅游度假区三种景区类型为例,表3-1展示了不同类型的景区服务内容的共性和差异。

表3-1 景区服务的主要内容

景区类型	风景名胜区	旅游度假区	主题公园
个性服务	索道服务	养生、运动休闲服务	娱乐设施服务
共性服务	咨询服务、票务服务、排队服务、讲解服务、商业服务		

值得注意的是,表3-1提出的仅仅是游客心目中的普遍认知与观点。事实上,随着目前国内旅游景区发展的综合性趋势越来越明显,其服务类型也越来越多样化。对于普通游客而言,其服务预约则主要是指景区能够提供的个性化服务,如老年人无障碍服务、母婴服务、VIP讲解接待服务等。共性服务主要包括以下内容。

一是景区咨询服务。在大众休闲旅游时代,自由行游客越来越多,游客会通过各种渠道获取景区信息,咨询信息通常通过电话咨询、网络平台咨询和景区内直接当面咨询等方式来实现。

二是景区票务服务。票务服务主要包括售票服务和验票服务。售票服务是游客购买景区门票的过程,目前游客购买门票的渠道有网络平台、现场人工或智能售票机。验票服务则是景区检验门票和统计游客量的过程。

　　三是景区排队服务。排队服务是游客进入景区之前验票等候或参加景区内某一项活动时的等候环节。在游客密集时段，对于景区来说排队服务是关键环节。游客排队过程中的引导服务可以缓解游客等待时的焦虑心情，并保证人群密集时的安全。

　　四是景区讲解服务。景区讲解服务是景区为使游客更好地了解景区而进行的景点知识内容讲解服务过程。景点讲解服务包括人工讲解、电子导游讲解、智能讲解系统等。

　　五是景区商业服务。景区商业服务包括住宿服务、交通服务、娱乐设施服务、纪念品服务、生活用品服务等。

五、场馆场地预约

　　场馆场地预约，即游客出于使用或游玩体验需要对旅游景区内的场馆或场地进行预约。旅游景区在经营开发过程中虽加大了对其自身资源的开发和整合力度，对各种附属设施和无形资产等也进行了相应的开发和利用，但从总体来看，景区内场地场馆的利用率不高，资源利用还有较大的提升空间。部分旅游景区也在探索将闲置场地或场馆以长期租赁、短期租赁甚至日租等形式向社会开放，但普遍存在以下问题：一是难以统筹场地使用时间，实时使用状态不明；二是顾客随性预订，实际使用率低；三是场馆场地管理人员工作量大，需要手动登记和校对信息，大量耗费人力成本，管理效率也相对较低。通过场馆场地预约的方式，能够有效提高旅游景区内场馆场地的利用效率，盘活景区闲置资源，提升景区收入，从而有更多资金和精力投入到场馆场地维护与完善当中，更好地满足游客多元化的旅游需求。

六、设施设备预约

　　设施设备预约，即游客对旅游景区内提供的各项设施设备进行预约，以更好地完成游览体验活动。对于旅游景区而言，游客常用的可预约的设施设备主要集中于游客中心之内。游客中心是旅游景区内为游客提供信息、咨询、游程安排、讲解、教育、休息等旅游设施和服务功能的专门场所，属于旅游公共服务设施。

　　原中华人民共和国国家质量监督检验检疫总局和中国国家标准化管理委员会 2015 年发布并实施的《旅游景区游客中心设置与服务规范》（GB/T 31383—2015）中对游客中心应配备的基本设施作出了明确规定。

　　一是咨询设施，应提供景区的全景导览图、游程线路图、宣传资料和景区活动预告及景区周边的交通图和游览图，应设置电脑触摸屏和影视设备，介绍景区资源、游览线路、游览活动、天气预报，并提供网络服务，有条件的宜建立网上虚拟景区游览系统。

　　二是展示宣传设施，包括：设置资料展示台、架，展示景区形象的资料和具有地方特色的产品纪念品、科普环保书籍；设置区域地图或旅游示意图；设置循环播放影视资料设备。

　　三是休息设施，应设置游客休息区，适当摆放盆景、盆花或其他装饰品；应提供饮用水等设施。

　　四是特殊人群服务设施，通常而言，每个景区均应提供轮椅、婴儿车、拐杖等辅助代步工具或器械。除标准规定之外，部分旅游景区还配备有自主讲解设备、露营设备、拍摄设备等，具体情况视景区性质而定。

景区设施设备预约主要是指面向特殊人群服务设施的预约服务。

单元2 预约渠道

一、线上预约

线上，主要是指利用互联网等虚拟媒介而实现的一系列没有发生面对面交谈交互的情况与动作。线上预约即游客通过官方网站、微信公众号、小程序、第三方网站等网络平台进行景区预约。线上预约是目前智慧景区建设背景下重点建设的预约渠道。

线上预约主要有三点优势：第一，游客可以灵活选择预约的时间和地点，可以随时随地自主完成预约操作流程。第二，有利于避免工作人员业务繁忙时等待时间过长。由于线上预约无须与工作人员进行面对面交谈，主要是利用网络平台操作，允许多线程并行操作。第三，提高了景区运营管理效率，通过网络平台，景区能够更方便快捷地进行预约信息统计和预约安排，减少时间与人力成本，提高管理效率。但线上预约并不适用于所有年龄段，对于老人及小孩而言存在一定难度。

想一想：景区线上预约通道一般如何解决老人与小孩的预约问题？

二、电话预约

电话预约指的是游客通过拨打景区官方电话进行预约。电话预约是景区预约服务中重要的方式之一，尤其适用于高端个性化服务预约或个性定制、场馆场地预约等服务。电话预约服务体现了一个景区的服务水平，甚至在一定程度上影响着游客对景区的第一印象，以及影响人们决定是否到该景区进行游玩。

电话预约的优点主要有四点：第一，电话普及率高，覆盖范围广，不受时间、地点等因素限制，公用电话也可以实现预约。第二，电话操作方便简单，适用于各年龄段的人员，尤其是老年人。第三，能够迅速传递信息，当场回复和确认预约需求，不仅快捷、方便，而且能够使双方达到迅速有效的沟通。第四，有利于与游客进行互动交流，尤其对于高端个性化定制旅游及场馆场地预约、设施设备预约等更为有效。

电话预约的缺点主要有三点：第一，电话是语言沟通设备，信息量不能太大，也就限制了其功能的扩大；第二，提供给游客的电话通道与时间均有限，可能会出现线路繁忙、无法接通的现象，造成等待发生，也很难保证24小时服务；第三，电话预约内容仍然需要通过录入系统才能实现现代景区的智能化或数字化管理，便于景区剩余服务或产品实时展现。

近年来，各地电话咨询业务量大增，也极大地催生了智能电话服务，即通过假设游客或市民的各种经典问题或服务需求，通过电话键盘进入层层人机交互通道，相关人工电话服务依然困难。

想一想：目前电话号码的主要类型有哪些？其优势与劣势分别是什么？

三、现场预约

现场预约是指面对面的预约服务，即需要景区工作人员准确掌握景区相关知识，熟悉周围的环境，并具备较高的随机应变能力，与游客进行面对面的交流沟通，以了解游客预约需求，帮助其完成预约流程。

现场预约的主要优点有三点：第一，简单明了，操作难度低，工作人员能够直接向游客提供准确及时的信息资讯，适用于所有年龄段人员；第二，可以当面了解预约产品或服务的实际情况，确认预约需求，能够有效避免后续出现现实与期望不符造成游客不满的情况；第三，通过与游客面对面的交谈，有利于向游客传递良好的服务形象，增强游客对于景区的满意度。

现场预约的主要缺点也有三点：第一，存在不确定性，有可能出现无法预约导致白跑一趟的情况，造成游客预约体验不佳，进而影响对于景区的看法或评价；第二，可能遇到现场游客较多，工作人员繁忙的情况，增加等待时间；第三，处理效率相对较低，工作人员需与游客进行或长或短的交流沟通，需要消耗相对较多的时间和精力，并且要将预约情况实时录入景区管理系统。

单元3 预约服务规范

视频：景区预
约服务岗位
职责与制度

一、岗位职责

（1）掌握景区的相关经营信息，如票务、场馆、服务设施等可预约的内容。

（2）按照规范的服务礼仪，接待预约游客。

（3）熟练应用各类渠道和形式为游客提供预约服务。

（4）对票务、场地场馆、活动、设施设备等预约情况进行统计和更新，确保预约成功，如果预约已满，能礼貌告知游客解除预约或另行预约。

（5）正确填写预约单据并录入景区相关管理系统，规范处理更正游客预约信息、取消预约等特殊情况。

（6）整理及保管好各类预约资料，做好交接班记录，便于相互沟通。

（7）及时将预约信息发送至各相关部门，并配合做好接待服务准备。

（8）保持工作区域整洁有序，确保工作设备设施完好且能正常使用。

（9）执行及有效地完成上级指派的其他工作。

试一试：对于线上预约渠道，设计相应的游客预约须知或注意事项。

二、岗位制度

（1）受理游客预约时，应严格执行一次性告知制度，告知游客应做的准备事项。

（2）应在规定的时限内给予游客约定回复。

（3）接收游客预约信息后应及时与游客进行核对确认。

（4）游客预约确认后，应及时将游客预约信息准确传达至相关部门。

（5）如果不能按时提供预约服务，应至少提前1天告知游客，并做好解释工作。

（6）不能接受游客的馈赠或向游客索取好处。

（7）不能有约不践，或对游客预约事项敷衍了事。

（8）应在游客预约时间之前到达岗位，并热情、高效地提供预约接待。

（9）工作场所保持安静，严禁大声喧哗、哼唱歌曲、吹口哨等。

（10）不得在工作场所吃零食、玩手机或做其他与岗位无关的事情。

（11）不得私自将闲杂人员带入工作场所。

（12）不得私自泄露游客隐私信息。

（13）碰到特殊情况或者超出自己权限范围的预约要求，立即向上级汇报，不得越权处理。

三、工作流程与规范

（一）按照预约客群

旅游景区的客群主要可分为大众游客、团队游客、商务考察游客，不同的客群对于旅游景区有不同的期待与偏好，接待不同预约客群的工作流程有所差别，但一般遵循：问候—介绍—预约登记—预约确认—致谢—通知共六个主要步骤。

1. 大众游客

（1）问候。无论游客是到景区现场来预约，还是电话或者线上预约，预约接待人员都应微笑服务，并以规范的礼貌用语问候游客。线上预约渠道或平台应具有相关问候的标语或词条。

（2）介绍。根据游客的提问进行介绍，但千万不要说"不行""没有""我不知道"等用语。如果游客是到景区进行现场预约，除了口头介绍，还要提供实际情况的介绍，如提供景区场馆介绍单、陪同游客进行实地考察等。线上预约渠道或平台应与景区管理系统尤其是产品、服务管理系统关联并实时更新，确保游客查询信息及时有效。

（3）预约登记。确定游客的预约意向后，进行预约登记。登记时必须问清和写清游客的姓名、预约内容、预约日期、预约时间、预约人数、联系电话、使用要求等详细信息。不论中文或外文，书写和登记时要规范，清楚。登记过程中要主动询问游客对预约内容有无特殊要求。

（4）预约确认。在询问游客有无其他要求后，将登记好的预约情况向游客重复一遍，跟游客进行确认。如果游客预约的设施设备或场馆等需要支付订金，也需在此时向游客收取，并开具相应的单据，递交给游客作为预约凭证。线上预约渠道或平台应给予相应的预约号或订单号,并能方便游客查阅。

(5) 致谢。完成游客预约登记及费用收取后,应礼貌地向游客致谢,如果在景区现场预约,应起身欢送游客。

(6) 通知。将游客预约信息发送至相关部门,若有特殊要求也应一起传达。此外,线上预约渠道或平台及景区接待部门应立即或在游客到访前 1 天将相关预约信息发送至游客预留手机之上。

2. 团队游客

受理团队预约时,与大众游客预约接待略有差异,主要体现在以下几方面。

(1) 需签订相关预约协议。与团队负责人确定预约信息后,宜签订《团队预约接待协议》,协议内容应明确如下内容:单位名称、负责人信息及抵离景区时间;团队人数;预约内容、收费标准及要求;团队活动的具体安排;结账方式;团队人员相关信息;其他特殊要求等。根据景区要求收取一定的订金。将签订的《团队预约接待协议》反馈至市场部或游客接待部门进行登记,财务部等相关部门备案。

(2) 需做好前期接待准备。预约服务人员根据《团队预约接待协议》提前 1~2 天,与团队负责人取得联系,进行协议的再次确认,了解是否有其他要求,同时向相关部门发布书面接待通知,相关部门负责人在通知上签字确认,配合部门负责人做好相关接待准备工作。

(3) 需做好过程衔接和沟通。预约服务人员应做好中间联络工作,掌握团队动向,及时反馈,确保各部门环环相扣,紧密联系,无缝对接。

(4) 需做好后续资料归档和总结工作。预约服务人员应做好团队信息的收集和归档工作,配合财务部门做好款项核对工作,配合市场部门等做好游客回访工作。

(5) 如果接待临时到达景区即时需要进行预约服务的团队游客,可参照以上程序,有序开展,要求应变灵活,避免超额接待、场地冲突、服务空白断档等现象发生。

3. 商务考察游客

受理商务考察游客预约时,与团队游客预约接待略有差异,主要体现在商务考察游客级别普遍较高,对预约接待服务的要求也相对较高。商务考察一般会通过发送函的形式进行预约,预约服务人员在接收到预约函后,首先应与对方的联络人员联系并确认各项需求信息,一般包括考察团队单位名称、团队人员数量及其组成、抵离时间等内容,确认信息后应立即将函件及预约信息发送至相关部门及分管领导。必要时,需邀请相关领导出席陪同,在游客抵达后,掌握游客消费体验的每一个环节和动向,做好环节衔接,确保游客所有的预约服务能得到周到的安排。

(二) 按照预约形式

1. 线上预约

一是线上预约系统检查与更新。每日岗前对线上预约系统的使用流畅度、景区相关预约信息显示等进行常规检查,如有特殊原因需调整相关预约公示信息或预约内容库存数量的,及时进行更新,确保信息准确。

二是及时处理线上预约渠道信息。对游客线上预约时的留言或咨询内容及时进行回复,做到态度温和,措辞得当,回复准确。

三是与预约游客或团队进行信息核实。通过系统发送短信、拨打电话、在线沟通等多种方式对游客预约信息进行确认,与游客核对预约内容、时间、地点、使用方式等具体信息。

四是按照景区相关规定,处理游客预约信息错误、取消预约、更改预约等特殊情况,处理过程中温和耐心,不可表现出不耐烦的样子。

五是将预约信息及时发送至相关部门,使其提前做好服务接待准备。

六是对预约数据、游客评价和建议等进行统计和报送。

2. 电话预约

电话预约会在电话的接听、使用过程中,通过工作人员的语速、语气、讲的内容及对时间的把握等要素给游客留下相应的印象。因此电话预约接待服务在游客未抵达景区时就会给游客留下前期的景区印象。如果游客已在景区内游览,电话预约接待服务也会加深游客对景区的印象。因此,电话预约服务充分体现了景区的服务质量,代表了景区的对外形象,对树立景区在游客心目中的整体形象有着十分关键和重要的作用。

(1) 接听电话。具体流程规范如下。

① 尽快接听。尽快接听电话,电话铃响三下之后立即接听。不要铃响的第一下就接听,对方可能尚未做好准备。如果未能及时接听,拿起电话后就应先向对方致歉:"对不起,让您久等了。"

② 主动问候。拿起电话先问候,接听电话后第一句话应该是先向对方问好,然后自报单位名称及所属部门。例如:"您好,这里是××景区预约服务中心,请问有什么可以帮您?"

③ 耐心倾听,及时反馈。接听电话过程中应当注意力集中,耐心倾听对方的讲话并及时、恰当地给予相应的反馈,不断明确游客的预约需求,如"好的,您是要预约婴儿车是吗?"等,让游客感受到工作人员在认真倾听,同时及时回复游客的相关问询。

④ 记录与处理。电话旁边应该备好记录用的办公用品,如景区预约登记表、笔、办公电脑等,确保在工作区域内能够随时记录游客预约信息,并及时重复记录下的预约信息,与游客再次确认。如预约内容中有需要游客准备的事项,准确告知。如果游客在预约问询过程中遇到需要查询的情况,切忌让对方拿着听筒等待。如果当时无法解答游客问题,应向其致歉,并记录联系电话及姓名,同时告知游客将尽快给其答复。

⑤ 礼貌告别,做好记录。通话即将结束时,应根据通话内容,做好结束准备工作,若游客的问题需要后期跟进处理时,则在结束通话前应再次和游客确认回电信息,包括电话号码、游客姓名、问询内容等,若已完成当次预约接待工作,则应感谢游客的来电,可以说:"请问您还有其他问题需要帮助吗?""已准确记录您的预约信息,如有问题您可随时联系我们,再见。"通话完毕,让对方先挂断电话,工作人员再轻轻放下听筒,并在景区预约登记表上做好记录,将预约信息及时发送至相关部门,使其提前做好服务接待准备。

(2) 拨打电话。景区工作人员在游客预约过程中,如果遇到不能当即回答的问题时,应当及时向游客说明情况,并留下对方的联系方式,在问清游客所询问的事情后,在第一时间向游客进行回复。拨打电话流程如下。

① 打电话之前要厘清思路,拟好要点;确认电话号码后拨打;如果打错了,也不要急于挂断电话,应该先表示歉意再轻轻放下电话。

② 电话接通后先问候对方，再确认是不是要回复的游客。

③ 注意通话时间宜短不宜长，要把握好打电话的时间，简明扼要地把要解释的事情交代清楚、讲明白就可以了。

④ 待问题解决以后，再次与游客确认是否预约或具体的预约信息。

⑤ 最后致谢道别，真诚地向游客表示感谢，希望对方能够继续关注景区，欢迎对方随时来电，等对方挂断电话之后再放下话筒。

想一想：近年来，各种推销、诈骗等电话层出不穷，让人们不胜其烦。针对此现象，我们在电话预约服务过程中，应注意哪些细节？

3. 现场预约

一是主动问候。遇到走近的游客，面带微笑，注视游客，主动开口问候："您好，请问您是需要预约吗？"这样会给游客留下温暖、热情、友好的印象。

二是耐心倾听。首先，应双目平视对方，全神贯注，集中精力，以示尊重与诚意；对于提出的问题应该以点头或"好的"等形式有所反馈，让对方知道你在听他阐述并且听明白了他想要表达的意思。其次，要有优雅的姿态，在游客提问的时候不可以三心二意，不可以有左顾右盼、手指绕来绕去、玩头发等表情和动作。

三是有问必答。对于游客关于预约的问询，要做到有问必答、用词得当、简洁明了，不能说"也许""大概"之类没有把握、含糊不清的话，自己能回答的问题要随问随答，绝不推诿；对不清楚的事情，不要不懂装懂，随意回答，更不能轻率地说"我不清楚"。如果经过努力确实无法回答，要向游客表示歉意，说"对不起，这个问题我现在无法回答，让我先了解一下，好吗？"此时应该通过电话或向旁边的工作人员咨询的形式来解决游客提出的问题。若离开现场去别的地方问询，问清楚以后应马上回来答复，不能一去不返。对待游客关于预约的问询，应当直到其满意为止。

四是预约事项说明。了解游客预约需求后，详细介绍景区预约要求，如果有游客需要准备的事项，耐心进行说明解释。

五是准确登记。与游客再次确认预约信息，若无误则填写现场预约登记表，将预约信息及时发送至相关部门，使其提前做好服务接待准备。

六是礼貌告别。当游客准备离开时应主动向游客道别，并祝其玩得愉快，可以说"再见，祝您玩得开心！"

七是总结统计。当日工作中，应对现场预约接待中出现的新问题和重要事件进行记录。对现场预约接待中收集到的游客建议、意见、预约数据等进行汇总统计，并及时上报。

四、典型任务处理

（一）预约更改处理

（1）核对和确认游客预约信息，必要时请对方提供书面证明，确保准确

视频：景区
预约服务典
型任务处理

无误。

（2）找出原始预约登记信息,询问游客要求更改的具体内容。

（3）查询景区的门票、设施设备、场地等的库存和空余情况。

（4）如果条件允许,为游客更改预约,并与游客再次核对预约信息。

（5）如果条件不允许,礼貌地跟游客说明情况,将游客暂时放在候补名单中,如有空余将及时联系和安排。

（6）填写预约记录单并修改之前的数据资料,对预约记录进行更新。

（7）感谢游客的及时告知,向游客告别。

（8）将更改后的预约信息通知有关部门,及时进行调整。

（9）将更改后的预约单与原始预约单放在一起,按日期、游客姓名存档。

（二）预约取消处理

（1）认真核对取消预约的游客个人信息及预约登记信息,确保无误。如果是口头或电话取消预约,一定要记录取消预约人姓名、联系电话和单位地址,最好请对方提供书面证明。询问并核对要求取消预约游客的姓名、抵离日期、预约内容、数量等。必须要录音。

（2）预约人员与游客进行再次确认,询问游客是否要做下一阶段的预约。若确认取消预约,则及时更新门票、场馆等库存统计。

（3）预约服务人员找出原始预约单,在预约单上标记"取消"。

（4）团队预约的更改与取消由市场等相关部门结合景区自身实际情况与游客协商处理,预约服务人员接到通知后作废原始预约单,或将新预约单存入资料柜,旧预约单存档备查。

（5）分别复印游客取消预约函电和原始预约单,交财务等相关部门,按协议退还订金。

（6）感谢游客及时告知,向游客告别。

（7）及时通知有关部门。

（8）找出原始预约单,将取消预约单与原始订单放在一起进行归档。

（三）其他特殊预约情况处理

1. 预约未到情况

先根据登记信息联系游客,了解未到原因,确认游客是否需要取消预约。若游客表示因特殊原因延误,则向上级主管进行报备,将未到预约单取出注明"未到"字样并存档,通知有关部门。若游客需要取消预约,则按照取消预约的流程操作。

2. 超额预约情况

出现超额预约首先告知预约游客因某些特殊原因而使预约内容暂不能确定,如果游客愿意,可把游客的预约放在景区的优先等待名单上,如有游客取消预约或更改预约,可以根据前后次序安排游客。

模块小结

　　预约,从法律层面上阐释,即"约定将来订立一定契约的契约",预约游览则是指"消费者通过互联网平台查询景区相关景点信息,远程预约景区游览时间和游览服务,景区提供快速扫码入园游览,减少消费者排队等候时间。"从 2014 年开始,国家相关部门就开始提倡实施景区门票预约,2020 年由于新冠肺炎疫情的大规模暴发,文化和旅游部、国家卫健委联合印发了《关于做好旅游景区疫情防控和安全有序开放工作的通知》等系列文件,要求旅游景区建立完善预约制度,推行分时段游览预约,引导游客间隔入园、错峰旅游。由此,各景区纷纷开始推行预约游览制度。但目前而言,景区预约服务发展还并不成熟,不论是在人们的观念上,还是行业内部管理水平上,都有很长的路要走。

　　景区预约服务的内容一般包括以下几种:票务预约、交通预约、活动预约、服务预约、场馆场地预约及设施设备预约。目前,游客预约的渠道主要分为线上预约、电话预约和现场预约。本模块立足于景区预约服务岗位,对该岗位员工常规的岗位职责、工作制度和工作流程进行了详细说明。

讨论与思考

　　1. 景区预约对于旅游景区企业的意义主要在哪些方面?

　　2. 景区预约未来有着怎样的发展趋势?

　　3. 对于一家旅游景区而言,你认为还有可能会涉及哪些预约服务内容?

模块测验

一、名词解释

1. 票务预约

2. 设施设备预约

3. 现场预约

4. 线上预约

二、填空题

　　1. _____是景区预约旅游的首要切入口,对于旅游产业发展乃至国家治理体系完善均具有重要意义。

　　2. 景区交通是指旅游者利用某种手段和途径,围绕旅游景区,实现从一个地点到达另一个地点的_____。

3. _____是旅游景区彰显文化内涵的有效形式载体,也是景区提高吸引力和市场竞争力的重要手段。

4. 线上预约即游客通过_____、微信公众号、小程序、_____等网络平台进行景区预约。

5. 电话预约服务体现了一个景区的服务水平,甚至在一定程度上影响着游客对景区的_____,以及影响人们决定是否到该景区游玩体验。

三、选择题

1. 线上预约主要有哪些优势?(   )

A. 灵活选择预约的时间和地点　　　　　　B. 避免人员业务繁忙时等待时间过长

C. 提高了景区运营管理效率　　　　　　　D. 让游客更有面子

2. 不同的客群对于旅游景区有不同的期待与偏好,接待不同预约客群的工作流程有所差别,但一般遵守几个步骤?(   )

A. 3　　　　　　　　B. 4　　　　　　　　C. 5　　　　　　　　D. 6

3. 与现场购票等传统形式相比,旅游景区推行票务预约制度主要有哪些优势?(   )

A. 保证景区游客的体验感　　　　　　　　B. 提高售票效率

C. 降低景区人力成本　　　　　　　　　　D. 提高数字化管理能力

4. 按照属性,景区演艺娱乐活动可以主要划分为哪些类型?(   )

A. 传统节日活动　　　　　　　　　　　　B. 现代庆典活动

C. 其他活动　　　　　　　　　　　　　　D. 观光活动

5.《旅游景区游客中心设置与服务规范》(GB/T 31383-2015)中要求游客中心应配备的基本设施有哪些?(   )

A. 咨询设施　　　　B. 展示宣传设施　　　　C. 休息设施　　　　D. 特殊人群服务设施

四、简答题

1.《旅游景区预约游览服务规范》是哪一年发布的文件,发布背景是什么?

2. 景区预约按照服务内容,可以划分为哪几个主要类型?

3. 景区预约主要有哪几个渠道?

扩展技能训练

请与你的朋友或者同学进行景区预约服务情景模拟,并归纳总结一种预约服务中可能遇到的特殊情况处理技巧。

模块 4　景区交通服务

◆ **学习目标**

- **素养目标**

  1. 培养积极的服务意识与系统思维。

  2. 培养绿色发展理念。

- **知识目标**

  1. 了解景区交通服务的概念、类型与要求。

  2. 理解旅游景区交通服务岗位相关知识。

  3. 掌握旅游景区交通服务的管理制度与规范。

- **能力目标**

  1. 能够有效分析景区交通服务中存在的问题及其原因。

  2. 能根据景区实际情况提出高效开展景区交通服务的对策措施。

  3. 能够进行交通组织的梳理,提供科学的交通服务。

> **情景案例**

山西五台山景区出台8条举措缓解暑期交通压力

2022年7月，山西五台山景区结合正在集中开展的旅游环境整治提升专项行动，采取强化细化核心区停车场管理、常态化应急分流入山车辆等8条举措，优化旅游交通环境。

第一，五台山景区强化细化核心区停车场管理。主要对策包括：组建停车场专业管理队伍，健全完善停车场管理制度，引导入场车辆规范停放、有序出入。第二，常态化应急分流入山车辆。主要根据景区交通状况和人流量，在核心区周边分流管控入山车辆。对从南线、西线入山大巴车、小车实行分流停放，游客乘坐公交车往返停车场和核心区。第三，适时启动游客服务中心车辆管控。实时监测游客流量，当日游客超过2.5万人时发布交通拥堵预警，超过3万人则进行游客服务中心交通管控，游客乘坐公交车往返核心景区和游客服务中心。第四，及时进行远端分流管控。当日游客超过2.5万人，协调五台、忻州、河北阜平等高速口，引导游客错峰来景区旅游。第五，实行本地车辆管控，进一步健全本地车辆实行单双号限行措施。第六，实行预约车辆入山，根据景区游客和车辆承载量，对外发布预约公告，进行预约进山，有效分流。第七，加强关键部位服务管理，营造文明和谐旅游环境。第八，充实交通服务力量，从各乡镇和行政事业单位抽调干部职工组成志愿者，维护各应急分流停车点停车和交通秩序。

据了解，五台山景区智慧交通项目的全面启用，主要目的是进一步解决旅游旺季五台山景区的交通拥堵问题，营造安全、有序、文明、舒适的大旅游交通环境。

（资料来源：王文华，山西五台山出台8条举措缓解暑期交通压力，中国旅游新闻网，2022-07-20，有删改）

想一想：请根据五台山景区采取的8条举措，分析景区交通服务可能存在哪些问题？其影响因素有哪些？

景区交通服务是指景区向游客提供各种交通服务，以实现游客从空间上的某一点到另一点的位移。景区的交通服务方式多种多样，配套交通工具可包括但不限于中巴车、电瓶车、出租车、画舫船、缆车、邮轮、快艇、热气球、溜索、雪橇等。具体而言，狭义的景区交通服务主要是指游客在景区内部乘坐游览交通工具时所享受的服务。广义的景区交通服务，则主要在交通服务空间、交通服务类型等方面均有极大的扩展。首先，就交通服务空间而言，广义的景区交通服务，可以扩展至线上交通服务与景区外部交通服务，前者主要是指游客到访景区时通过线上服务平台获取交通服务信息、咨询等服务内容，后者主要是指游客到访景区的交通服务，比如乘坐景区交通专线到访景区。

（1）关于景区交通的类型。根据景区道路路面的不同，可以分为陆路、水路和空路。陆路根据其材质不同，可以分为水泥路、柏油路、石板路、竹木栈道、玻璃栈道、碎石路、砂石路、泥路等；陆路根据道路等级高低或宽度大小，可以分为主干道、次干道、游步道等。水路和空路则主要依托相关的交通工具实现游客的位移。

（2）关于景区交通的工具。首先，空中交通工具可包括但不限于直升机、热气球、滑翔机、滑翔伞、滑索、索道等。其次，水上交通工具可包括但不限于摩托艇、游艇、游船、快艇、渡船、皮划艇、羊皮筏子、木船、竹排、气垫船等。最后，陆路交通工具可包括但不限于大巴车、中巴车、电动车、电动火车、人力车、畜力车、轿子等。

景区交通服务应该满足四个方面的要求：第一，准时性。景区交通服务具有连贯性，前一阶段的耽搁和滞留会影响下一阶段的旅游活动，由此会产生一系列连锁反应，最终导致经济事故的发生，并影响安全稳定，如费用的结算问题和游客滞留所引发的系列问题。对于国际游客还可能诱发涉外事件，如有些外国游客不能按时出境，影响工作、生活、学习等。从根本上说，景区交通服务的准时性是衡量景区服务质量优劣的重要标志之一。第二，安全性。景区交通服务是游客在景区发生的二次消费，交通工具或设施设备的安全检修与维护、交通工具驾驶人员的持证上岗及规范驾驶、道路交通服务的辅助设施是否安全有效（如防护栏、减速带、安全带等），都是对游客体验交通服务并确保安全的重要影响因素。第三，波动性。景区的客流量在时间上具有波动大的特点。一般来说，景区早晨开门、傍晚闭门时的客流量大，中午时客流量小。一周之中，周末是客流量的高峰。近年来，我国假日制度的改革，使人们有了更多的可以自由支配的闲暇时间，尤其是"黄金周"期间，大部分景区都会客流量大增，给景区交通服务带来很大的压力和挑战。这就要求景区合理计划安排或调度景区的交通设施及相应工作人员，从而为游客提供高效、快捷的交通服务。第四，多元性。旅游者的结构具有多元性，对于景区交通方式的要求也不尽相同。例如，高收入阶层游客会选择豪华型、高档次的交通服务方式，对价格高、趣味性强的民间运输服务方式也非常青睐。

目前，景区交通服务主要集中在景区停车场服务与交通乘坐服务两个方面。

单元 1　停车场服务

一、认识停车场

停车是当前景区接待服务中最为头疼的主要问题之一，大多数景区的旺季或高级别旅游景区普遍因游客接待量偏大导致停车场地有限。如何统筹解决从停车到入园的过程，是越来越重要的系统问题，停车、步行交通、摆渡换乘、人车分流等各个环节，都需要与游客中心的设置一并考量。

一般情况下，停车场是作为游客中心的配套服务场地，与游客中心共同承担游客抵达景区后的车辆停放、换乘等功能。因此，停车场的交通服务空间需要连同游客中心一并考虑。

（一）景区停车场的主要类型

按照停车车辆类型来分，主要可分为机动车停车场、非机动车停车场。其中，机动车停车场可停放大巴车、小汽车、房车等；非机动车停车场可停放自行车、电动车以及摩托车（实际上,摩托车属于机动车,为合理利用车位,往往停放在非机动车停车场内)。

按照停车场位置或空间来分,主要分为地上停车场、地下停车场。考虑到地上停车场车位有限,在未来地下停车场会越来越普遍,以解决停车场用地有限情况下停车难的问题。

按照停车场的使用频率来分,主要分为主停车场、次停车场和备用停车场(也可称为远程停车场)。

想一想: 景区停车场的停车群体主要分为游客与员工两个群体,在划分停车区域时,应该注意哪些事项?

(二)景区停车空间的布局

停车服务需要根据不同车辆类型,思考不同车辆抵离、换乘的需求。车辆分类可以按照旅游大巴、自驾车、社会出租车、网约车、公交车、非机动车、景区内部车辆等进行分类,按照不同类型的车辆配置停车或者临时停靠的空间,让不同类型车辆有序停靠、停放或驶离。

根据不同类型车辆的需求,按照安全、便捷、有序的原则布局停车空间,一般包括快速上落客区和停车场功能分区。

(1)快速落客、上客区。一般情况下设置在停车场靠近游客中心区域,或者游客中心前广场区域,可以设计为港湾式或环岛式,解决车辆快速落客、上客。

(2)停车场功能分区。停车场内的功能区,通常可以划分为大客车区、小汽车区、无障碍停车位、电动车(需配置充电桩)、非机动车区以及房车区等。功能区的划分需要科学布局各类车辆动线,按照车行动线布局车辆出入口、布局功能区,保障不同车辆在动线上没有交叉,各行其道,秩序井然。

(三)景区停车场的配套设施

景区停车空间还需要充分考虑游客抵达景区的需求,如厕所、等待同伴、洗车、维修、指引等服务。因此,有条件的景区或高等级景区一般需要在停车场周边布局厕所、广场、洗车、维修等服务设施。

(1)停车场标识系统。包括"P"字停车标识牌、停车场出入口标识牌、停车价格公示牌、停车场服务管理规范公示牌、停车场实时剩余车位智能公示牌、停车场缴费流程公示牌、停车场缴费二维码公示牌等直接相关标识系统,还包括停车场指引附近旅游厕所、游客中心、景区出入口、配套商业服务设施间接相关标识系统。值得注意的是,景区停车场标识系统的设计要便于游客快速撤离。

(2)停车场旅游厕所。停车场是游客到访景区的第一站,配置旅游厕所其契合停车场的游客集散属性,一般需要在临近停车场或在停车场内设置旅游厕所,解决游客盥洗、休息、如厕等实际需求。

(3)停车场洗车服务设施。洗车服务属于景区停车场的增值服务,往往以免费洗车服务为主,需划分洗车区、安装洗车设备、做好排污管道。

(4)停车场充电服务设施。随着生活中电动汽车逐渐增多,中远程自驾游客对于充电的需求也逐渐增加,需在景区配置充电桩设备,一般可以分为小汽车充电桩和电瓶车充电桩。

二、停车场服务的内容

一般来说,景区停车场服务可分为停车引导服务与秩序维护服务、停车场设施维护服务、停车场收费服务、停车场环境与卫生服务、停车场安全服务等。

视频:停车场
服务的内容

(一) 停车引导服务与秩序维护服务

1. 停车引导服务

游客到访景区经常会碰到找不到停车位的情况。对于部分热门旅游景区或历史街区,在旅游旺季或游客高峰期甚至可能出现"开车 5 分钟,停车半小时"的现象。因此,旅游景区可提供线上、线下两种停车引导服务。

(1) 线上停车引导服务。可以分为景区自主智慧停车引导服务与其他在线服务平台停车引导服务。景区自主智慧停车引导服务,主要是指景区利用自身智能停车管理系统,对游客车辆的行进路线、停车场选择、剩余停车位数量以及行驶车道等进行智能化引导服务。景区也可以将智能停车管理系统与第三方平台(如高德地图、百度地图等)衔接,提前告知导航游客景区当前或未来特定时期的车流量信息,也可以主动对接地方公共交通指挥系统,利用高速公路等交通服务设施提前告知车流量信息或拥堵指数,以协助游客提前做好决策或判断。

(2) 线下停车引导服务。可以分为景区停车场标识系统指引服务与人工指引服务两种类型。一般而言,景区停车场标识系统主要在停车高峰期以临时标识牌或临时交通管制隔离等方式对游客进行自助引导服务;人工指引服务是最为高效的,通常需要多个员工同步在景区停车场的不同区域值守并做好协同引导。

扩展案例

前往杭州灵隐景区已无须预约停车位

2023 年春节期间,西湖灵隐景区实施机动车停车预约措施,从除夕到初八共 9 天,已圆满结束。自 1 月 30 日起,游客前往灵隐景区已无须预约停车位。

实施预约制期间,景区各相关部门单位、企业共投入管理力量 3 145 人次。进入景区车辆总数为 126 900 余辆,九里松游客集散中心周转的网约车和出租车 28 453 余辆,预约进入车辆数为 15 300 余辆。

为做好配套服务,让游客玩得舒心,行车路上不堵心,灵隐景区通过百度、高德、警察叔叔、掌上西湖等多个 App 或微信小程序实行机动车预约。景区还设置了九里松停车场作为小型集散中心,开通了前往灵隐景区的"地铁 + 公交"专线以及观光接驳车,加大了共享单车投放,以满足不同游客的出行需求,倡导绿色出行。春节长假期间,公交专线共发送 1 700 余班次,运送游客 18 万人次,接驳观光车 2 290 车次,运送游客 15 900 余人次。

数据显示,灵隐景区实行预约制后一定程度上减轻了灵隐景区道路交通和停车场压力。

(资料来源:前往灵隐已无须预约停车位,杭州日报,2023-2-1)

2. 停车秩序维护服务

停车秩序维护服务主要是指维护停车场内车辆停放和行驶秩序,保持停车场通道和出入口安全畅通。一般景区没有车辆和游客财产保管义务,宜提醒游客提高安全意识并做好车辆和财产保管工作。停车管理员应阻止游商小贩及闲散无关人员进入停车场。对于部分游客不按停车区域停车,或者部分跨车位停车等现象要进行规劝与引导,以保证内部停车安全与畅通。部分景区还可以倡导游客统一车头方向停车,以确保停车场整体整洁有序。

想一想: 景区停车场是否应该实行人车分流以及机动车与非机动车分流?设计停车位的时候,如何有效实现人车分流?

(二) 停车场设施维护服务

停车场日常管理和设施维护服务对象主要包括养护停车场场地及停车场标识系统、巡查各项照明系统、保养收费岗亭与相关设施。完善场内设施的巡视维护制度,关键设施设备应由专人负责保养维护。若停车场内配备机械式立体停车库,则需配备专职作业人员负责停车设备的日常操作与运行维护。如果碰到停车场地面不平整、标识系统有错误或指引标识、隔离设施被挪移等要及时修复或归位;相关收费设施尤其是自助收费设施必须确保有效。

(三) 停车场收费服务

景区可按照政府指导价或市场调节价进行收费,可按白天和夜间两个时段标准分别计算收费,也可实行计时收费和计次收费两种计费方式。景区应在停车入口位置和缴费地点显著位置设置经物价部门监制的明码标价牌。一般可以实行人工收费与自助收费两种形式。目前,自助收费可以通过 App、支付宝、微信小程序、现场自助扫码缴费或 ETC 代缴等方式实现。

(四) 停车场环境与卫生服务

1. 停车场环境服务

景区停车场环境服务主要是指景区应营造良好生态氛围与景观环境,以提升景区综合环境品质、提高游客满意度。一般而言,景区应该提供生态停车场,以彰显生态与绿色发展理念。因此,景区提供停车场环境服务的时候,应重点关注停车场的地面材质使用(建议使用植草砖、块石或透水沥青等材质),维护停车位之间的绿化隔离,确保无破败、景观良好。

2. 停车场卫生清洁服务

景区停车场卫生清洁服务主要包括维护停车场的容貌整洁、环境卫生干净,定期清洗停车场内建筑物、构筑物外立面和配套设施,安排人员负责停车场内清洁卫生,保持停车场整洁。督促环卫工清理地面垃圾和油渍,做好场内的环境卫生保洁工作以及周边的卫生保洁管理工作。

(五) 停车场安全服务

景区停车场安全服务工作主要包括:一是做好各项防火工作,建立安全防火管理机构,明确安全防火责任人,定期进行防火安全训练;二是消防设备和监控器材应由专人进行定期的检查、维护和保养,建立日常巡检维护档案;三是严禁烟火,尤其是要严禁将易燃、易爆等危险物品带入停车场,重点提醒游客不得将易燃、易爆等危险物品带入停车场,停车场服务或管理人员若发现可疑情况应及时报告公安机关;四是定期对停车场进行巡检,如果发现他人在停车场内从事违法违章活动,应采取措施制止并及时上报主管领导和办公室;五是遇到突发治安事件,及时通知景区安保部门或地方公安部门;六是要定期巡视巡查游客停车情况,对忘记关好车窗的游客要及时提醒并止损。

三、停车场服务岗位制度与服务规范

(一) 停车场服务岗位制度

1. 停车场收费员岗位制度

(1) 景区为访客提供现金支付、无感支付、先离场后付费等停车场收费服务。

(2) 停车场收费员应按照景区停车场管理制度规定的收费标准进行收费。

(3) 停车场收费员应注意仪容仪表、服务用语,满足景区基本礼仪服务规范要求。

(4) 停车场收费员应提前到岗,检查收费系统状态,做好收费工作的各项准备工作。

(5) 停车场收费员应维护收费岗亭内外卫生,保证整洁有序,形象良好。

(6) 车辆进入收费区时,收费员目视驾驶员,左小臂伸出窗外,以肘为轴,自上而下伸出收费窗口,手掌自然伸直,掌心向前朝向驾驶员驶入方向,五指并拢,示意驾驶员停车。

(7) 车辆停稳后,左手应自然放下,面带微笑,双目注视驾驶员,使用敬语说"您好,请付××元"并确认付款方式,做到准确、规范唱收唱付。

(8) 停车场收费员递送给驾驶员现金或票据时应左手手心向上,四指请托现金或票据,拇指下压。面带微笑,双目注视驾驶员说"请收好票据(和找零)"。

(9) 开启道闸送车,停车场收费员礼貌道别并欢迎下次再来。

(10) 结束当天收费工作后,核算当日账款收入并根据财务要求进行现金的缴纳和交通账目的报送。

2. 停车场安保员岗位制度

(1) 停车场应设专职安保员,负责游客上下车、停车、抵达、换乘和离开的引导工作。

(2) 停车场安保员应注意仪容仪表、服务用语,满足景区基本礼仪服务规范要求。

(3) 停车场安保员应积极主动引导大巴车、小汽车、非机动车等分区有序停放。

(4) 停车场安保员应负责停车场设施设备的检查维护工作,并填写检查维护日志。

(5) 停车场安保员应负责游客停放的车辆监督管理,并提醒游客下车时关好车窗,离开时检查随身携带的物品。

(6) 停车场安保员应确保工作区域内整洁有序、干净卫生,负责维护停车场环境秩序。

(7) 停车场安保员宜协助游客洗车、充电、扫码缴费等,确保游客能顺利使用停车场各类设施设备。

(二) 停车场服务流程与规范

记录游客进出停车场及其停留时间长短的方式主要有三种:一是传统的手工记录方式,此类服务管理方式现在已经基本不存在,且存在漏洞,容易引起纠纷,故不提倡此类服

务方式；二是车牌自动识别与缴费方式，是目前无人自助服务与管理的主流方式，值得倡导；三是利用停车卡自动记录进出停车场并作为缴费依据的方式，具体如图4-1所示。

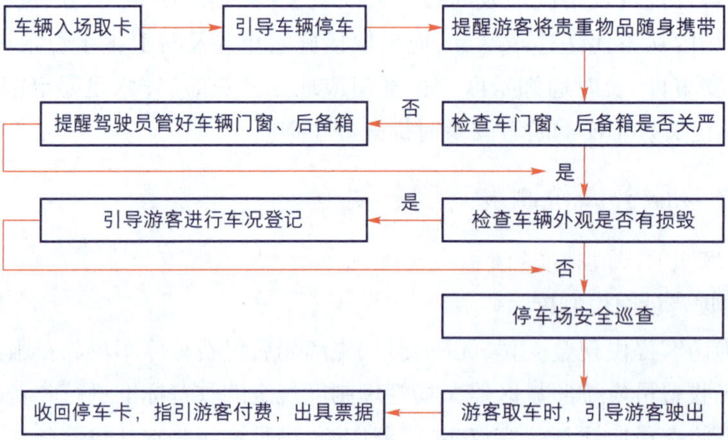

图4-1 停车卡收费服务流程

四、停车场服务趋势

未来，停车服务会朝着智能化、人性化的方向发展。首先，在智能化方面，设备逐步智能化，实现车牌自动识别、自助缴费、自动抬杆、卡券设置、远程控制、平台化管理等功能，机器人设备还具备语音播报、现金收缴、找零功能；景区内智慧停车场和泊位信息连接成一张网，对车位余量进行动态实时监控，实现数据的汇聚、互联互通和分析展示。在信息发布上，通过地图或者小程序为车主提供实时的停车场位置及余位查询，一键导航直达目的地。其次，在人性化方面，更加便捷、舒适成为停车服务需要实现的目标，如汽车遮阳板的配置，让夏日灼热的车辆得到了很大的缓解。有些停车场专门为孕妇、残疾人等设置专用停车区；部分景区还提供特殊人群预约车位服务等。

视频：交通
乘坐服务

单元2　交通乘坐服务

一、认识交通乘坐服务

交通乘坐服务是景区休闲、体验观光服务的重要内容，其服务质量将直接影响游客的体验和对景区服务质量的综合评价。好的交通乘坐服务既可以让游客享受安全、有序的交通体验，又可以获得欢愉的游览体验。

（一）交通乘坐服务的类型

按照收费标准来分，交通乘坐服务主要包括免费交通乘坐服务、收费交通乘坐服务。免费交通乘坐服务一般主要出现在度假或商务型酒店接站、送站环节，也会存在于景区与景区之间、交通站点与旅游景点之间的接驳服务。收费交通乘坐服务主要包括观光车船、缆车、人力车、畜力车等具有经营性质的服务,收费标准需在市场监督部门备案或公示。

按照交通工具驱动方式来分,交通乘坐服务主要包括电动车(船)乘坐服务、燃油车(船)乘坐服务、人力车(船)乘坐服务、畜力车(船)乘坐服务等。电动车(船)(含缆车)采用蓄电池或电力设施提供动能,主要有轮毂式驱动、中置式驱动、悬挂式驱动三种,环境污染小,但电动车的缺点是爬坡能力较弱。燃油车(船)大多以柴油为主,需要定期补充油料,对油料的管理要求高,消防等压力较大,且对环境有污染。人力车(船)和畜力车(船)乘坐服务,则主要依靠人力与畜力驱动,其实际交通位移的功效有限,通常以景区常见的体验型项目为主,如草原类景区的骑马体验服务、溪流型景区的漂流体验服务、山岳型景区的抬轿服务等。

(二) 交通乘坐服务的功能

景区交通乘坐服务的功能主要包括接驳、游览、体验等。

1. 接驳功能

接驳功能是景区各类交通工具的基本功能。游客抵达目的地后需要到达目标酒店、景点等位置,这中间时常还存在一定距离。那么,景区的车、船就承载着接驳功能,将游客及其行李物品从一个点位送到另一个点位,保证了游客能够便捷地到达目标位置,并满足景区生态有序运营的需求。

想一想:景区为何要设置交通工具来实现游客的接驳功能?其可能的影响因素有哪些?

2. 游览功能

游览功能是基于景区交通工具运营线路具备观光游览价值而产生的功能。景区车船运营线路的景观经过保护、开发、建设或修复,往往具备观光游览价值。游客乘坐车船沿线风景也存在游客游览需求。比如,水上森林、湿地公园水上路线,必须乘坐游船才能观赏,这时的游船则承载着游览服务功能。此外,随着全域旅游概念的深入,即便是普通接驳功能,也要求景区必须注重交通线路沿线的景观效果,以尽可能给游客留下好印象。

3. 体验功能

体验功能是基于车船作为旅游产品的衍生功能。随着景区车船不断换代,游客需求日益变化,从传统的滑竿、竹筏到现代的马车、花车、小火车、邮轮以及滑草、滑索、缆车、滑道等,景区交通体验产品越来越多样化,以满足游客猎奇体验心理或提供别样体验视角。

二、交通乘坐服务的内容

在景区交通乘坐服务中,因交通工具所承载功能的不同,其乘坐服务的内容也有较大不同,尤其是具有体验功能的交通乘坐服务。事实上,景区交通体验服务往往还可以作为景区游乐服务的主要组成部分。因此,此处重点阐述具有接驳功能与游览功能的车船乘坐服务的内容。

视频:交通乘坐服务的内容

(一) 驾驶员服务

车船驾驶员服务内容主要包括安全文明驾驶,持证上岗;发车(船)前做好车辆(船)检

查维护工作,并及时填写检查日志;发车(船)时提醒游客坐稳扶好,系好安全带或穿戴救生衣,协助游客随身物品装车船,引导儿童由成人监护,避免坐在非封闭的窗边;驾车(船)时拐弯处应提前减速并做好游客提醒;关好车船的门窗或安全设施。

(二)讲解服务

车船讲解服务可由驾驶员兼任,担当"司导"角色,也可设专职讲解员。车船讲解服务内容主要包括表达对游客的问候与欢迎、景区概况介绍、车船沿线介绍、游客提醒服务以及对游客表达祝福。具体的车船讲解服务需做到:宜设置解说二维码,提供扫码自助语音导览服务;配置多语种、高级、初级等级别讲解员;根据研学、商务、观光、政务等不同类型人群编制并定期更新讲解词;讲解员熟练掌握欢迎词、景点讲解、欢送词等基本讲解内容的要领,确保讲解生动、准确;讲解员应提前准备扩音器,并确保扩音器能够正常使用,用后即还;讲解前应主动与游客、接待客户沟通游览线路,并严格按照约定游览线路安排游客的游览活动;讲解员应尊重游客的宗教信仰、民族风俗和生活习惯;讲解中应做好及时提示工作,提醒游客注意天气、安全、游玩时间等事项。

(三)安全服务

除安全提醒、安全驾驶以外,车船安全服务主要是指配备安全设施。例如:观光车船配备灭火器,并进行定期检查维护,确保无过期、无损坏;封闭式车船,如巴士、邮轮要配备安全锤,保证紧急时刻游客逃生通道畅通;船只及码头配备救生衣、救生圈、急救箱,公示急救电话,确保水上应急救援设备充足。一般而言,景区服务人员(可由驾驶员或讲解员兼任)需提醒游客相关安全设施的位置及其使用要领,必要时可以做示范。

(四)环境服务

车船及码头相关工作人员都应自觉维护车船、等候区、码头等工作区域的环境卫生,及时清理垃圾和灰尘,定期进行检查、清洁与消杀工作,确保游客能在整洁有序的环境中乘坐车船。同时,对于具有游览与体验功能的交通乘坐服务,还应该做好游览沿线景观绿化维护、生态环境保护、清洁卫生等工作,车船及码头相关工作人员通常主要负责监督及信息上报等工作。

(五)排队服务

排队服务主要是指车船等候区的秩序维护、限流登车登船、配备排队服务设施等,具体包括游客分流服务、遮阳遮雨服务、排队距离或时间提醒服务等内容。景区为确保高峰期游客有序排队需做到:排队区宜设置游客分流铁马、围栏或一米线等;室外排队区应适当设置遮阳遮雨设施;排队区地面宜增加一米距离提醒地贴进行排队引导。此外,车船排队区域通常交通环境或地理环境较为复杂,应特别重视安全问题。

三、交通乘坐服务岗位制度与服务规范

与交通乘坐服务内容相似,此处重点分析具有接驳、游览功能的服务岗位制度与服务规范。

(一)车船服务岗位制度

(1)车船驾驶员应参加特种设备(如电瓶船等)驾驶培训,并取得驾驶执照后方可上岗。

（2）车船驾驶员应做到热情服务，不得向游客索取小费。

（3）酗酒者、精神病患者严禁乘坐，儿童应有成年人陪同。

（4）车船上应标示限乘人数，严禁超员乘坐；车船驾驶员应告知游客并穿好救生衣或系好安全带方可乘船。

（5）游客乘坐车船，必须遵守景区公共秩序，不得拥挤和打闹；不得将车船驶入禁止车船活动区域；不得跳船换乘和从船上跳水游泳；不得私卖船票和出租车船。

（6）车船航行时，应安全行驶，宁慢毋快，配合调度中心发船驾驶，根据车辆、船舶行驶情况，及时提示游客注意自身安全。

（7）车船驾驶员应熟悉航线、沿线景点，如有需要应在行驶过程中主动为游客讲解沿途景点知识。

（8）保证车船干净整洁，行驶正常，发现问题及时报修；如果遇到水面或周边环境有垃圾时，可及时报告组长，或在未载客、无安全隐患且不影响其他车船行进的情况下清理。

（9）景区应为游客购买安全保险，保险费用包含在景区门票或车船票中。

（二）车船服务流程与规范

车船服务流程与规范如图 4-2 所示。

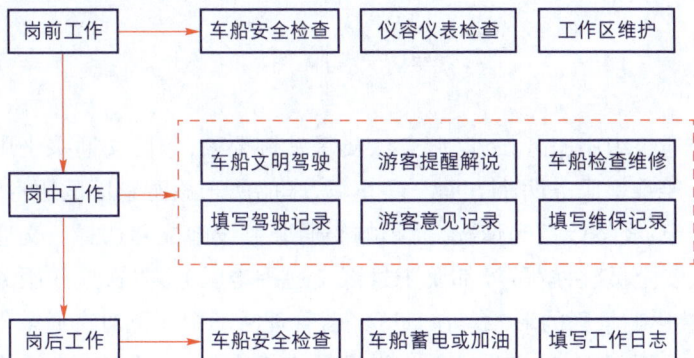

图 4-2　车船服务流程与规范

景区车船服务的流程主要可分为以下三个阶段。

一是岗前工作。即景区交通乘坐服务人员（一般主要指驾驶员）抵达工作区域时，首先要根据景区的相关规章制度与要求，穿着景区规定的工作制服；其次，参加班组的岗前会议或早会，明确工作班次及当日服务要点；最后，认真检查车船的各项内容与设施设备，确保能源充足、安全设施完备、座椅及车船内部干净整洁、配套讲解或服务设施设备有效等，并认真填写好检查日志，如有问题应及时解决或维修。

二是岗中工作。即景区交通乘坐服务人员（一般指驾驶员或随车船讲解员）在车船行进过程中提供的相关服务或工作要求，主要包括车船文明驾驶、游客提醒与解说、车船检查与维修、填写驾驶记录、游客意见记录、填写维保记录、相关信息或意见上报等。此外，工作人员还可能会碰到游客冲突、恶劣天气等突发情况的处理。

三是岗后工作。即景区交通乘坐服务人员（一般指驾驶员或随车船讲解员）在车船服务结束之后（部分可能是每次结束之后），均要重新检查车船状况并做好检查登记，对车船进行充电或加油,填写相关工作日志。

四、交通乘坐服务趋势

首先是产品化。随着现代游客的消费需求日益多元化或个性化,游客越来越青睐旅行或交通过程中的休闲、体验与消费。因此,现代景区交通工具不仅是接驳服务的交通工具,更是游客游览与体验的旅游产品,车船服务日益产品化。从外观造型方面来看,要求车船美观并具备景区特色,能够结合景区文化内涵进行设计以吸引游客。从服务功能方面来看,车船作为游览活动中的重要选择可以帮助游客从更加便捷、舒适或更加优美的视角游览观光。结合景区地理环境条件,小火车、竹筏、滑竿、马车、花车、邮轮、玻璃滑道、缆车等日益成为一些旅游景区的特色体验产品。

其次是智能化。传统的车船往往耗费大量人力、物力进行运营。随着科技发展,无人驾驶车船逐渐兴起,助力绿色智慧旅游,苏州金鸡湖、安吉竹子博览园、乌镇景区的无人驾驶观光车受到不少游客喜爱。无人驾驶车船上设有感应雷达,感应到周围的障碍物或人以后,会自动停下来,确保游客安全,既能欣赏沿途美景,又能防晒防风防雨。

模 块 小 结

围绕景区交通组织中服务设施、服务人员等关键要素,景区交通乘坐服务主要体现在停车场服务和车船乘坐服务两个方面。停车场、车船属于旅游景区的服务设施,根据景区的规模、区位、等级、经济效益等情况,会影响交通服务设施配套选择。交通乘坐服务中的驾驶员、收费员、安全员、讲解员等都属于景区交通乘坐服务人员,这些服务人员的服务意识、服务水平直接影响景区的形象。在景区经营管理活动中注重对交通乘坐服务人员的培养与监督,确保交通服务人员自觉主动为游客提供优质服务。因此,本模块重点从停车场服务、交通乘坐服务两个层面,分别说明其类型、服务内容、岗位制度与服务流程,并指明未来的发展趋势。

讨论与思考

1. 景区提供交通乘坐服务的意义主要体现在哪些方面?

2. 景区交通乘坐服务有着怎样的发展趋势?

3. 如何建立人性化、智能化的交通乘坐服务体系?

4. 你认为交通乘坐服务还可以有哪些创新?

5. 如何通过交通乘坐服务,为游客带来更好的游览体验?

模块测验

一、名词解释

1. 景区交通服务

2. 停车场服务

3. 停车场环境服务

4. 交通乘坐服务

二、填空题

1. 根据景区道路路面的不同,可以分为_____、_____和_____。

2. 景区停车场服务可分为停车引导服务与秩序管理、停车场_____、停车场_____、停车场环境服务、停车安全服务等。

3. 线下停车引导服务可以分为景区停车场_____与_____两种类型。

4. 停车场内的功能区,通常可以划分为_____、小汽车区、无障碍停车位、电动车(需配置充电桩)、_____及房车区等。

5. 停车场日常管理和设施维护服务对象主要包括停车场_____及停车场标识系统、_____、保养收费岗亭与相关设施。

三、选择题

1. 按照停车场的(　　　)来分,主要分为主停车场、次停车场和备用停车场(也可称为远程停车场)。

A. 位置　　　　　　　B. 空间　　　　　　　C. 使用频率　　　D. 车辆类型

2. 景区停车场的配套设施有哪些?(　　　)

A. 停车场标识系统　　　　　　　　B. 停车场旅游厕所

C. 停车场洗车服务设施　　　　　　D. 停车场充电服务设施

3. 交通乘坐服务的功能有哪些?(　　　)

A. 接驳功能　　　B. 游览功能　　　C. 购物功能　　　D. 体验功能

4. 交通乘坐服务的内容有哪些?(　　　)

A. 驾驶员服务　　　　　B. 讲解服务　　　　　　C. 安全服务

D. 环境服务　　　　　　E. 排队服务

5. 景区车船服务的流程主要可分为三个阶段?(　　　)

A. 岗前工作　　　B. 岗中工作　　　C. 岗后工作　　　D. 在岗工作

四、简答题

1. 停车场如何进行空间布局?

2. 交通乘坐服务包括哪些内容?

3. 停车场智能化服务包括哪些方面?

扩展技能训练

请与你的朋友或者同学进行景区交通服务情景模拟,并归纳总结在进行服务时可能遇到的特殊情况及处理技巧。

模块 5　景区游客中心服务

◆ **学习目标**

● **素养目标**

1. 充分认识游客中心对于景区服务体系的重要性。

2. 掌握以人为本的服务理念。

● **知识目标**

1. 了解游客中心的类型、功能、要求等基础知识。

2. 理解游客中心咨询接待等相关岗位的职责、制度与工作流程。

● **技能目标**

1. 能全面掌握游客中心咨询接待、投诉接待等岗位要求及流程。

2. 能结合实际，总结归纳咨询、投诉等岗位对客服务的要点，能灵活运用服务技能为游客提供相关服务。

3. 能结合实际，提出促进景区游客中心服务水平提升的措施和手段。

情景案例

案例1：一位游客来到某景区游客中心，咨询台的工作人员热情地接待了他。

景区工作人员："您好，请问您需要什么帮助？"

游客："我们是从外省来这边旅游的，现在打算去其他的景区游玩，你们可以帮我们推荐一些景点吗？"

景区工作人员听了游客的回答后说："那我给您推荐离这开车40分钟左右路程的一个景区，是个网红打卡地。"

游客："那我们要怎么去呢？"

景区工作人员："您如果打算去的话，坐地铁就行。"

游客："我们带了挺多的行李物品，能不能帮我叫个车呢？"

景区工作人员："您可以直接在打车软件上叫车，很方便的。"

游客十分礼貌地道谢后，自行打车离去。

案例2：一位游客很生气地走进某主题公园的游客中心，咨询台的工作人员立即起身微笑询问："先生，请问有什么可以帮您的？"

游客："我刚进园区还没玩几个项目，就下起了大雨，什么都玩不了了，你说怎么处理！"

景区工作人员："先生，十分抱歉，由于雨势较大，出于安全考虑，游乐项目只能暂时关闭，对于天气原因给您带来的不愉快，我们也实在遗憾，我们给您签票一张，您可以等到下次天气好的时候再来游玩，您看可以吗？"

游客："我是外地人，以后不一定会来了，我不要签票，我要退票！"

景区工作人员："先生，请您稍等一下，我们请示一下领导。"游客一直在旁边站着等待，十分不耐烦。请示领导同意之后，工作人员做好登记，将退款交于游客，游客接受后离开。

想一想：针对案例1和案例2中游客中心工作人员的处理方案，是否还有可优化的地方？

游客中心是景区展示自身形象的主要窗口，是景区必不可少的服务设施，也是景区服务与管理的重要空间。游客中心通常会设在旅游景区的出入口处附近，方便游客在开始游览之前或游览结束之后进行信息咨询、物品租赁、休息等活动。景区是否设置有游客中心、游客中心提供哪些服务项目、游客中心服务的质量如何都将直接影响到游客对景区的印象与评价。

2015年发布并实施的《旅游景区游客中心设置与服务规范》（GB/T 31383—2015）中对游客中心的定义、功能、设施、类型等作出了明确规定。游客中心是旅游景区内为游客提供信息、咨询、游程安排、讲解、教育、休息等旅游设施和服务功能的专门场所，属于旅游公共服务设施，所提供的服务是免费的或是公益的。

旅游景区游客中心的功能主要分为必备功能和指导功能。必备功能包括旅游咨询、旅游投诉、基本游客服务和旅游管理；指导功能包括旅游交通、旅游住宿、旅游餐饮和其他游客服务。

（1）对客基本服务。对客基本服务主要是指免费为游客提供的必要服务，包括寄存服务、无障碍设施、科普环保书籍和宣传纪念品展示等。

（2）旅游咨询服务。为游客提供相关的咨询服务，包括景区及旅游资源介绍、景区形象展示、区域交通信息、游程信息、天气询问、住宿咨询、旅行社服务情况问询及有关注意事项提醒。

（3）旅游投诉服务。指游客向景区行政部门或服务质量监督管理部门提出不满意的口头或书面上的表示。游客中心需要及时处理游客的投诉。

（4）旅游综合管理。指对游客中心服务半径范围内的各类旅游事务及游客中心本身进行管理，包括旅游投诉联网受理、定期巡视服务半径范围、紧急救难收容与临时医疗协调，以及设置游客中心服务项目公示牌。

（5）其他服务。指提供雨伞租赁、手机和摄像（照相）机免费充电、小件物品寄存、失物招领、寻人广播服务、针线服务；电池、手机充值卡等旅游必需品的售卖服务；邮政明信片及邮政投递、纪念币和纪念戳服务；公用电话服务，具备国际、国内直拨功能，移动信号全覆盖，信号清晰；有条件的，提供医疗救护服务，设立医务室，配专职医护人员，备常用药品、氧气袋、急救箱和急救担架。部分景区通常还提供特殊人群服务设施设备租赁服务，包括但不限于拐杖、登山杖、轮椅、童车等。

基于游客中心的定义及主要功能，一般而言，景区游客中心设置的主要岗位有咨询接待岗位、票务接待岗位、寄存接待岗位、租赁接待岗位、投诉接待岗位等。

单元 1　咨询接待服务

视频：咨询接待服务岗位职责与制度

一、岗位类型和岗位职责

（一）岗位类型

向游客提供咨询服务是景区每一位员工应尽的职责，景区员工应将游客的每次咨询都看作是一次产品宣传，是增加景区收入、维护景区形象的机会，而不能将其视为麻烦。在旅游景区内专职为游客提供咨询服务的主要是游客中心。通常而言，咨询接待岗位主要可分为现场咨询、电话咨询、在线咨询、留言咨询等。其中，在线咨询与留言咨询主要通过景区游客中心的工作人员于官网、官微等线上渠道完成，通常无须与游客直接面对面。

现场咨询指的是面对面的咨询服务，需要景区工作人员准确掌握景区相关知识和熟悉周围的环境，并具备较高的随机应变能力。

电话咨询指的是游客通过拨打景区官方咨询电话进行咨询。人们在了解景区情况时，电话咨询是重要的方式之一，电话咨询服务体现了一个景区的服务水平，甚至在一定程度上影响着游客对景区的第一印象，以及影响人们决定是否到该景区旅游。

在线咨询指的是景区工作人员在官网、购票平台、App 或微信小程序等为游客提供咨询服务。

留言咨询指的是景区工作人员对游客在线上各平台的留言进行回复,提供咨询服务。

(二)岗位职责

旅游景区咨询接待的岗位职责主要包括但不限于以下几方面。

(1)回答游客提出的关于景区相关信息的问询,宣传、介绍景区旅游资源与产品。

(2)做好游客参谋,应游客要求提供有关旅游活动等方面的建议。

(3)向游客宣传有关科普知识和安全防范知识。

(4)做好咨询情况的统计、分析、上报,作为景区服务优化提升的基础资料。

(5)收集并向上反馈游客意见。

(6)为游客提供便民信息,如医疗、交通、住宿等信息。

(7)接受旅游救助请求并协助相关部门进行旅游紧急救助活动。

二、岗位制度

(一)通用制度

(1)应具有良好的旅游综合知识,对游客咨询问题做到有问必答,提供耐心、详细、专业的答复和具体指导。

(2)工作期间保持良好的精神状态,不将个人情绪带入咨询接待工作中。

(3)对于不确定的问题一定要核实后再给予准确回复,不可信口开河,不能随意回答或使用"可能""应该是""或许"等不专业或不确切用语。

(4)如遇暂时无法解答的问题,应向游客解释说明,并表示歉意,查证后回复或向游客提供其他可咨询的渠道,不可简单地说"我不知道"等不专业用语。

(5)对待所有游客一视同仁,处处做到文明用语,礼貌待客。

(6)咨询完成后做好相关记录,定期进行统计分析,对游客咨询较多的问题及时汇总上报,以作为景区服务与管理水平提升的重要依据和方向。

(7)不收受游客所赠礼品,更不能向游客索要礼品。

(二)个性制度

1. 现场咨询

(1)咨询人员在岗期间必须着装整齐、大方得体,仪容仪表和行为举止符合景区规定。

(2)游客到达时主动、热情地招呼问候,不可冷漠毫无反应。

(3)接受游客咨询时应面带微笑,双目平视对方,全神贯注,集中精力,以示尊重和诚意。

(4)回答游客咨询时谈吐得体、表达清楚、口吻温和,游客陈述过程中耐心倾听,不抢话,不插话,不争辩。

(5)尊重游客的风俗习惯,不指点、不讥笑、不议论游客,对生理有缺陷的游客或小孩不歧视、不嘲笑。

(6)游客咨询结束离开时礼貌道别。

2. 电话咨询

(1)每日岗前应检查电话设备是否完好,保证设备正常使用。如遇故障,及时上报并联系相关部门检修。

（2）接听电话应及时，不可故意不接或互相推诿。

（3）接听时声音清脆温和，主动亮明身份。禁止使用"喂"等不礼貌用语。

（4）游客陈述过程中耐心倾听，不抢话，不插话，不争辩。

（5）游客咨询完成后待游客挂断之后才可放下电话，不可中途单方面挂断。

（6）不可将咨询电话设备挪作私用，造成游客咨询电话无法及时接入。

3. 在线咨询

（1）工作期间不得利用电脑设备做与工作无关的事情。

（2）及时回复游客线上咨询内容，有问必答，不可故意无视。

（3）管理好线上平台账号及密码，不得泄露给其他无关人员。

（4）关注线上舆情，发现问题及时上报。

4. 留言咨询

（1）对留言内容进行甄别，及时删除无关内容，确保游客可及时查看相关咨询回复信息。

（2）认真逐条回复各官方渠道的留言咨询内容，不可选择性回复或不回复。

（3）关注线上舆情，发现问题及时上报。

三、服务流程与典型任务处理

视频：咨询
接待服务流
程与规范

（一）服务流程与规范

1. 现场咨询

一是主动问候。遇到走近或满脸迷茫的游客，面带微笑，注视游客，主动开口问候："您好，请问有什么需要我帮助吗？"这样会给游客留下温暖、热情、友好的印象。

二是耐心倾听。对于游客提出的问题应该认真、耐心地倾听。首先，应双目平视对方，全神贯注，集中精力，以示尊重与诚意；对于提出的问题应该以点头或"嗯"等方式有所反馈，让对方知道你在听他阐述并且理解了他想要表达的意思。其次，要保持优雅的姿态，在游客提问的时候不可以三心二意，不可以有左顾右盼、手指绕来绕去、玩头发等表情和动作。

三是有问必答。对于游客的问询，要做到有问必答、用词得当、简洁明了，不能说"也许""大概"之类没有把握、含混不清的话，自己能回答的问题要随问随答，绝不推诿；对不清楚的事情，不要不懂装懂，随意回答，更不能轻率地说"我不清楚"。如果经过努力确实无法回答，要向游客表示歉意，说："对不起，这个问题我现在无法回答，让我先了解一下，好吗？"此时应该通过电话或向旁边工作人员咨询等形式来解决游客提出的问题。若离开现场去别的地方问询，问清楚以后应马上回来答复，不能一去不返。对待游客的咨询，应当直到其满意为止。

四是礼貌告别。当游客准备离开时应主动向游客道别，并祝其玩得愉快，比如对游客说："再见，祝您玩得开心！"

五是总结记录。当日工作中，应对游客问询时未能及时解决的问题和咨询情况进行记录，同时对当日咨询工作中出现的新问题和重要事件进行记录。建立景区内部信息汇总反

馈通道,对现场咨询中收集到的游客建议、意见进行汇总、反馈。

2. 电话咨询(本流程内容参见教材模块 3 单元 3 的相关内容)

(二)典型任务处理

1. 现场咨询

(1)游客询问设施位置。

游客:"请问洗手间在什么位置?"

工作人员面带微笑,语速适中,指引方向时,五指并拢,掌心向上,目光平视:"先生/女士,您出门左转,大约走 100 米就到洗手间了。"

(2)游客询问景区相关信息。

游客:"景区现在有哪些演出活动?什么时间开始?在哪个地方?"

工作人员起身相迎,以示尊重,目光注视游客,语气温和:"先生,您好!景区现在主要有一个大型演出活动,最近的场次为下午 2 点,演出地点为景区中心广场。这是景区的导览图,上面有详细的演出信息,您可以参照这个安排游玩活动。如果您在游玩过程中有不清楚的地方,可以咨询园内工作人员或拨打客服中心电话,祝您玩得开心!"双手递送导览图,并做简单介绍。

2. 电话咨询

(1)游客讲话声音小。

工作人员:"很抱歉,您那边的声音很小,能麻烦您稍微大声一点吗?"

游客声音提高之后,如果之前没听清所说内容,就礼貌请求游客再说一次:"实在抱歉,刚刚没有听清,能请您再说一遍吗?"

(2)电话接通后,长时间没有声音。

游客手机出现故障,拨通咨询电话后可以听到工作人员声音,但工作人员听不到游客声音。

工作人员多次尝试后仍听不到回应:"很抱歉,我这边听不到您的声音,我稍后给您回电,再见!"

工作人员挂断电话之后,立即回拨过去,等游客接听之后再次确认双方是否可以听见彼此声音,如果恢复正常就进行咨询接待,如果依然听不到声音,可以说:"不好意思,我这边依然听不到您的声音,请您尝试换个电话拨打或通过官网、官微留言等其他方式咨询,感谢您的来电,再见!"

(3)电话声音嘈杂,听不清游客讲话。

游客在喧闹的商场拨打咨询电话。

工作人员:"很抱歉,我这边听不清您讲话,麻烦您调整一下所在的位置,好吗?"

游客来到较为安静的洗手间:"现在可以听清了吗?"

工作人员及时进行反馈:"是的,现在可以听清,非常感谢您的配合,请问有什么可以帮您?"

(4)解答完毕游客无回应时。

工作人员:"您好,请问您还有什么需要吗?"

如果游客表示没有其他事情了,工作人员应礼貌道别;如果游客还有其他问题,工作人员应耐心回复,提供指导。工作人员不可在游客未挂断电话之前,见游客无回应就挂断电话。

(5) 需要转接电话时。

游客拨打咨询电话:"你们景区里面的酒店现在还有床位吗? 价格是多少? "

工作人员:"您好,我马上帮您转接到酒店预订中心,您可以咨询房价、房型等详细信息,您看可以吗? "

游客:"可以。"

工作人员:"好的,我马上帮您转接,请您稍等一下。"

(6) 需要游客等待时。

游客拨打咨询电话:"你们景区周边有四星及以上的酒店吗? 距离景区大概有多远? 有没有联系电话? "

工作人员:"您好,请您稍等一下好吗? 我马上帮您查询一下。"

信息查询完成并做好记录后,工作人员:"非常感谢您的耐心等待,景区周边 2 千米范围内一共有两个四星级酒店,一个五星级酒店,分别是……联系电话分别为……您可以拨打电话咨询酒店详细的情况。"

单元 2　票务接待服务

视频:售票
服务岗位职
责与制度

一、售票服务

(一) 岗位职责

(1) 严格按照操作程序开启、关闭及使用售票系统,对售票设备进行日常维护。

(2) 熟悉售票设备的操作,准确无误地为游客印制有价票据及免费票据。

(3) 工作期间有责任确保售票设备不受破坏,当设备出现故障时,应立即与设备或系统维护员取得联系,确保设备设施与系统得到及时修复。

(4) 负责打扫售票室卫生,保证其干净整洁,营造良好的工作环境。

(5) 回复游客关于购票、开闭园时间等景区相关信息的咨询。

(6) 提前告知游客景区运营过程中存在的特殊状况,如设备与景点开放情况、主要活动或演出开展(开放)情况等。

(7) 熟悉景区门票、卡种类和优惠政策及相应要求,并与购票者进行相关信息确认。

(8) 熟悉网络订票的预订情况、线下兑票方式及验证条件等必要信息,回答游客相关咨询,协助游客完成换票、入园工作。

(9) 严格按照景区团队售票政策完成团队票售卖工作,做好团队游客签单、旅行社计划单等相关信息统计、上报、核对工作及相关单据景区联的保存归档工作。

(10) 负责售票处购票秩序的维护。

（11）严格按退票程序为游客提供退票服务。

（12）负责协助游客完成自助售票设备购票操作及回复相关咨询。

（13）配合中心票务人员与财务人员做好票款及有效凭单的交接工作。

（14）与同事交接班时按规定完成售票设备的交接工作。

（二）岗位制度

（1）遵守景区各项工作制度，严格执行售票程序及景区票务政策，不玩忽职守，不徇私舞弊，做到票款清楚，记录完整。

（2）票据领用严格履行登记手续，做好相关记录。

（3）保管好票据现金及单据，下班前及时交予财务人员。票据和现金做到日清月结，不得私自挪用和外借。

（4）售票时，钱票当面点清，唱收唱付。服务时坐姿端正，态度友好，主动热情，双手接递。

（5）所售票据和所收现金，认真清点核对，以防出错。

（6）不使用售票设备做与售票业务无关的事情。

（7）对游客提出的问询要详细答复，做到百问不厌，简洁明了，口齿清楚。

（8）主动向临近闭园时购票的游客提醒景区的闭园时间及景区内仍有的主要活动。

（9）售票时主动提供景区导览图、游览手册或告知游客领取位置／电子导览图获取方式。

（三）服务流程与规范

1. 岗前准备工作

（1）参加班前会议，回顾前日工作完成情况，接受当日工作任务安排。

（2）按景区规定着装，佩戴工作牌，仪表整齐，妆容得体。

（3）到达售票室后，查看售票室门窗、保险柜、验钞机、话筒等设备是否正常。

（4）做好售票室内及售票窗外的卫生清扫工作，保证工作环境干净整洁。

（5）若当日出于特殊原因票价有所变化或有新的优惠信息（如教师节当天，持教师资格证游客半价），应及时调整公示价格信息及说明变动原因。

（6）根据前日售票室门票的结余数量及当日入园游客的预测量填写"门票申领表"，到财务部门票务部室领取当日所需的各种门票，票种、数量当面点清无误，做好登记后领出门票。

（7）根据需要到财务部门相关部室兑换零钞，确保零钞数额满足当日所需。

2. 售票工作

景区售票工作流程可进一步细分为散客售票及旅游团队售票。旅游团队又可分为普通旅游团队及签单旅游团队，其售票流程存在些许差异。需熟练掌握各类游客售票流程，灵活运用。

（1）散客售票。

① 游客走近售票窗口时，售票员向游客礼貌问候，询问需要购买的门票数量（"欢迎来到 ×× 景区，请问您需要购买几张门票？"）。

② 售票员根据景区价格政策向游客出售门票,主动向游客解释、说明优惠票的享受条件并询问是否有相关证件,如游客有可享受优惠的证件,要客气、礼貌地请游客出示,并进行核验;如涉及儿童票,礼貌地请儿童贴近窗口外设置的身高测量牌,判断是否符合条件,如证件、身高不符合优惠政策,耐心向游客进行解释。售票时做到热情礼貌、声音洪亮,唱收唱付。

③ 游客购票离开前,售票员提醒游客清点门票数量、景区的闭园时间及景区的主要活动,并说送别语("一共两张成人票,一张儿童票,请您确认并收好,景区将于下午六点闭园,祝您玩得开心!")。

④ 若游客购错票、多购票或因其他特殊原因经请示领导同意后要求退票,需在售票处办理退票手续,售票员应根据实际情况依规办理,并填写"退票登记表"(表5-1),以便清点时核算。

⑤ 根据游客需要,如实为游客开具售票发票或准确告知游客发票开具地点。

⑥ 与同事交接班时,要认真核对票、款数量及门票编号。

⑦ 售票过程中如果发现钱款、票数出现差错的,及时向上一级领导反映。

⑧ 热情待客,耐心回答游客的提问,游客出现冲动或失礼时应保持克制态度,不能恶语相向。

⑨ 发现窗口有贩卖门票的现象要及时制止,并报告景区安保部门,维护景区及游客的合法权益。

表 5-1　退票登记表

序号	日期	门票编号	游客姓名(单位名称)	退票原因	退票数量	退票金额	退款方式	本人签字	经办人
1									
2									
3									
4									

(2) 普通旅游团队售票。

① 问候游客。一般会由团队导游前往团队专用售票窗口办理购票手续。

② 请旅游团队导游出示本人导游证、旅行社开出的任务单(计划单)和本景区给予的传真确认件。

③ 根据"团队预订信息汇总表"核对传真确认件内容是否准确无误,如果出现内容不一致的情况要立即联系本景区负责团队游客订票的工作人员,进一步确认预订信息。

④ 请旅游团队导游出示享受优惠的相关证件,如老人身份证、军官证等,进行认真核对,确保人证一致。如果不能出示证件,则不能享受优惠门票价格。

⑤ 根据传真确认件内容联系景区相关部门,为对方派遣景区讲解员,安排园内交通工具、园内用餐等相关事宜。

⑥ 开具旅游团队发票,进行收款,将有关单据景区联收存。

⑦ 打印门票和发票,递交给团队导游。

⑧ 礼貌道别。

(3)签单旅游团队售票。如遇签单旅游团队,即与景区签订有协议,游览景区时仅需要协议单位指定负责人签字,游览费用按双方约定的方式结算。售票服务流程如下。

① 问候游客。通常会由协议单位指定负责人前往团队专用售票窗口办理相关手续。

② 根据"景区签单单位汇总表"核实团队是否为签单协议单位,确认无误后,征询游客团队具体的景区游览需求,是否需要安排景区内交通、用餐和导游讲解等相关事宜,并告知相关部门同事做好相应接待准备。

③ 确认完毕后,填写完成"景区入园单"(表5-2)/"项目结算单",包括日期、单位、人数、游览项目、金额、经办人等,填写需清晰、完整。

④ 请协议单位指定负责人签字确认。售票员声音清晰,态度热情,双手将"景区入园单"/"项目结算单"递送到负责人面前,请负责人在相应位置签名。

⑤ 将签字确认的"景区入园单"/"项目结算单"相关单联递送给协议单位指定负责人,景区相关联保存归档。

⑥ 礼貌道别。

表5-2 景区入园单

单位名称(团队名称):		入园人数:		
带队人员:		入园时间:　　年　　月　　日　　时		
经办人:		付款方式:		游览项目:
金额总计:(大小写)				
备注:单位名称、入园人数、入园时间、游览项目、金额总计、付款方式均确认无误。 　　　　　　　　　　　　　　　　　　单位负责人签字: 　　　　　　　　　　　　　　　　　　签字日期:				

3. 交款及统计

(1)做好每日每月盘点工作,保证账、票、款相符,准确无误,并认真填写相应的售票报表。

(2)每日结束售票工作后,将当日"售票日报表"及钱款交至景区财务部门。

(3)记录好工作日记,搞好卫生,关闭门窗、保险箱等,切断电源,仔细检查,确定无漏项后再下班。

(四)工作难点与处理技巧

1. 假钞辨别

虽然当下支付方式较多,但依然存在一定比例的现金交易行为。工作人员在售票过程中难免遇到假钞情况,一旦售票人员未能准确识别,出现将假钞正常归账的情况,一般按规定,需由当值售票人员进行赔偿。此外,遇到假钞时,极易引起售票人员与游客的争执。因此,售票人员必须具备一定的鉴别货币真伪的能力,以避免收到假钞。景区可通过以下方式增强售票人员辨别能力,避免假钞问题出现。

(1) 景区应当为每个售票岗位购置功能齐全的验钞机,帮助售票员进行有效识别。

(2) 景区应当有计划地请专业人员(如银行工作人员)来为景区员工开展假钞识别之类的专题培训活动,增强员工辨认假钞的能力。

2. 优惠票容易引发争端

一般景区都会对不同人群实行差别定价,如上海迪士尼主题乐园 2019 年对儿童票标准进行调整,规定年龄在 3 周岁(含)至 11 周岁(含)的儿童游客可享受门票价格约 7.5 折优惠,而当日年龄在 3 周岁以下或者 1.0 米及以下的婴幼儿可免票入园;上海欢乐谷规定身高 1.1 米(含)以下或年龄 4 周岁(含)以下的儿童以及 70 周岁以上(含 70 周岁)的老人可免费入园。虽然售票窗口和检票口一般都设有测量身高的刻度,购优惠票时也需核对相关证件,但由于身高测量或证件真假等问题,依然极易造成工作人员与游客产生争端。

有部分售票岗位工作人员因不愿与游客发生争论,抱有"多一事不如少一事"的心理,便睁一只眼闭一只眼,把问题留给检票口去发现和解决。实际上,这样做至少会带来三种后果:第一,给检票人员的工作增加难度,影响景区闸口的通行效率;第二,其他游客产生心理不平衡的感觉,甚至有可能提出要享受同等待遇,如果其要求被工作人员拒绝,容易导致其他游客对景区心生不满,招致投诉;第三,如果这些游客在检票时未能正常入园,再返回来补票,不仅增加售票人员的工作量,也会延长其他游客的购票等候时间。

因此,遇到类似的情况,景区售票员应掌握以下原则。

(1) 不要与游客发生争执,应热情、礼貌地向游客说明景区的门票价格优惠制度。

(2) 向游客解释时,应注意表达方式,顾及游客感受,尽量站在游客的立场上进行表达。比如适当赞美游客的小孩,并委婉、善意地提醒家长。

(3) 遇到某些特别固执的游客也可以灵活处理。比如,可以请他(她)做一次景区服务质量暗访员,针对景区服务的各个方面指出存在的问题,提出合理意见,作为回报,他(她)可以免票入园。这样做皆大欢喜,游客心理上得到了极大的满足,景区也得到了关于服务质量的第一手资料。

除了上述讲到的儿童优惠票、长者票,景区还有团体票、假日票甚至导游票等,售票人员也应灵活处理,避免引起游客不满或投诉。但需注意,解决方案的提出与执行必须在权限范围以内,如果超过权限,应请示上级领导,同意后方可操作。

二、检票服务

(一)岗位职责

(1) 熟悉检票设备性能及工作原理,每天严格按照程序负责检票设备的开启、关闭及维护。

(2) 工作期间有责任确保检票设备不受损坏,如遇突发情况应及时上报设备或系统维护人员修复。

(3) 熟练掌握门票、季卡、年卡、月卡或有效证件的验证操作,主动协助游客检票,帮助其快速通过检票口。

(4) 认真核对票卡使用者身份,如发现非本人使用,有责任给予没收处理。

(5) 对从检票口翻越入园的违规行为和破坏检票设备的行为,有责任予以警告阻止。

(6) 对不符合免票政策的特殊人群(老人、儿童等),主动引导其前往售票处进行补票。

(7) 负责内部免票接待的审核及团队游客的人数清点放行工作。

(8) 做好票根的清点和回收,负责当日检票数量(入园游客数量)的统计上报。

(9) 负责工作区域的卫生清扫工作,保证检票设备设施及责任区域干净整洁。

(10) 负责景区检票口的秩序维持和车辆进出管理。

(11) 负责处理检票过程中出现的特殊情况(如假票、假证、冒用他人身份证件、强行闯闸、逃票等),并及时上报。

(二)岗位制度

(1) 遵守景区各项工作制度,严格执行检票程序,严格遵守景区入园规定。

(2) 熟悉景区票务政策,熟悉不同票种,熟练掌握检票系统操作,针对不同游客准确放行。

(3) 保持正确站姿,使用正确手势,进行站立服务,做到端庄稳重、自然亲切。

(4) 服务热情主动,游客走到检票口附近(1~2 m)即主动问候,如"您好,请问您几位?""您好,欢迎来到 ×× 景区"。

(5) 检票时双手接递,唱票与清点游客数时,声音要洪亮清楚。清点人数时不可用手指指向游客。

(6) 检票要认真细致,做到票数与人数相符,不可漏检或私自放无票人员入园。

(7) 对特殊人群(老人、残疾人等)主动提供帮助。

(8) 熟悉景区相关信息,对游客提出的问询详细答复,做到百问不厌,简洁明了,口齿清楚。

(9) 检票时主动提供景区导览图、游览手册或告知游客领取位置 / 电子导览图获取方式。

(三)服务流程与规范

1. 岗前准备工作

(1) 参加班前会议,回顾前日工作完成情况,接受当日工作任务安排。

(2) 按规定着装,佩戴工作牌,仪表整齐,妆容得体。

(3) 检查岗位设施设备是否正常。

(4) 准备各类工作表格、工作卡、景区导览图等。

(5) 做好责任区域的卫生清扫工作,精神饱满做好开园准备。

(6) 根据景区开园迎宾活动要求进行动作演练、道具准备等事前准备工作(多见于主题乐园类景区中)。

2. 检票工作

(1) 检票员侧立站在检票位,精神饱满,面带微笑,使用礼貌问候语。如果有开园迎宾要求,应按规定认真完成游客开园欢迎仪式。

(2) 游客入闸时,检票员应要求游客人手一票,并认真查验。如果检票时采用自动检票机,检票员应监督、帮助游客通过电子检票;游客排长队的时候检票员可以主动帮忙验票,确保游客快速、顺利地进入景区。当自动检票机出现故障时,应迅速开展人工检票工作,避免影响游客入园效率。如果检票采用人工操作方式,应仔细核对,确认人、票、证无误方可放行。

(3) 门票检验后,撕下副券留存,正券双手递还给游客。

(4) 对持各类有效证件入园的游客,认真核对证件,无误后放行,对需要补票的游客礼貌引导其前往售票窗口。

(5) 熟悉旅游团队导游、领队带团入园的检验方法及相应入园规定。团队入园参观时,需登记游客数量、旅行社等信息并进行清点核对,确保团队入园数量准确。

(6) 对残疾人、老人以及孕妇和婴幼儿等特殊群体提供必要的帮助。

(7) 维持出入口秩序,避免出现混乱现象。对持无效门票入园的游客,耐心说明无效原因,礼貌要求游客重新购票。对闹事滋事者,应及时礼貌制止、耐心说服,如果事态无法控制,应该及时报告景区安保人员。切忌在众多游客面前发生争执,应带离检票现场进行处理。

(8) 若游客提出问题应耐心解答,当游客需要帮助时应予以协助。

(9) 根据景区的规定,定时向相关部门上报入园人数,便于景区游客流量控制工作开展。

3. 交接班及闭园

(1) 交接班时,及时将当天下发的文件及工作安排事项准确无误地移交下一班工作人员。

(2) 晚班人员与财务部门工作人员确认当天补票的数量。

(3) 晚班人员统计当日入园人数并查看是否准确录入后台系统(自动采集录入的除外)。

(4) 闭园前,关闭所有闸道,检票员将全天回收的票根送往财务部。

(5) 关闭检票设施设备、电源、水源等,检查岗位消防设施,确保安全。

(6) 下班前打扫卫生,填写工作日记。

(四) 工作难点与处理技巧

1. 识别假票、过期票

有些游客为了图方便、图便宜,在"黄牛"手上或虚假网站上购买到了假票或过期票却不自知,增加了景区检票工作的难度。遇到此种情况时,检票人员应该耐心解释,请求游客配合,引导游客前往售票窗口补票,并将假票、过期票等情况及时上报景区安保部门或警方,协助进行查证处理,避免更多游客上当受骗。但随着智慧景区的建设发展,这种现象会逐渐减少。

视频:检票服务工作难点与处理技巧

2. 无票入园

作为景区检票人员要以身作则,坚决杜绝自己的亲朋好友或其他"走后门"人员无票入园。当发现游客有类似情况时,应根据景区的规章制度进行耐心劝说,礼貌地向游客做好解释工作,维护景区形象,并引导游客前往售票窗口补票。

3. 享受门票优惠的群体入园

随着智慧旅游的不断发展,越来越多的景区采用人脸识别、证件识别等智能化、信息化方式进行检票,但由于每个景区的门票优惠政策不同,会出现一些老人、低龄儿童、军人、未

带团导游等特殊游客实际上并不符合景区价格优惠政策,当其到达景区之后,未与售票处工作员接触,而是直接前往检票口等待验证入园,在验证时经常会与检票人员因是否可享受优惠问题发生争执。当遇到类似情况时,检票人员应耐心解释景区价格政策,主动引导其前往相应窗口进行补票。必要时可在检票处公示景区门票政策。

4. 团队游客入园

当团队游客数量过多时,容易造成检票口现场混乱,影响散客入园速度,造成游客不满。因此,景区应开设团队检票窗口,提前部署大型旅游团检票工作,增派检票人员,灵活采用系统识别、人工验票、人数清点入园后续补检录入等方式提高团队游客检票效率。

三、票务接待服务的典型任务处理

(一) 退票服务处理

每个景区会根据实际情况制定退票政策及处理流程,大致有以下要点。

(1) 未使用过的门票。一般而言,未使用过的门票可以正常办理退票手续。其中,网络购买的未使用过的电子门票,直接在购买平台上申请退票;在景区售票处购买的未使用过的门票,游客需持有效门票、证件及完整的门票票据,到景区售票处办理退票。

想一想:游客现场持未使用过的门票退票时,为何要持证件办理?

(2) 已检票的门票。当门票已经过验证,景区一般不予退票,但可根据实际情况进行灵活处理。如游客刚检票入园,由于天气原因无法游玩或由于私事需立即离开,游客坚持办理退票时,票务岗位人员应首先安抚游客情绪,向游客承诺会妥善处理当前情况,避免引起游客不满,招致投诉;其次,立即向上级领导反映当前遇到的情况,经领导同意后,做好相关游客的退票工作。在退票时,要注意做好门票的核验工作,确保人、票、款的一致。退票手续完成之后做好相关的登记工作。

(二) 补票服务处理

检票人员经常会遇到游客补票情况,当发现游客需补票时,应遵循以下处理要点:一是耐心地向游客解释景区的政策,争取游客理解,避免发生争执。二是礼貌地引导游客前往售票窗口履行补票手续。三是游客补完票后,确认票、人相符,履行检票手续,票根留存,班后统一交予财务人员。

(三) 免票服务处理

不同的景区有不同的免票优惠政策,售票人员及检票人员在服务过程中要熟悉、掌握最新的优惠政策,严格执行。售票及检票过程中认真核对相关证件,如有疑问应以温和的口吻耐心询问。

(四) 非可签单人员要求签单

如果非可签单人员至售票窗口要求入园时,售票员应快速反应是否接到过通知或翻看"接待预订单""签单单位汇总表"等确认,若确有通知或记录,则说:"请稍等,马上为您办理。"

若未有相关记录,但对方是信誉单位的非签单人员,则说:"请问您和贵单位哪位同事联系的?"游客回答后,检票员对游客说:"请稍等,我帮您查询一下。"立即与对方单位相关人员联系,要求避开游客操作。若对方认可,则说:"很抱歉,让您久等了,我们马上为您办理。"立即为其办理签单。若对方人员不认可,则说:"很抱歉,未能和贵单位 ×× 联系上,请您通过别的方式再联系一下吧。贵单位是我们景区的信誉单位,签单要通过事先确定的对接人统一扎口,这也是对贵单位的负责和承诺。"

若对方一直僵持,检票员则说:"请稍等,我马上请示一下。"视具体情况给游客一个答复,请示领导同意后给予优惠:"您好,我们两家是信誉合作单位,一直合作得比较愉快,贵单位对我们景区的工作一直大力支持,这次按景区的最大折扣给您优惠,一共 ×× 人,原价 ×× 元,打折后 ×× 元。"景区接待人员同时做好补位工作:"您好,很抱歉,耽误了您的游览时间,请从这边绿色通道入园。"

单元 3　寄存接待服务

一、岗位职责

旅游景区寄存接待的岗位职责主要有以下几点。

(1) 严格执行景区收费规定、票据管理制度,按规定收费,为寄存物品的游客提供热情、耐心、准确、细致的物品寄存服务。

(2) 宣传有关法律法规和物品寄存规定,收存物品时做好安全检查,严防游客在寄存的物品内夹带危险品和国家禁止寄存的物品,如枪支、弹药、易燃品、易爆品、毒品、放射性物质、管制刀具等。

(3) 负责在寄存物品上拴挂物品领取牌,填写"物品寄存记录"。

(4) 严格寄存场所管理,保管好游客寄存的物品。严格寄存提取手续,做到物品的领取工作准确无误,严禁无关人员进入寄存室。

(5) 认真填写当班工作记录和原始台账,确保岗位职责范围内的安全,承担相应的安全责任。

(6) 负责每日物品寄存收入数据的上报统计工作,负责每日向上级部门上交物品寄存费用(免费寄存例外)。

(7) 负责游客物品寄存柜台的清洁、安全,用品规范摆放。

出于方便游客同时节省人力等方面的考虑,部分景区除人工寄存点外还设有自助寄存柜,由游客自行操作,进行物品的存取。此种情况下,工作人员通常还负责自助寄存柜的清洁和维护,以及在游客自助存取时进行必要的帮助和指导。

二、岗位制度

岗位制度的主要内容有以下几点。

(1) 注重仪容仪表,着装整洁,精神饱满,维护景区良好形象。

（2）严禁随意打开、翻动游客寄存物品。

（3）严禁私自挪用和处理游客寄存物品。

（4）不得做出任何有可能损坏游客寄存物品的行为，如在游客寄存物品上放置水果、饮料等。

（5）寄存处工作人员离岗时，要锁好寄存室的门窗，防止无关人员进入寄存室。

（6）集中精力工作，确保不发生工作失误和不安全问题。

（7）如因工作人员保管不善，导致游客寄存物品丢失、损坏的，由相关责任人负责赔偿。

（8）寄存岗位工作人员交接班时，必须做好寄存物品的清点工作，未清点或实际寄存物品与寄存记录不符时，不得办理交班手续。

（9）在寄存或提取物品过程中，如游客对寄存物品有争议且难以达成一致时，应及时报告上级主管进行处理。

三、服务流程与典型任务处理

视频：寄存
接待服务流
程与规范

（一）服务流程与规范

1. 服务流程

（1）岗前准备。检查仪容仪表，参加岗前早会，提前到达工作岗位，打扫工作场所卫生。到财务部门领取当日物品寄存票、零钞、提取牌等，确保当天用量。

（2）接待寄存游客。当游客走近寄存处时，寄存岗位人员以标准站姿，面带微笑迎接游客，主动问候："您好，这里是寄存处，请问您需要寄存吗？"确认游客确实需要寄存服务后，向其详细说明景区物品寄存的有关规定、收费标准等内容。

（3）寄存物品安全检查。寄存岗位人员礼貌询问游客是否有贵重物品或违规物品，当面进行安全检查，并请游客签字确认。若游客拒绝查验，可按照相关规定不予寄存。

（4）填开凭证，收取费用。寄存岗位人员当面为游客填开物品寄存凭证，字迹清楚，不得随意涂改，填写完成后交由游客签字。按照景区标准收取寄存费用，将寄存物品逐件拴挂提取牌，小心轻放，在物品寄存架摆放整齐。同时将凭证或提取牌交予游客，提醒其妥善保管，做好登记工作。

（5）物品认领。游客前来提取寄存物品时，礼貌请游客出示寄存凭证或提取牌，仔细核对，确保人、物一致，将寄存物品交付游客，并请其签字确认，回收寄存凭证或提取牌。

2. 服务规范

（1）寄存物品的接收。首先，接收前寄存岗位工作人员应该当面查验，认真检查游客寄存物品的外包装是否符合要求、包装是否完整。其次，检查寄存物品是否符合安全要求。再次，寄存岗位工作人员向游客说明景区寄存费用收取标准及注意事项。最后，寄存岗位工作人员当面为游客填开物品寄存凭证。

（2）寄存物品的收费。按景区收费标准及游客预计存放时间向游客预先收取物品寄存费用，并向游客提供正式发票或收款凭证。严禁擅自决定先寄存后收费，由于未按规定收费造成寄存费用无法收回的由相关责任人承担。（若景区寄存为免费服务，可略过此项内容）

（3）寄存物品的领取。游客前来领取物品时，必须出具物品提取牌、物品寄存凭证游客联等凭证，经寄存岗位工作人员仔细核对物品寄存记录，确认无误后，将物品交付游客，并请其在物品寄存记录表上签字确认。

非本人领取，但游客在寄存前明确告知需他人代领的，寄存岗位工作人员需要求游客留下代领人的姓名、电话、身份证号码等准确信息，在交付物品时，寄存岗位工作人员需严格核对代领人的相关信息是否一致，无误后签名交付。

寄存前游客未明确告知寄存物品需他人领取的，应要求寄存人发授权书，包括物品寄存凭证、寄存人身份证复印件，代领人姓名、电话、身份证号码等信息。交付时寄存岗位工作人员应核对相关信息是否一致，无误后签名交付。

（4）物品寄存费用上交。寄存岗位工作人员应于下班前将物品寄存收入上交部门主管。交接时，主管要认真查验票款存根的金额与所收金额是否相符，双方核对无误，主管接收现金后应给寄存岗位工作人员开具现金收据，同时主管签字确认。现金收据的白联留存备查，红联交寄存岗位工作人员，主管负责保管好现金收据。当日剩余物品提取牌、物品寄存凭证、备用零钱等交回当值领班。

（二）典型任务处理

1. 游客遗失寄存凭证

如果游客遗失物品寄存凭证，寄存岗位工作人员应电话通知游客中心工作人员或当值领班，待其他工作人员到达现场后，请游客详细说明寄存物品，在三方人员在场的情况下开包查验，经核实无误后，由游客填写"物品寄存凭证遗失登记表"，寄存岗位工作人员将物品交还游客，并做好登记归档。

视频：寄存接待服务典型任务处理

2. 寄存物品无人领取

如果寄存物品在景区闭园后仍无游客前来领取，寄存工作人员应首先根据游客留下的联系方式尝试联系游客，若未能联系到游客，应将寄存物品交至游客中心，做好交接工作，由游客中心相关工作人员处理，做好跟进服务并进行登记。

3. 游客寄存物品有危险违禁品

若游客寄存的物品中含有管制刀具及易燃、易爆、易腐蚀等危险违禁品，应耐心向游客解释国家相关规定及景区相关制度，不予寄存。如果游客拒不配合，应联系景区安保人员或报警处理，以保障景区及其他游客生命财产安全。

4. 寄存物品丢失或损坏

若游客寄存物品因工作人员疏忽大意等个人原因丢失或损坏，工作人员应立即采取补救措施，尽力找回或修补。如果最终未能补救成功，应根据寄存物品实际价值，与游客进行协商，由当值工作人员进行赔偿。一般而言，如果发生寄存物品丢失或损坏情况，双方对寄存物品的实际价值及赔偿标准通常难以达成一致。因此，工作人员务必严肃谨慎地对待寄存岗位的工作，严格按照规定程序办理相关手续。

5. 自助寄存时误操作

游客在自助寄存时有可能会发生误操作现象，如物品未存放误关上了柜门或物品未放完就关上了柜门。由于是自助存取，此时再打开柜门即视为交易完成，游客若想继续寄存需重新支付，此时游客通常会向寄存岗位工作人员求助。工作人员接到游客求助后，应首先通过验证游客支付记录等方式确认情况是否属实，确认属实后，请游客填写"应急开箱登

记表",填写完成后,由工作人员用钥匙手动开箱,并协助游客完成物品寄存。

6. 自助寄存后票据丢失

部分景区可能采用微信扫码的方式自助存取,无须任何票据,但部分景区可能会采用条码纸验证开箱的寄存方式,游客便有可能发生票据丢失无法取物的情况。工作人员接到这类情况的协助请求后,先请游客填写"应急开箱登记表",然后用钥匙手动开箱后,请游客描述箱内物品信息(开箱时避免让游客直接看到箱内物品),游客描述准确无误后,请游客在登记表上签字确认,协助其将物品取出。

单元 4　租赁接待服务

一、岗位职责

景区租赁接待管理岗位类型可按照租赁内容进行细分,如游览工具租赁、解说设备租赁、婴儿车租赁、轮椅租赁、雨伞租赁、电动游览车租赁、游乐设施租赁等。

景区租赁接待的岗位职责主要有以下几点。

(1) 讲解租赁设施的价格、使用方法、注意事项等。

(2) 按照景区规定为游客办理租赁手续。

(3) 负责租赁设施设备的检查、维护和存放工作。

(4) 指导有租赁需求的游客进行试操作。

(5) 做好设施设备租赁接待记录。

(6) 每日将租赁收入上交主管领导或部门。

(7) 负责租赁服务区域的卫生清洁工作与秩序维护工作。

二、岗位制度

岗位制度的相关内容有以下几点。

(1) 上班前认真检查租赁设施设备,确保其处于良好的使用状态,以保障游客安全。

(2) 严格遵守景区设施设备租赁规定,不得任意更改价格,不得徇私,私自转租。

(3) 租赁时,应保证出租设施设备的完好,游客及工作人员双方验证后,方可出租。

(4) 发现设施设备损坏或遇到其他异常情况,应及时上报。

三、服务流程与典型任务处理

(一) 服务流程与规范

1. 人工租赁接待

(1) 岗前准备,设施检查。检查仪容仪表,参加岗前早会,提前到达工作岗位,打扫工作场所及设施设备卫生,对租赁的设施设备进行仔细全面的检查,确保使用正常,无损坏。提前准备好有预约的租赁设施设备。

视频:租赁接待服务典型任务处理

（2）接待租赁游客。当游客走近租赁处时，租赁岗位工作人员以标准站姿，面带微笑迎接游客，主动问候："您好，这里是 ×× 租赁处，请问您需要租赁设施吗？"向游客详细解释租赁收费标准、使用方法、归还方式、注意事项等。如果遇到有提前预约的游客，应根据游客提供的预约信息，将提前准备好的设施设备优先租赁给游客。

（3）租赁设施检查。当游客确认租赁后，选择好租赁的设施，租赁岗位工作人员与租赁游客共同进行全面检查，并请游客认真阅读使用须知，必要时，指导游客现场操作，掌握使用方法。

（4）办理租赁手续，做好记录。租赁岗位工作人员为游客办理租赁手续，按照景区标准收取费用，或者指导游客自助租赁，将凭证交予游客，提醒其妥善保管，做好登记工作。

（5）设施归还，礼貌告别。游客前来归还设施时，礼貌地请游客出示凭证，仔细核对，同时对设施进行检查，确认其有无损坏，核查完成后退还押金，并请游客签字确认，礼貌告别。

2. 自助租赁

随着智慧景区建设的不断深入，旅游景区的数字化水平不断提升，以云计算、大数据、地理信息系统、三维虚拟建模、混合现实、人工智能等新兴信息技术为支撑的设施设备日益丰富完善，功能也逐渐强大，可以满足游客自助租赁需求，有效降低景区运营成本。当旅游景区内设备支持自助租赁时，接待服务人员一般只需在游客遇到困难时提供必要协助即可。本任务中以景区导览或语音讲解设备为例，简要介绍自助租赁与归还的一般流程（图 5-1 和图 5-2）。

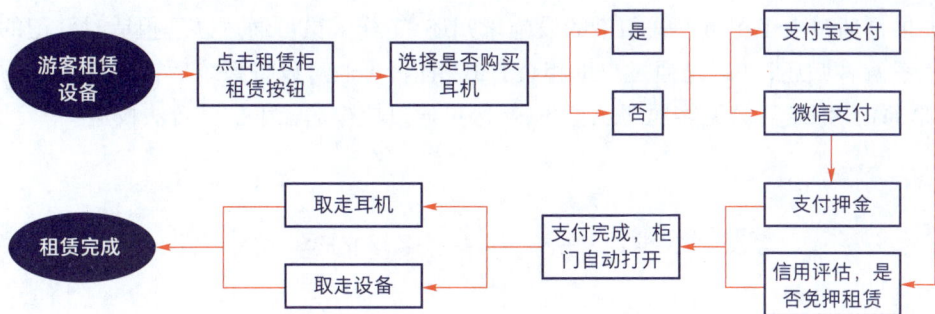

图 5-1　设备自助租赁一般流程示例

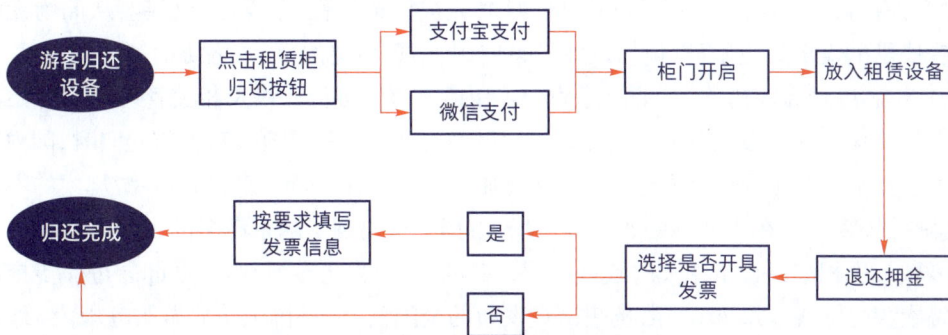

图 5-2　设备自助归还一般流程示例

（二）典型任务处理

1. 租赁凭证丢失

如果游客遗失租赁凭证，可核对出租设施信息及游客信息，确认无误后，上报领班并与财务等相关岗位人员说明情况，在租赁存根凭证上填写归还时间，并做好备注，如"租赁凭证遗失，押金已退回"字样，并请领班、游客一同签字确认。

2. 租赁设施损坏或丢失

如果游客归还设施后，在检查过程中发现设施损坏，应耐心询问损坏原因，解释景区赔偿标准，出示相关价目表，礼貌引导游客按规赔偿，做好明确记录，同时上交赔款。将设施损坏情况上报领班，等待处理。

> **想一想：**如果遇到租赁设施或设备丢失的情况，景区该如何处理？

3. 设施使用过程中出现故障

如果接到游客反映设施出现故障的情况，首先安抚游客，问清游客所处地点、租赁设施类型及具体出现的故障问题，提供简单的处理办法。如果仍然无法正常使用，迅速派人选取对应类型的其他设施赶往游客所在地。如果确认是设施自身问题，礼貌致歉，无条件为游客更换，游客离开后，将设施故障情况上报领班，等待处理；如果确认是游客操作问题，耐心为游客讲解使用方法，待游客掌握后方可离开。

4. 租赁设施未归还

如果是通过人工租赁方式租借的设施未归还，工作人员可通过办理租赁时登记的个人信息联系游客归还；如果是通过自助租赁方式租借，可通过设备系统后台查询游客的认证信息，联系游客归还；若游客属恶意拒还，景区可通过法律途径维护其合法权益。

单元 5　无障碍接待服务

旅游景区提供的无障碍服务主要是指景区为了使有行动、视觉、听力、语言等功能障碍的残障人士、老年人、孕妇、儿童以及其他需要特殊关怀照顾的游客在旅游活动中能够独立、平等、有尊严地接受旅游产品和服务，顺利完成旅游行程，享受旅行乐趣，从而为无障碍需求者提供的需求响应服务，包括设施设备使用、信息传递沟通、游览协助等。

21世纪初，"无障碍旅游"的理念传入国内，国内旅游行业以及相关管理部门开始注意残疾人等特殊人群的旅游需求，有关部门也开始对无障碍理念进行宣传，与此同时，国内部分旅游景区着手开展无障碍设施建设和无障碍旅游服务工作。近年来，随着旅游规模的不断扩大，特别关怀人群正在成为重要的细分市场，市场上也出现了越来越多的无障碍旅行社。国内许多城市也相继出台了相关的政策法规，在保障残障人士旅游权益的同时，进一步推进了无障碍旅游的发展。如2018年，杭州试点发布的全国首个《残障人员旅游服务规范》地方标准中提出，旅游部门和旅游企业应协力为残障游客提供旅游过程中所需要的硬件、软件服务，为特定人群编排旅游线路、制定行程单、提供导游服务,涵盖交通、食宿、游览、娱乐、购物中所涉及的各项"无障碍"旅游服务。2019 年出台的《北京市 4A 级及以上旅游景区无障碍设施服务指南》要求,北京市 4A 级及以上旅游景区在交通、景区售票口和出入口、游客中心、游览区域、厕所、餐厅和商店、标识和信息等方面,都应配有相应的无障碍设施,为残障人士打造无障碍旅游环境与服务。同年,北京市发布了《北京市残障人士文化旅游资源手册》,将北京的无障碍设施情况、残障人士接待服务等内容做了系统归纳整理,集结成册。对于旅游景区而言,细致开展针对残障人士、孕妇、老人、儿童等特别关怀人员的无障碍服务,不仅是人文关怀的重要体现,更是吸引旅游者,扩大旅游市场的重要举措。

视频:无障碍接待服务岗位职责与制度

一、岗位职责

旅游景区无障碍接待的岗位职责主要有以下几点。

(1) 主动、热情、友好地接待母婴、老人、幼儿、残障人员等特殊游客。

(2) 准确推荐适宜母婴、老人、幼儿、残障人员等特殊游客感官体验的旅游项目。

(3) 主动关注母婴、老人、幼儿、残障人员等特殊游客在旅游服务方面的特殊需要,为其提供协助。

(4) 主动详细地向母婴、老人、幼儿、残障人员等特殊游客说明旅游景区无障碍设施及无障碍旅游服务内容。

(5) 主动向母婴、老人、幼儿、残障人员等特殊游客提示可能遇到的旅游风险并说明安全保障措施。

(6) 面向残障人员提供基本的手语服务。

(7) 主动指导母婴、老人、幼儿、残障人员等特殊游客正确使用游览设施、服务设施及安全设施并提供必要的协助。

(8) 及时报告和妥善处置母婴、老人、幼儿、残障人员等特殊游客游览过程中的紧急情况,并应全程看护。

(9) 详细记录母婴、老人、幼儿、残障人员等特殊游客游览过程中的服务需求、服务结果和意见反馈。

(10) 优先为母婴、老人、幼儿、残障人员等特殊人群提供预约服务。

二、岗位制度

(1) 应遵循公平、尊重、适用、自主、便利和安全的原则,严格遵守岗位职责。

(2) 应尊重游客隐私和人格,规范服务用语,提供全天候全流程优质无障碍服务。

(3) 宜熟练掌握服务要领,熟练掌握景区内无障碍设施设备的操作,熟悉无障碍辅具的使用,如助行器、义肢、助听器、盲杖等。

(4) 应佩戴明显服务标识,经游客同意后提供服务。

(5) 应防止游客意外伤害,保证游客安全,细致地做好服务工作。

(6) 应主动询问无人陪伴的残障游客、老年游客、孕妇游客、儿童游客、单独带婴幼儿的游客等群体的需求,并主动告知游客求助方法和电话。

（7）应关注游客身体状况，根据游客个体不同需求提供有针对性的无障碍服务。

（8）应提前根据特殊人群的预约需求做好相应的场地与设施、服务准备，做好相关部门的沟通与协调。

（9）应在通过无障碍服务培训与考核后上岗，并定期进行学习和复训，提高服务能力。

三、服务流程与典型任务处理

视频：无障
碍接待服务
内容与规范

（一）服务内容与规范

1. 信息咨询服务

（1）遇到特殊游客时，应主动走近并询问是否需要协助。

（2）通过语音、视频、文字等多种渠道告知游客无障碍服务范围和内容，配备笔、纸等书写工具，及时、准确回应游客咨询。

（3）根据游客咨询内容，导引或陪同游客到相关服务窗口或相应地点。

2. 业务办理服务

（1）主动询问特殊游客业务办理需求，如是否需要租赁、购票、邮寄等。

（2）如果遇到行动不便的游客，通知相关服务窗口负责人到服务台为其服务。

（3）如果游客行动方便，但存在其他障碍时，应协助游客进行购票、租赁等。

（4）安排特殊游客优先办理。

（5）业务办理过程中全程对特殊游客给予关注。

（6）对于使用拐杖的旅客，在游客同意的情况下，可以在游客旁边提供伴行服务，经过楼梯或者狭窄通道时，可提供搀扶服务。

（7）对于使用轮椅的游客，应尽可能使用游客自己的轮椅。在征求游客同意后，可为其提供轮椅推行服务，但需注意行走速度和稳定性，避免急停急转。

3. 无障碍设施服务

（1）景区应配备无障碍设施，包括但不限于洗手间、休息室、通信设备等。

（2）景区宜设置自助查询设备及智能交互装备，具备无障碍交互功能，为特殊游客提供信息服务。

（3）休息区内应设置适当数量的无障碍座位，并在临近位置设轮椅停放场地。

（4）应保证在景区内无障碍路线上不设置任何障碍，定期巡查无障碍路线，若有障碍应及时清除。

（5）应确保景区内无障碍服务设备运行状态良好，定期检修、维护无障碍服务设施。

（6）盲道应方便视觉障碍游客安全行走和顺利到达游客中心、问询柜台等位置。

（7）应根据实际情况设立无障碍服务专用停车位。

（二）典型任务处理

1. 听障游客与语言障碍游客

服务人员应配备纸笔，通过书写形式为游客提供无障碍服务，景区宜配备无障碍手语翻译设备，服务人员可通过手语形式为游客提供无障碍服务。服务人员在与游客交流沟通过程中应逐项与游客确认问题或需求，保证无障碍服务的准确性。

2. 团体特殊游客

景区应开通团体游客无障碍服务预约网站和预约电话,服务人员应至少提前 24 小时与特殊游客团体沟通确认服务信息,包括游客数量、无障碍服务需求等。宜让团队安排或景区安排至少一名跟随团队的服务人员,为游客提供全程的陪同服务。

单元 6　邮政接待服务

一、岗位职责

旅游景区邮政接待服务主要包括普通邮政服务与快递邮政服务,其岗位职责主要包括如下内容。

(1) 主动热情地接待游客,耐心解答游客问询。

(2) 准确告知游客邮寄方法、邮寄内容与资费标准。

(3) 协助游客进行明信片、邮票、信函等自助邮寄服务。

(4) 帮助游客进行短期快递代收。

(5) 为游客提供物品收寄与投送服务。

(6) 及时处理退回和逾期未领邮件或包裹。

(7) 根据游客要求及处理规定受理邮寄物品的查询、赔偿、答复等。

(8) 对游客邮寄物品进行初步检验和交接。

(9) 对邮寄物品进行装卸。

(10) 认真做好营业款等款项的日终结算,及时上缴,报送稽核,并正确填报各项业务报表和按时理订归档业务档案。

二、岗位制度

(1) 保持岗位环境清洁,保障物品安全。

(2) 在服务过程中严禁发生以下所列行为。

① 与游客约定好时间,却不按时进行业务办理,也没有及时与游客联系。

② 在送(收)游客邮寄物品的过程中私自收取游客额外费用。

③ 在送(收)游客邮寄物品的过程中私吞游客物品。

④ 在送(收)游客邮寄物品的过程中,没有等游客确认检查完毕就结束业务。

⑤ 在送(收)游客邮寄物品的过程中,对游客言语不礼貌或与游客发生争执。

(3) 因故不能按时完成邮寄物品送(收),要提前给游客打电话告知,以免游客等待。

(4) 主动了解游客对邮政服务的需求和期望并尽量予以满足,因客观原因不能满足时,应与游客沟通,说明原因,提出合理建议。

(5) 选择最有利于游客送(收)邮寄物品的收费方式,告知游客并征得同意。

(6) 在送(收)件过程中,要主动要求游客清点物品,在游客无疑问的情况下,方可结束业务办理。

（7）应拒绝揽收易碎、液体、易燃、易爆物品和违反国家法律、法规及不符合快件寄递要求的信件或物品，并向游客说明原因。

（8）主动并共同验视游客所寄的物品，并且提醒对价值高的物品进行保价。

（9）费用严格按照景区或行业执行价格表执行。

三、服务流程与典型任务处理

视频：邮政
接待服务流
程与规范

（一）服务流程与规范

1. 邮寄游客快递

（1）保持岗位清洁，给游客带来明朗舒心的服务感受。

（2）确认面单、封装物、胶带、电子秤、工具刀及价目表、宣传册、发票等物料、票据准备齐全。

（3）热情接待前来邮寄的游客，介绍服务内容及费用价格。

（4）确认游客寄件需求后，问清游客所寄物品的种类并请游客选择需代理的快件公司。

（5）认真查看所寄物品是否符合国家和行业相关规定要求。

（6）按单据上的要求请游客逐项填写，并给予游客必要的介绍与说明。

（7）将游客所寄物品包装妥当，确保寄递物品安全，称出重量，并将重量填写在运单上。

（8）检查已填好的运单，有无漏项。

（9）将运单上寄件人应持的一联交由游客保存，并请游客支付相关服务费用，根据游客需要开具发票或收件凭证。

（10）填写快件委托单，与合作的快件公司联系派人取件。

（11）快件公司前来取件时，主动将快件转交。

（12）在景区的游客邮寄物品登记本上进行登记。

（13）将委托单其中一联交给快件公司人员，并让其在另一联上签收。

2. 签收游客快递

（1）核查收件姓名等信息，确认是否是景区游客，以及是否可以代收。

（2）贵重物品或需现场验收物品的快递，建议由游客亲自签收。

（3）检查快递包装是否完好，如有破损并导致物品缺失或损坏，应拒绝签收。

（4）与游客联系，请游客来取或送至游客指定的地方，并请游客登记签收。

（5）若无法联系到游客，由服务人员代管快递，并交接下一班同事。

（6）代收游客快递，必须每班交接并记录。

（二）典型任务处理

1. 游客邮寄物品为禁寄物品

（1）发现各类武器、弹药等物品，应立即通知公安部门处理，疏散人员，维护现场。同时通报国家安全机关。

（2）发现各类放射性物品、生化制品、麻醉药物、传染性物品和烈性毒药，应立即通知防化及公安部门按应急预案处理，同时通报国家安全机关。

视频：邮政
岗位典型任
务处理

（3）发现各类易燃易爆等危险物品,收寄环节发现的,不予收寄。

（4）对易发生危害的危险品,应通知公安部门,同时通报国家安全机关,采取措施进行销毁。需要消除污染的,应报请卫生防疫部门处理。

（5）发现各种危害国家安全和社会稳定及淫秽的出版物、宣传品、印刷品,应及时通知公安、国家安全和新闻出版等相关部门处理。

（6）对包装不妥,可能危害人身安全,污染或损毁其他寄递物品和设备的,发现后,向游客解释相关条例,请游客自行领回。

2. 货物遗失

（1）核实游客邮寄记录,确认是否是通过景区工作人员收寄。

（2）确认无误后,联系寄件游客提供包装、品名、货物价值及其他相关情况,做好登记,并安抚游客。

（3）联系派件网点查询快件信息。

（4）快件找到后,请派件网点继续派送,并将信息及时告知游客。

（5）若快件确因景区服务人员或快件派送人员失误丢失,应按照公司相关规定进行处罚,并赔偿游客损失,向游客道歉。

单元 7　投诉接待服务

视频:游客
投诉内容

游客在景区游览和接受服务的过程中可能会产生这样或那样的不满和抱怨,游客投诉接待是景区服务过程中的重要内容。每个景区都在努力减少游客的投诉,但实际上,游客的投诉对景区的发展有重要的促进作用,是改进景区建设质量和服务水平的重要举措,是重塑景区品牌与形象的窗口。正确处理游客投诉能够有效提升游客的满意度和体验感受,挽回可能失去的游客,帮助景区形成良好的口碑效应,从而为景区带来源源不断的新客源,保证景区的长效发展。因此,正确认识和处理游客投诉对于景区来说意义重大。

游客投诉是指游客为了维护自身的合法权益,以口头或书面的形式向景区有关部门提出投诉,要求处理其认为景区有损其自身合法权益的行为。本质是景区的产品和服务质量未达到游客的期望值,使之产生不满而引起的抱怨。景区常见的游客投诉内容包括以下三类。

（1）针对景区工作人员的投诉。主要可分为服务态度类投诉及服务技能类投诉。服务态度类投诉包括对景区工作人员的服务礼仪、对客态度等方面的不满,如服务过程中没有使用正确的手势、穿着邋遢、态度冷淡、对客服务时三心二意、对待游客粗暴蛮横、恶语相向等;服务技能类投诉包括对工作人员不熟悉岗位操作程序、工作效率低下等方面的不满,如餐饮商品金额计算错误、设备操作失误、服务操作速度过慢等。

（2）针对景区服务产品的投诉。主要可分为商品价格投诉、餐饮品质投诉、园内交通投诉等。商品价格投诉包括景区门票价格过高、售卖商品价格过高、优惠价格群体不明确、园中园重复购票、服务项目收费过高等;餐饮品质投诉包括饭菜质量与描述不符、餐厅环境卫生不能令游客满意等；园内交通投诉包括景区电瓶车、电瓶船等内部交通乘坐不方便，交通工具破损严重或存在安全隐患，园内停靠点过少或不明显等。

（3）针对景区环境及相关设施的投诉。主要针对景区游览设施、卫生设施、安全设施等方面。景区游览设施包括景区游客中心的功能、位置、面积等是否合理，景区内是否有清晰完善的标识导览系统，景区内是否设置有合理充足的游客休憩设施，针对特殊人群是否提供无障碍通道或配套服务设施设备等；景区卫生设施包括在景区内是否配备足够的公共卫生间，卫生间内的设施设备是否可以正常使用，景区内垃圾桶的数量是否充足、选址是否合理等；景区安全设施包括在景区危险地段、施工场所是否设有安全标识、护栏，景区公共区域内是否安装有安全监控，景区内是否配备医疗救助点（医务室）等。

一、岗位职责

旅游景区投诉接待的岗位职责主要有以下几点。

（1）受理与景区相关的游客旅游投诉（包括上级主管部门转办的投诉），按照景区规章流程做好游客投诉接待与记录。

（2）做好游客的情绪安抚工作。

（3）向相关部门（主要是责任部门）及时发送游客投诉处理通知单。

（4）分析、调查游客投诉原因，提出处理办法或建议。

（5）与游客进行投诉处理方案的沟通，跟踪处理结果，进行游客回访。

（6）做好旅游投诉的记录与统计。

（7）将游客的意见或建议及时上报，并反馈给相关部门。

（8）对旅游投诉进行分析，撰写相关报告，定期上报，为提升景区服务质量提供基础资料。

二、岗位制度

（一）通用制度

（1）对游客投诉做到有诉必理，不可故意无视或选择性处理，更不可互相推诿。重大投诉应立即上报和请示部门领导，不可瞒报、谎报。

（2）游客投诉处理过程中耐心倾听游客陈述，管控自身情绪，及时安抚游客，不可与游客发生争吵，不可随意抢话、插话。

（3）投诉处理过程中严格按照景区规定的程序办理，在职责权限内处理，不可擅作主张，越权操作，私自与游客达成协议。

（4）投诉处理过程中必须以事实为依据，针对投诉事宜进行详尽调查，确保投诉内容准确无误，不可仅靠单方面的陈述就作出判断，更不可主观随意表态。

（5）投诉处理过程中不可徇私情，更不可从中牟利，应做到公正公平。

（6）投诉处理过程中既要尊重游客意见，也要维护景区利益，积极商讨处理方案，不可对游客提出的任何要求均无条件答应。

（7）投诉处理结果必须及时与游客及景区进行双向反馈。

（8）受理的投诉必须做好登记、归档、分析，以作为内部考核及景区服务质量提升的基础支撑。

（9）如果遇到威胁工作人员或其他游客人身安全、严重干扰景区正常运行等超出正常投诉范围的行为，应立即通知景区安保部门和当地公安部门进行处理。

（10）涉及投诉处理者本人或有直接利害关系的投诉内容，应主动回避。

（二）个性化制度

1. 现场投诉

（1）受理人员要着装整洁，举止文明，主动询问，面带微笑，耐心、热情地接待投诉游客。

（2）处理投诉时将游客带至调解室或其他僻静区域，避免引起其他游客围观或影响其他游客正常游玩，以致影响景区形象。

（3）能现场解决的，应及时予以解决（如要求员工道歉、退票等）；若现场无法解决（如要求承担后续相关费用、拒不接受景区处理方案等），应及时上报领导。

2. 电话投诉

（1）工作期间，投诉电话必须保持畅通，无特殊事宜不得长时间占用投诉电话，更不得挪作私用，影响游客拨入。

（2）电话接听要及时，主动亮明身份："您好，这里是 ×× 景区游客投诉中心。"语气温和，语速适中，表达清楚。

（3）接听电话时开启电话录音，便于投诉内容的记录与核查，同时便于监督岗位人员服务质量。

（4）电话接听过程中做好相应的记录，并及时做出反馈，比如说"好的""了解""非常理解您的心情"等。

（5）投诉接待完成后礼貌道别："非常感谢您的来电，再见！""感谢您的来电，我们将立即对投诉内容进行调查核实，并进行妥善处理！"等游客挂断电话之后方可放下电话。

3. 转办投诉

（1）接到上级主管部门的转办投诉后必须第一时间上报领导。

（2）在规定的办结时间内协助有关责任部门进行投诉内容的调查和处理。

（3）在规定的办结时间内将投诉基本事实、相关证据及处理结果反馈至上级主管部门。

三、服务流程与典型任务处理

（一）投诉接待的原则与技巧

1. 投诉接待的原则

（1）游客至上原则。对于游客的投诉，首先，景区工作人员应该予以高度重视，设身处地为游客着想；其次，同情和理解游客的处境，尽力找出游客投诉的动机，真诚地为游客解决问题；最后，向那些对景区服务水平提出批评和改进意见的游客表示感谢。

（2）及时高效原则。及时且高效地处理投诉问题是对游客的最大尊重，也是游客的最大诉求。当景区与游客协商之后，游客同意景区所采取的改进措施时，景区要即刻行动，补偿游客的损失。

（3）景区利益为重原则。景区相关人员在处理游客投诉时,应该在保护游客利益的基础上,使景区的利益尽量不受到损害。景区利益为重的原则要求工作人员在处理投诉时要实事求是地找出问题的根源,具体部门应勇于承担责任,而不是急于将责任推卸给其他部门,以致影响景区的整体形象。

2. 投诉接待的技巧

（1）要掌握游客投诉心理。

① 求尊重。受尊重是人们最普遍、最基本的心理需求,是处理人际关系的重要原则之一。旅游者到异地他乡进行旅游,如果旅游景区在吃、住、行、游、购、娱等方面的服务没有到位,使旅游者花了钱而没有享受到相应的服务,其所预期的目的没有实现,会使旅游者产生挫折感,会使他们感到没有得到应有的尊重,会认为自己的权利受到了损害,心灵受到了创伤。因此,旅游者会通过投诉寻求权利保护,以求心理上的平衡。

② 求发泄。发泄是指当一个人遇到某种挫折时,把由此而引起的悲伤、懊恼、愤怒和不满等情感痛快地释放出来的心理调节方法。游客把情绪发泄出来后,就可以比较理智地对待遇到的挫折,也就比较容易忘掉该挫折,而不至于耿耿于怀,从而达到一种平和的心态。人们在遭受心理挫折后主要有三种心理上的补救措施:心理补偿、寻求合理解释而得到安慰、发泄不愉快的心情。此时,让投诉者"发泄"自己的感情,让他们"出了气再说"或者"出了气再走",就成为旅游投诉者寻求心理平衡的一种途径。所以,对待投诉者,必须耐心、仔细、专注,认真地倾听他们的"发泄",鼓励他们把事情经过讲述出来,不要打断投诉者的讲述,更不能让对方感到他们的投诉无足轻重,要敏感地洞察对方的委屈、沮丧和失望,并给予安慰和同情。

③ 求补偿。在景区服务过程中,如果由于工作人员不当的行为、设施故障或景区未能履行某方面的合同、兑现承诺,给游客造成物质上的损失或身体、精神上的损害（如门票内包含的表演项目被取消、游乐设施被关闭、游客遭受意外伤害、景区没有提供应有的景区服务等）,游客可能通过投诉的方式来要求给予他们物质上的补偿,这是一种正常的心理现象。

（2）投诉处理人员要有正确的心态。

① 怀有同理心。投诉的游客大都表现得怒气冲冲,情绪失控,碰上谁就向谁发火。因此,工作人员很容易在心理上对游客产生反感,觉得游客是在和自己过不去或者没教养。于是在无意中把自己与游客的关系对立起来,采取对抗或不理睬的态度。这样的心态只能导致冲突的升级,无助于问题的解决。其实,投诉处理人员此时最需要的是保持同理心,即站在游客的立场上去看问题,理解和包容游客,相信游客的怨气是有理由的,他们之所以投诉确实是因为他们的某些需求未获得满足;他们之所以见到谁就向谁发火,不是因为天性如此,而是把每个工作人员都看成是景区的代表。持有同理心,并不意味游客一定是对的,而是尽可能去理解游客为何如此难受,是什么原因让游客如此生气,他在意的是什么? 只要尽可能这样去思考问题,工作人员就会对游客抱有理解心、同情心,而不会把游客看作是不可理喻的人。

② 保持克制。有研究发现,当一个人在面对攻击时会本能做出搏斗或逃走的反应,肾

上腺素分泌加快,心跳加速、血压升高并且呼吸急促,身体自动地准备应对受到的攻击,这些生理反应会妨碍有效处理游客投诉。抑制身体对游客愤怒而产生的自发反应,让它回到安静的状态中即是克制。当游客发怒、投诉时,如果服务人员以同样的态度对待游客,游客就会用更大的愤怒反击;但如果服务人员始终以一种礼貌友好的态度对他,就会让游客的怒火慢慢熄灭,恢复平静,问题就好解决了。所以,克制自己的情绪才能控制游客的情绪。

(3) 投诉处理具体技巧。

① 保持冷静,避免个人情绪受到影响。

② 往积极向上的方面去想,并采取积极的行动。

③ 只讲游客希望知道的、在意的,而不是讲你想讲的。

④ 集中研究解决问题的办法,而不是一味地说套话、空话(熟记各种可行的办法,并向游客提出适当的建议)。

⑤ 避免提供过多不必要的资料或假设。

⑥ 要充满信心,相信自己能够顺利地处理完成。

⑦ 多用下列类似语句:"谢谢您提醒,我们会注意的。""谢谢您告诉我们。""我们明白您的困难 / 问题。""如果我是您,我也可能会这么做。""给您造成的不便,我们非常抱歉。"

(二) 电话投诉接待流程

(1) 接听投诉来电。由投诉受理人接听投诉电话,电话中应详细询问投诉内容,包括投诉事件发生的地点、原因、涉及人员等信息,并进一步询问游客姓名、有效联系方式等,做好相应的记录。游客陈述完成后,根据记录内容进行复述确认,确保无遗漏。

(2) 投诉分析。对来电投诉内容做好分析,判断投诉是否合理(具体可根据游客投诉心理来进行分析),确定投诉所涉及的内容是否单一。投诉受理人可根据投诉的合理性决定投诉下一步处理流程。若确定为不合理投诉,则由投诉受理人直接在电话中或书面进行说明。若为合理投诉,则应判断投诉内容是否单一,是否需要向上一级领导汇报,或协调相关部门共同处理。

(3) 投诉受理。对有效来电投诉,原则上投诉受理人员应在接电话之时起第一时间处理完毕,做到不积压、不遗漏、不错转;对无法第一时间处理完毕的有效来电投诉,投诉受理人应在接电话后立即着手进行调查处理,在 24 小时内处理完毕并给投诉游客做出反馈;对复杂的投诉事件或重大投诉事件,则可根据投诉的内容、投诉涉及的部门进行分步处理,必要时,可通过上级领导召开专题会议进行协调处理。

(4) 投诉回复。结合游客诉求及景区给出的处理方案,对投诉游客进行回复。如果来电投诉人对处理结果不满意,必须进行再协调工作,并将处理结果登记造册。如果个别事项不能按时回复时,要及时说明情况,取得投诉人的谅解。

(5) 投诉办结。投诉办结后,应将投诉办理过程情况进行整理,并记录在册(表 5-3),进行归档处理。

(三) 现场投诉接待流程

(1) 聆听和记录。认真聆听游客投诉内容,让游客的情绪得到适度的发泄。在聆听的过程中,要注意保持心平气和,不可流露出反感、嘲讽或不耐烦的情绪。

表 5-3　电话投诉登记表

序号	来电时间	投诉人姓名	联系电话	通讯地址	投诉对象	投诉内容及诉求	调查结果	处理结果	经办人
1									
2									
3									
4									
5									

在聆听的过程中,应根据游客的叙述,进行详细的记录,记录内容包括游客投诉事件发生时间、地点、原因、涉及人员等。在记录的过程中应及时回应游客,让游客知道,他的感受得到了重视。可以配合专注的眼神或简单的点头来回应游客,适当的时候,可以加上"原来是这样的""然后呢?""我非常理解您的心情"。如果没有听明白游客的意思,也可以礼貌地说:"对不起,我刚才没听明白,可以麻烦您再说一遍吗?"

在聆听的过程中,不要计较游客的说话方式,游客在情绪愤怒的时候,可能会有过激的言辞或某些用词、用句不够准确,要包容游客,尽量让游客把心中的不满说出来。工作人员应把握好自己的情绪,在游客述说的过程中找到问题产生的根源以及游客投诉的最终诉求。

(2) 安抚游客情绪。不论游客投诉是否属于有效投诉,都应在游客情绪发泄后,及时对游客进行安抚,请游客保持冷静。同时,对游客在景区内遭遇到的不愉快,表示感同身受。比如:"我对您感到气愤和委屈的情绪非常理解,如果我是您,我也会和您有相同的感受。"对投诉的游客做出一些同情和理解的表示,可以拉近与游客的距离,安抚他们的情绪,也便于把他们的注意力转移到如何解决问题上来。

(3) 收集相关信息。游客投诉的最终目的是解决问题。游客情绪稳定后,应进一步与游客沟通,确认引起他投诉的主要原因。投诉处理人员应根据前期了解的情况,对游客投诉事件的具体经过、原因、诉求等信息进行重复确认,让游客明白,景区已收到并了解他的问题和要求。在此过程中,如果还有需要进一步了解的细节,应与游客深入沟通,收集对投诉处理有帮助的信息,以便更好地帮助游客解决问题。

(4) 提出处理方案。在全面了解游客的问题后,投诉处理人员应积极进行事实调查,针对游客提出的问题给出合理的解决方案。对于能及时处理的问题,应快速、果断地进行现场处理。在解决过程中,投诉处理人员可以根据实际情况,给游客提供几种解决的办法,以供游客选择。对于问题复杂或涉及多个部门的投诉事件,需要请示上级领导或进行部门间协调沟通的,应提前告知游客,向游客说明情况,并明确告知游客处理该投诉所需要的时间。请游客留下详细的联系方式,并在承诺的时间内将处理方案告知游客。

(5) 征求游客意见。投诉处理人员最终提出的解决方案,应征得游客的同意。如果游客对处理方案表示不满意或不认可,那么投诉处理人员应礼貌地征询游客对投诉事件的具体想法,如果在景区能接受的范围内,原则上应满足游客的投诉诉求。如果游客的要求超出景区的承受范围,那么要进一步协商、沟通。

(6) 跟踪服务。通过跟踪服务,景区可以进一步了解游客对投诉事件处理方案的满意程度。跟踪服务的方式一般是电话、电子邮件、信函及贺卡等。投诉处理人员应该记录全部过程并存档(表 5-4 和表 5-5)。对一段时期的投诉进行统计分析,对典型问题产生的原因要做相应改进,不断提高服务水平,从而树立良好的市场形象,加强游客对景区的忠诚度。

表 5-4　景区现场投诉受理表

投诉时间	年　月　日		
投诉人姓名		投诉人性别	□男　□女
投诉人国籍		投诉人联系方式	
投诉人地址			
投诉事由及诉求			
处理结果			
景区意见			经办人(签字): 年　月　日
投诉人意见			投诉人(签字): 年　月　日

注:此表一式两份,景区、投诉人各留存一份。

表 5-5　景区现场投诉记录单

投诉人姓名		投诉时间		联系电话	
被投诉人(部门)					
投诉内容及诉求				记录人:_____　年　月　日	
处理过程及结果				处理人:_____　年　月　日	
回访情况				回访人:_____　年　月　日	

(四) 转接投诉处理流程

(1) 对游客投诉问题的处理。接到相关部门转交的投诉单后(图 5-3),一般情况下,投诉处理人员应先致电投诉人,对其投诉的事件做初步了解,同时及时上报领导。然后根据游客投诉事件的复杂程度,选择电话沟通处理,或者登门拜访现场处理。确定处理方式后,可根据前文中所述的电话或现场投诉处理流程进行处理。一般而言,上级部门通常有三类:一是景区的上级母公司;二是景区属地的文旅主管部门;三是景区属地的地方各级政府。

×××××××公司
投诉转办单

_____:

现转去_____于____年____月____日_____时____分关于游客_____对_____

_____

的投诉,请你单位对投诉所反映问题调查核实,尽快予以处理。将处理情况于 ____年____月____日_____时____分回复到我单位。

联系电话:_____。

×××××××公司

____年____月____日

图 5-3 旅游投诉转办单(上级部门发)

(2) 对投诉转入部门的回复。投诉处理完毕后,应将投诉事件的详细调查情况、处理方案以及游客的满意程度整理成文字材料,向投诉转入部门进行回复(图 5-4)。

投诉受理回执单

×××××××单位:

我公司对贵单位转办的 _____

问题,于____年____月____日_____时已做处理。处理结果_____

_____

_____

_____

现予以回复。

联系电话:_____。

×××××××公司

____年____月____日

图 5-4 旅游投诉受理回执单(景区发)

（五）典型任务处理

1. 游客投诉景区工作人员服务态度恶劣

游客拨打景区投诉电话，情绪激动："我要投诉！你们工作人员服务态度太差了！"周边环境十分嘈杂，还有不时传出的争执声。

工作人员："女士，您好，请您先别着急，您现在是在景区游玩吗？请您跟我描述一下事情经过可以吗？"

游客："我在 ×× 项目这里呢！我刚刚想去这个项目玩，不知道这个项目是单独收费的，走到入口被工作人员拦下来了，问我要门票。我就把景区门票递过去了，谁知道他就不耐烦了，态度特别差，冲我大声地说：'不是这个！是这个项目的门票！票都没买就来玩！不知道先看看门口的说明嘛！'我跟他理论，说他态度不好，不好好说话，他还骂起人来了！我要投诉！你们怎么培训员工的！必须让他跟我道歉！"

工作人员："请您消消气，我们马上到现场进行处理，请您稍等一下可以吗？"

游客："赶紧来！"

投诉处理人员立即赶往现场，将游客带至游客中心调解室，为游客递上热水："女士，请您稍作休息，我们马上对您反映的事情进行调查处理。"工作人员通过员工问询、监控调取等方式，确定游客所言属实，立即通知员工所在部门领班，说明事情经过及游客要求道歉的诉求，请领班与该员工进行沟通协商。该员工也认识到自身错误，愿意当面赔礼道歉并接受部门处罚。

工作人员："女士，非常抱歉给您造成这样的不愉快，该员工也已经充分认识到了自己的错误，希望能当面向您赔礼道歉，我们也将对他进行相应的处罚。"员工再次致歉，真诚地请求游客原谅。

游客接受道歉，但依然有些生气："你们真的应该好好做个培训了！这样的服务态度以后谁还敢来！"

工作人员："非常感谢您的宽宏大量，我们一定会加强服务培训，不断提高服务质量，不会让这样的事情再次发生，也请您继续监督！"

处理要点如下。

（1）安抚游客情绪，认真倾听，详细了解事情经过（若发生在游客中心以外的地方，应将游客带离现场，前往调解室等处进行处理）。

（2）遵循实事求是原则，核实是否属实。

（3）若事情属实，首先对于造成游客不满表示歉意，再与员工沟通后，由员工个人再次致歉，争取游客谅解。

（4）将投诉事件呈报给相关部门，按照景区有关规定对员工进行处罚，加强服务培训，进一步提高员工服务意识和服务水平。

（5）及时将处理结果告知游客，以示景区对游客的尊重。

2. 游客投诉景区餐厅售卖的快餐质量差

游客气冲冲地走进游客中心，将手中的餐盒袋扔在服务台上。工作人员立即起身迎接，微笑询问："先生，您好，请问有什么可以帮您？"

游客:"你看看我刚刚在出口餐厅买的汉堡套餐!宣传单上说是现做,我走出来才发现是凉透的。还说套餐里包含薯条,根本没有。你们这是欺骗消费者!而且这个汉堡难吃得要死!还这么贵!我还不如去肯德基买呢!"工作人员在征得游客同意后,打开餐盒,发现确实如游客所说。

工作人员:"先生,我非常理解您现在的心情,我们一定会认真调查,给您一个满意的答复。您先在游客中心休息一下可以吗?我们立即开始调查处理。"工作人员将游客带至休息区域。

工作人员联系景区出口餐厅负责人,详细说明游客投诉内容,请其协助调查。经查证,餐厅出售的汉堡确实是提前做好的,口感较差,游客购买后餐厅也未进行加热。套餐内容已更改但未及时更新宣传单。查清事实后,工作人员也与餐厅负责人协商了赔偿方案。

工作人员:"不好意思,让您久等了。我们进行了认真调查,确实是景区餐厅对餐品质量把控不够严格,宣传单也未及时更新。给您造成的不快我们十分抱歉,同时非常感谢您指出我们存在的不足。经过与餐厅协商,为了表示歉意,餐厅将全额退款并赠送您一张会员券,您看可以吗?"

游客:"光退款、送券我不同意,我现在吃什么?我还饿着呢!"

工作人员将游客的诉求转述给餐厅负责人,餐厅负责人表示可以为游客重新精心制作一份餐品,游客表示接受。

投诉处理完成后,工作人员对处理经过及结果进行了详细记录,并对餐厅宣传单货不对版及餐品质量差的问题及时上报,得到景区相关部门的高度重视,立即进行了餐品改良,并对景区餐厅内过期宣传单进行了彻底排查和整改。工作人员特意告知游客此事,并对其指出的问题再次表示了感谢。

处理要点如下。

(1)安抚游客情绪,认真倾听,详细了解投诉原因。

(2)遵循实事求是原则,核查是否属实。

(3)若确实是景区服务产品存在缺陷,影响游客体验,应真诚道歉并对游客指出问题表示感谢。

(4)与游客沟通解决方案。

(5)针对景区产品存在的问题进行反馈上报,确定提升、优化方案后告知游客,以示重视。

3. 游客投诉景区游览车座位油漆未干弄脏衣物

游客拨打景区投诉电话,工作人员及时接听。

游客:"是 ×× 景区吗?"

工作人员:"是的,女士,这里是 ×× 景区游客投诉中心,有什么事情可以帮您?"

游客:"我要投诉你们景区!"

工作人员:"您先别着急,麻烦您先说明一下投诉事由可以吗?"

游客:"我今天上午去你们景区玩了,坐了里面的游览车,坐的时候我就闻到有一股油漆味,但是没注意,回到家之后才发现衣服上沾了一大片油漆,洗都洗不掉!"

工作人员："您是说在坐景区游览车的时候,在车上蹭到了油漆是吗? 您还能回忆起坐的是什么样的游览车吗? "

游客："对,就是在车上蹭到的! 是一辆恐龙形状的游览车,15 块钱可以绕景区一圈那种。"

工作人员："好的,我们一定会调查清楚。请问您有被弄脏衣服的照片吗? 能不能发送到我们的工作邮箱 ×××,便于我们进行核查? "

游客："可以。"

工作人员："好的,请您耐心等待一下,我们将立即进行调查处理,稍后给您回电,可以吗? "

工作人员征得游客同意后,预留了投诉游客的联系方式,礼貌与游客道别,挂断电话后立即根据记录下的信息,联系相关部门进行核查。调查发现确有一辆游览车因掉漆严重刚刚进行了翻新,部分区域油漆尚未干透,且有被刳蹭过的痕迹,经与游客发过来的照片对比,确实是游览车上的油漆造成了衣物脏污。与相关部门协商之后,确定了赠送一张门票作为补偿的处理方案。

工作人员回拨游客电话："您好,这里是 ×× 景区游客投诉中心,很抱歉让您久等了,对于我们的失误再次表示由衷的歉意,也非常感谢您为我们指出这个潜在隐患。为了补偿您的损失,我们将给您寄送门票一张,您看可以吗? "

游客："只有门票吗? 我衣服很贵的! 你们还应该赔偿干洗费 ×× 元! "

由于涉及钱财赔偿,工作人员立即请示部门领导,经领导同意后,与游客就干洗费用达成一致,记录下游客的账号、通信地址等信息后,与游客礼貌道别,承诺将于 2 日内通过转账形式赔偿干洗费用并寄出门票,游客表示接受。投诉办结之后,工作人员立即将该投诉事件上报,提出翻新设施应进行彻底检查,确定无问题后再投入使用的建议,得到相关部门采纳。工作人员特意将此事告知投诉游客,并对其指出存在问题再次表示了感谢。

处理要点如下。

(1)安抚游客情绪,认真倾听,详细了解投诉原因。

(2)遵循实事求是原则,核查是否属实。

(3)若确实是景区设施或环境存在问题,影响游客游玩体验,应真诚道歉并对游客指出问题表示感谢。

(4)与游客协商解决方案,若游客要求的补偿方案超出工作人员权限范围,则应立即上报领导,请示同意后与游客沟通协商,了结投诉。

(5)针对景区设施或环境存在的问题进行反馈上报,对景区设施或环境进行全面核查,确定提升方案后及时反馈游客,以示重视。

4. 游客提出过分要求

在游客投诉的处理过程中,有时候会碰到一些故意刁难景区工作人员的游客,他们可能会提出一些过分的要求,此时投诉处理岗位工作人员应该沉着、大方地应对,可以采用幽默委婉的方式避开话题或回绝游客。如果游客还是一再要求,不达目的不罢休,工作人员可以义正词严地拒绝,必要时报告上级领导或请安保人员前来协助处理。

模 块 小 结

　　游客中心是景区展示自身形象的主要窗口,是旅游景区内为游客提供咨询、票务、租赁、寄存、邮政、投诉等接待服务功能的专门场所,是景区接待服务的重要内容,更是"游客之家"。游客中心的有无和它提供的项目及服务水平直接影响到游客对景区的印象。一般而言,旅游景区游客中心内主要设置有咨询接待、票务接待、寄存接待、租赁接待、无障碍接待、邮政接待、投诉接待等岗位。本模块从各岗位的工作职责、岗位规章制度、服务流程、服务规范及典型任务处理等方面进行了详细说明。

讨论与思考

　　1. 景区游客中心有没有必要设置无障碍服务台,用来专门接待需特殊关怀的游客?

　　2. 景区的游客中心未来可能还会提供哪些服务岗位?

　　3. 思考为什么如今很多景区将游客中心作为服务和设施升级的主阵地? 是否有必要?

模 块 测 验

一、名词解释

1. 现场咨询

2. 无障碍服务

3. 游客投诉

4. 游客中心

二、填空题

1. 旅游景区游客中心的功能主要分为_____和_____。

2. 通常而言,咨询接待岗位主要可分为现场咨询、电话咨询、_____、_____等。

3. 接收前寄存岗位工作人员应该_____,认真检查游客寄存物品的外包装是否符合要求、包装是否完整。

4. 当旅游景区内设备支持_____时,接待服务人员一般只需在游客遇到困难时提供必要协助即可。

5. 21 世纪初,_____的理念从西方国家传入国内,国内旅游行业以及相关管理部门开始注意残疾人等特别关怀人群的特殊旅游需求,有关部门也开始对无障碍理念进行宣传。

三、选择题

1. 游客中心的必备功能主要包括哪些?（　　　）

A. 旅游咨询　　　　B. 旅游投诉　　　　C. 基本游客服务　　　D. 旅游管理

2. 寄存物品的接收应该进行哪些操作?（　　　）

A. 当面查验,认真检查游客寄存物品的外包装是否符合要求

B. 检查寄存物品是否符合安全要求

C. 说明景区寄存费用收取标准及注意事项

D. 当面为游客填开物品寄存凭证

3. 游客中心咨询接待人员在游客陈述过程中应做到?（　　　）

A. 耐心倾听　　　　B. 不抢话　　　　C. 不插话　　　　D. 不争辩

4. 补票服务主要遵循哪些要点?（　　　）

A. 耐心向游客解释景区优惠政策

B. 礼貌地引导游客前往售票窗口履行补票手续

C. 质疑游客未购票理由

D. 确认票、人相符,履行检票手续,票根留存

四、简答题

1. 对照相关标准,简述游客中心服务与管理的基本要求。

2. 简述现场咨询接待的岗位流程。

3. 简述对游客要求退票的处理。

扩展技能训练

选择某个熟悉的景区,观察并总结游客中心内的服务设施与提供的服务内容,并分析判断各岗位人员接待服务的规范性与创新性如何,列举各岗位人员接待服务过程中的亮点特色与存在不足,提出改进建议,撰写总结报告。

模块 6 景区景点场馆服务

◆ **学习目标**

● **素养目标**

1. 善于发掘景区景点场馆的文化内涵,树立文化自信。

2. 善于发现景区景点场馆的外观建筑形态美与文化内涵美、展陈演艺美。

● **知识目标**

1. 了解景区景点场馆的类型与特征。

2. 理解不同类型场馆接待服务的岗位职责与岗位制度。

3. 掌握不同场馆接待服务的工作流程与规范。

● **能力目标**

1. 能统筹对接场馆与景区的接待服务。

2. 能高效处理场馆接待服务过程中典型任务或问题。

3. 能独立负责景区景点内场馆的常规接待任务。

情景案例

2023年2月15日,浙江省文化和旅游厅发布了《浙江省文旅深度融合工程实施方案(2023—2027)》,明确提出要"以习近平新时代中国特色社会主义思想为指导,全面贯彻党的二十大和省第十五次党代会精神,坚持以文塑旅、以旅彰文,聚焦创新深化、改革攻坚、开放提升,加强重大项目带动,推动文化和旅游在更广范围、更深层次、更高水平上实现融合发展,努力建成文旅深度融合的浙江样板,为打造新时代文化高地、实现'两个先行'提供有力支撑"。重点梳理了包括"实施省域文化标识打造行动"等在内的八项行动,"高标准打造全域博物馆",即按照"一座城就是一座博物馆"理念,推动杭州、宁波、温州、绍兴等地打造博物馆之城,建设乡村博物馆1000家,打造全国领先的全域博物馆品牌。实施文化场馆景区化建设计划,推动100个以上博物馆、美术馆等文化场馆打造A级旅游景区。

事实上,浙江省早在2018年起就开始推动文博场馆积极创建国家A级旅游景区,全面促进文化和旅游的深度融合工作,尤其是随着中国丝绸博物馆、浙江自然博物馆、浙江美术馆等一批知名国家级、省级文博场馆带头成功创建国家4A级景区以来,各设区市、县(市、区)级文博场馆也全面启动或已经完成国家A级旅游景区的创建。

随着文化和旅游的全面融合,游客到访旅游目的地的文博场馆参观游览、研学体验、娱乐购物等已经成为必选项之一。尤其是近几年来,《只此青绿》《唐宫夜宴》《我在故宫修文物》等节目的走红唤起了人们对文博的热情,"博物馆热"悄然兴起。各地博物馆也纷纷出招,推出互动体验、文创产品、数字文物或数字藏品等。刚刚过去的2023年春节,各地博物馆迎来一波游览热潮。

想一想:随着游客涌入地方文博场馆,对其日常运营管理提出了哪些要求?应对的举措有哪些?

随着旅游景区综合化趋势越来越明显(详见本书模块1单元3的相关内容),增设各种类型的场馆已经是各类自然或人文类旅游景区的必然选择。而随着文旅深度融合时代的来临,各类场馆自身也成为重要乃至知名的旅游景区或景点。

想一想:你所到过的哪些旅游景区是属于场馆类的?与普通旅游景区或场馆有何区别?

视频:场馆
的概念

所谓场馆,通常是指从事会议、展览、节事等活动或提供文化服务、旅游体验等功能的主体建筑和附属建筑,一般由硬件配套设施设备和软件服务组成。其中:场馆中的"场",是场地,一般指室外区域;"馆",即馆所,一般指室内区域。场馆一般都可以分为室内和户外两个部分。根据场馆的不同属性特征,其分类结果也有较大差异。

（1）根据场馆与其周边环境的附属关系看，可以分为独立型场馆与附属型场馆。前者通常是指各类体育场馆、会议展览场馆、博物馆等大中型场馆；后者通常是指附属于商业街区（含综合体）、旅游景区的中小型场馆。本模块所指的场馆主要是指附属型场馆，即存在于景区内部的场馆，需要借助景区公共服务设施才能有效运营。

（2）根据场馆所属行业不同，可分为文化型场馆、体育类场馆、商贸类场馆。其中，文化型场馆通常包括博物馆、文化馆、展览馆、非遗馆、图书馆、纪念馆、剧场等，甚至包括农村地区的文化礼堂、祠堂等，也是旅游景区内存在形式最多的资源类型或服务空间；体育类场馆通常以开展体育、休闲类活动或赛事为主，又可进一步分为体育比赛场馆、教学训练场馆和体育健身娱乐场馆，一般包括游泳馆、滑雪馆、体育馆、健身馆、篮球场、足球场、棒球场、羽毛球馆、冰球场、赛车场、赛马场、斗牛场、射击馆等；商贸类场馆通常以开展各类商贸活动与配套服务为主，也就是通常所说的会展场馆，以开展各类商业会议、展览或节庆活动为主，如举办 G20 杭州峰会的杭州国际博览中心、举办中国国际进口博览会的国家会展中心（上海）等。

（3）根据场馆配套技术或现代化程度来看，一般可分为传统型场馆、现代化场馆及未来科技型场馆。其中，传统型场馆主要以最基本或原始的展陈展览、参与体验等方式为主，通常为中小型场馆，缺乏现代信息技术的支持，信息传导相对单一，无法进行互动体验；现代化场馆则依托触摸屏、LED 屏、投影或息影技术等现代化设施设备和技术，可吸引游客进行各类互动体验，可实现双向信息传导；未来科技型则依托互联网、物联网、5G 等技术，充分使用虚拟现实、人工智能（如 ChatGPT）等技术，能为游客提供沉浸式体验、深度参与交流的数字型场馆产品。

（4）根据场馆的运行主体不同，可分为公益性场馆、准公益性场馆与商业性场馆。所谓公益性场馆，通常由各级政府及其文化、旅游、体育、教育等主管部门统筹的免费开放型场馆，主要是指博物馆、文化馆、纪念馆、非遗馆、图书馆、美术馆等场馆；所谓准公益性场馆，通常也由政府部门投资建设，但又可适当收取一定费用的场馆（收费标准通常由政府核定，实现收支两条线管理），通常以各类可同步开展商业性活动的场馆为主，如各类体育馆、游泳馆等。所谓商业性场馆，则主要是指由社会资本投资建设并以各类商业活动为主的场馆，其类型功能比较多样，既可以是特色图书馆、音乐馆，又可以是演艺剧场、博物馆等。

（5）根据场馆配套设施与主体内容的存续状态不同，可分为相对常态化场馆、季节主题性场馆与临时主题性场馆。所谓相对常态化场馆，通常是指其功能、内容与设施相对稳定的场馆，一般短期内不做大的调整，如各类博物馆、纪念馆、非遗馆、图书馆、游泳馆、足球场等；所谓季节主题性场馆，是指场馆根据季节性或主题性需要，在相对较短的一段时间内（一般可以是几周到几个月）开展配套服务的场馆，通常以展览馆、文化馆、美术馆等为主，一般以阶段性展览体验为主；所谓临时主题性场馆，通常是指为了特定展览或演艺、节庆活动等布置的场馆。

单元 1　演艺剧场接待服务

旅游演艺是旅游产业发展的重要组成部分，已经成为综合型或高等级旅游景区乃至旅游目的地高质量发展的必要组成部分，尤其是在大力倡导夜经济、刺激消费的大背景下。

旅游演艺更是文化和旅游融合发展的重要载体,从剧院演出到实景演出,再到沉浸式互动演出,丰富创新的表现形式为广大游客呈现出在地民俗文化、革命红色文化和现代时尚文化等多元文化体验。旅游演艺已成为文旅高质量发展的新动能,更是文旅产业发展的新增长点。

旅游演艺的最大魅力在于展示目的地文化。早在1991年,华侨城在中国民俗文化村推出了全国首个大型文化旅游演艺——《民族艺术大游行》,随后又推出《中华百艺盛会》,将文化演艺融入主题景区,开创了文化旅游演艺新形态。30多年来,中国旅游演艺已从"一台戏",演变成一个具有竞争力的新兴产业,在政府主导、政策支持和国企民营资本竞相涌入的背景下,无论是大家所熟知的"印象""又见""只有"旅游演艺系列产品,还是宋城演艺的"千古情"系列以及各大主题公园的剧场演艺,都已成为带动旅游业和演出市场共同发展的不容忽视的文化产业类型。

目前,旅游演艺已经成为高等级旅游景区(含主题公园)或旅游度假区的重要组成部分,是其综合竞争力的体现。因此,本单元重点说明旅游景区、旅游度假区内的各类演艺剧场的接待服务岗位职责、岗位制度、服务流程及典型任务处理。

一、岗位职责

演艺剧场一般设置部门经理、剧场部主管、引座员、灯控组组长、灯控师、音控组组长、音控师、LED屏维护、机械组组长、机械师、威亚师、道具组组长、道具师、服装组组长、服装管理员、物资管理员和文员、现场督导等岗位。其中,灯控、音控、LED屏维护、机械、道具、服装等均属于非直接游客接待服务岗位,其主要任务是配合演艺部或景区艺术团做好演出的日常训练、演出等相关工作。

演艺剧场接待服务是指依托景区内设的剧院为游客提供节目展演、场地租赁、贵宾服务、引导服务、互动体验、活动组织等服务,旨在为游客提供安全、专业、周到的剧院接待。一般而言,场地租赁通常属于特殊场地的定制服务范畴。因此,演艺剧场接待服务通常是指由景区自主安排的演出活动期间提供的各类接待服务工作。其相关岗位的工作职责主要包括以下内容。

(1) 准备演艺剧场的宣传介绍资料,内容包括但不限于演出剧目、景区基本情况等。

(2) 热情欢迎游客进入演艺剧场,主动提供有关演出活动的详细信息。

(3) 开放型景区还应提供协助游客购买门票或补票服务,以及为游客提供座位选择服务。

(4) 做好演艺剧场游客的进场、散场的安全服务与秩序维护。

(5) 及时发现并处理或上报演艺剧场内的突发事件。

(6) 配合部门或景区积极开展各类娱乐活动,丰富员工业余生活。

(7) 积极协助外部单位利用演艺剧场开展的主题节事活动。

(8) 协助维护演艺剧院的清洁卫生。

(9) 协助做好剧院内物资的储备和管理工作。

(10) 重点做好演艺剧场VIP或贵宾区的游客个性化服务,摆放矿泉水、伴手礼等物品。

（11）演出过程中为走动游客照明，并做好闪光灯、窜座等提醒工作。

（12）根据剧院票引导游客坐到正确的位置，做好高峰期的区域分流工作。

（13）做好与游客互动服务工作，比如选取最佳景点为游客拍照等。

（14）为特殊人群提供介绍或讲解服务并对接剧院预留特殊人群席位观看演出，实时关注其游玩动向。

（15）完成部门负责人或上级领导交办的其他工作。

二、岗位制度

演艺剧场接待服务工作定量分配，并明确岗位职责，工作者服从相关规定，维护良好的接待环境。为了让演艺剧场接待服务更有序、更高效，其岗位制度通常作如下要求。

（1）服装要整洁，服从纪律，热情接待，语言礼貌。

（2）熟悉剧场情况、演出礼仪，做好安全卫生措施。

（3）及时反映剧场情况及演出时间，确保游客可顺利看剧或演出。

（4）及时告知游客相关注意事项与要求，有效完成座位指引。

（5）能灵活处理游客临时要求并妥善安排或解决。

（6）应确保剧场清洁卫生，游客散场后应及时清理场地，如发现有游客遗留物品应及时寻找失主或通过景区广播寻找失主。

（7）按照规定上下班，及时参加当天晨会或例会，全面掌握并做好特殊游客或贵宾区游客的服务准备工作。

（8）及时掌握景区当天各类情况及演出安排情况。

（9）及时有效帮助游客解决相关问题或诉求。

三、服务流程与典型任务处理

（一）服务流程与规范

1. 前期准备阶段

（1）查询相关演出信息，了解演出时间、地点、参演嘉宾、参演剧目等信息。

（2）查询当日游客接待情况或重点信息，尤其是 VIP 或贵宾游客的接待信息与相关要求。

（3）策划或设计服务流程，为游客提供完善的服务体验。

（4）分配接待服务人员和相关部门的工作职责。

2. 现场接待阶段

（1）服务开始时，接待服务人员应站立在规定位置，以方便迎接或服务游客。

（2）认真、友善地接待游客，向游客介绍演出信息、观看时间安排等。

（3）指导游客正确入场，并帮助或引导游客找到自己的座位。

（4）处理观众反映的问题，如拒绝非法设备等。

（5）监督演艺剧场空间，确保全场秩序良好。

（6）维护演艺剧场空间，防止设施被损坏。

（7）给予游客答疑或问询等服务。

（8）安排游客退场，确保整体安全。

3. 后期处理阶段

（1）根据实际情况，给予游客合理的建议。

（2）在演出结束后，组织服务人员彻底清理演艺剧场。

（3）对演出过程中出现的情况与现象进行总结。

（4）根据游客的需求，记录相关意见及建议。

（5）更新演艺剧场接待服务流程，确保游客有更好的服务体验。

（二）典型任务处理

1. 接待 VIP

VIP 往往是景区演艺剧场重要的资源和客户群体，需要得到尊重和礼遇，要求服务接待人员必须礼貌待人，注意细节，为游客提供高品质的服务体验。当演艺剧场接到 VIP 的接待任务时，在 VIP 到来前，应提前与其确认具体需求，例如，是否需要专属座位、停车位、礼品或餐饮服务等。当 VIP 到达演艺剧场后，需安排专人前往接待，若时间有宽裕，则可安排其在专门的接待区域休憩片刻；条件允许的可以通过专用通道抵达专属位置或区域；在引导游客到达座位的过程中，要提供相关信息，如剧场的演出介绍、位置指引、应急疏散通道等，让游客感到安心舒适。在游客观看演出的过程中，接待人员需要时刻关注游客需求，例如，是否需要换座位、提供坐垫等，及时解决游客提出的问题，提供贴心的服务和关怀。当游客离开演艺剧场时，应安排专人带领游客由专属通道离开。此外，接待人员必须注意保护游客隐私，对游客的个人信息和行踪要进行严格保密。

2. 处理游客座位纠纷

在演艺剧场中，游客之间有时会因为座位产生纠纷。在这种情况下，演艺剧场的接待人员需要在尽可能快速地解决问题的同时，保持冷静、礼貌和专业的态度。以下是处理游客发生座位纠纷时的一般流程。

第一步：倾听游客。当游客发生座位纠纷时，工作人员首先应该听取游客的需求和意见。理解游客的问题和立场可以帮助工作人员更好地了解情况，并尽快找到解决问题的方法。

第二步：确认座位情况。在听取游客的反馈后，工作人员需要确认座位的情况，如座位编号、游客的票证信息等。如果发现游客存在座位冲突或误解，工作人员需要及时解释和纠正，以避免进一步的纠纷。

第三步：提供解决方案。在确认座位情况后，工作人员需要向游客提供解决方案，包括更换座位、提供临时座位或退款等，工作人员需要与游客协商并达成一致，以解决问题并维护游客的权益。

第四步：跟进和确认。一旦问题得到解决，工作人员需要跟进和确认游客是否满意并继续提供关注和服务。如果游客还有其他问题或要求，工作人员应该积极地协助游客，并及时向上级汇报。

需要注意的是，处理游客座位纠纷时，工作人员首先需要保持冷静和礼貌的态度，要以游客为中心,倾听游客的意见和需求,耐心地解释和协调,以达成双方满意的解决方案。其次,要熟悉和遵循景区内演艺剧场的政策和规定,以确保公平、公正、合理地处理游客座位纠纷。如果座位纠纷涉及游客的健康和安全问题,需要立即采取紧急措施,如向医护人员、安保人员求助、疏散游客等,以确保游客安全。

单元 2　文化展览场馆接待服务

随着文化和旅游的深度融合发展,文化展览类场馆已经成为各地旅游景区发展的重要组成部分,也有部分博物馆、文化馆、美术馆、非遗馆、科技馆等直接晋升为国家 A 级旅游景区。前者如京杭大运河杭州景区内拥有中国京杭大运河博物馆、中国扇博物馆、中国伞博物馆、中国刀剪剑博物馆、中国杭州工艺美术博物馆、浙江省博物馆、浙江省科技馆等知名文化展览场馆;后者如上海科技馆是国家 5A 级旅游景区、宁波科学探索中心是国家 4A 级旅游景区、中国丝绸博物馆是国家 4A 级旅游景区。2022 年 12 月 8 日,浙江省文物工作会议在浙江杭州举行,提出要加快建设文博强省,实施"浙江考古启明星计划",深入推进宋韵文化传世工程,擦亮"文明之源耀浙江"品牌。其中,在提升文博场馆公共服务水平和深化文物治理数字化改革方面,浙江提出将建设景区化博物馆和等级博物馆各 100 家,创建乡村博物馆 1 000 家,充分说明了文化展览场馆在现代旅游景区接待服务体系乃至产品组成中的重要地位与作用。

与景区一般岗位(群)不同,文化展览场馆的接待服务通常具有相对独立性或自成系统性,部分旅游景区甚至将相关文化展览场馆作为单独检票的场馆,尤其是部分免费开放型旅游景区。根据国家相关政策要求,我国大部分国有文博场馆都是免费对外开放的,但是通常都需要通过预约参观、游览。一般而言,文博场馆的预约服务、讲解服务、定制服务、购物服务等都与其他项目任务相似。同时,虽然旅游景区及各类文化展览场馆也可以承担研学功能,但其核心功能并不仅限于研学功能。因此,本单元重点梳理针对文化展览场馆个性化接待服务岗位的职责、制度、服务流程与典型任务,如综合业务、科普辅导、展厅辅导等岗位。

一、岗位职责

(1) 负责场馆科普活动的实施、课程与活动的策划、现场组织教学并协助管理楼层或场馆秩序、卫生维护工作。

(2) 负责场馆或楼层各展厅的运维管理、突发事件协调处理、讲解辅导分配与管理、展厅活动协调、志愿者协调等工作。

(3) 负责游客的参观接待工作,做好展品讲解、辅导工作。

(4) 负责跟踪记录场馆或展厅的运行情况,及时反馈展品或展览故障并督促维修。

(5) 负责配合场馆与其他部门、做好各环节的衔接工作,尤其是定制服务与产品的衔接工作。

（6）负责做好现场的摄像工作，协助相关人员做好相关新闻稿件的撰写及推送工作。

（7）负责完成部门或领导交办的其他任务。

二、岗位制度

（1）准时上下班，按时参加或主持场馆或展厅的晨会。

（2）在场馆或展厅开放之前完成设备开机、卫生清扫等准备工作。

（3）检查场馆或展厅的各个展项，确保展品展项正常运行，对无法顺利开启的展项，及时上报主管和相关维护人员并做好日志记录。

（4）全面掌控场馆或展厅的各项情况，能及时有效并准确回答游客的咨询或提问。

（5）严格按照轮班或换班轮休，不得擅自更换时间或顶替。

（6）不得随意离岗，无特殊原因一律站立工作，不得做玩手机等与场馆或展厅工作无关的事情。

（7）当日工作即将结束时，应在确保全部游客离场后进行系统检查并关闭全部机器设备或所有展项。

（8）在岗轮休工作人员不得在场馆或展厅公共区域大声聊天、玩手机，不得影响其他轮值人员工作，不得擅自离馆。

（9）在岗轮值人员应严格按照接待程序与规范完成游客接待工作。

（10）能完成领导交办的其他工作任务。

三、服务流程与典型任务处理

（一）服务流程与规范

对于景区内部的场馆或展厅而言，除正常的参观游览以外，主要体现在专题科普研学、表演与展示等两个方面。

1. 专题科普研学

（1）备课策划。

① 根据景区策划方向及场馆要求、预算积极整合资源，围绕场馆或展厅主题、展品展项、社会热点等研发系列科普研学课程。

② 对主题系列课程通盘考虑，处理好每个课程间的关系。

③ 深入钻研主题内容，从学员实际出发，明确要学习的基础知识、基本技能，明确重点难点，精心设计教学内容。

④ 完成教学文本或教案的撰写、素材搜集、课件制作、视频拍摄等工作。

⑤ 上课前两周将教案、课件发至部门邮箱，进行审核备案。

⑥ 必须提前做好备课策划，制作课程等相关材料，发现制作过程中会遇到的问题。

（2）课前准备。

① 至少提前3天做好网上预告与预约报名的信息发布与宣传。

② 必须在上课前30分钟到达教学地点（场馆或展厅的指定区域），做好课前准备工作，如课桌椅、课程材料准备，多媒体、音响设备准备，签到表打印、人员签到核对等工作。

（3）授课过程。

① 知识目标明确，符合学生实际和大纲要求。

② 有发展情感、意志、兴趣等要求。

③ 讲授内容科学、正确，无知识性、科学性的错误。

④ 重点突出，抓住关键。

⑤ 演示实践组织有序，现代化教学手段使用恰当。

⑥ 引导学员参与教学活动，多向交流，发挥学员的主体作用，利用反馈信息调控教学活动。

⑦ 以学员为主体，重视学员不同见解，认真听取学员意见。

⑧ 语言准确，生动，清晰，音高适度，速度适宜。

⑨ 使绝大多数学员当堂掌握基础知识，得到基本技能的训练，思维得到锻炼。

⑩ 节假日原则上不得请假，如需请假需提前报批。

（4）课后整理。

① 整理好课桌椅，做好多媒体设备的充电、整理或归位。

② 完成上课人员统计，做好黑名单反馈及满意度问卷调查工作。

③ 整理课程资料，做好课程台账或归档工作。

④ 整理现场图片、视频，必要时可推送至媒体营销或宣传部门。

2. 表演与展示

（1）策划编排。

① 服从安排，积极参与表演或展示编排、活动策划等工作。

② 熟记表演或展示台词、动作走位、操作手法，理解其中的原理并能够准确阐述。

③ 协助制作、整理服装道具、活动用品，清洁、调试、整理实验用品或材料。

（2）参与表演或展示活动。

① 提前协助运输表演或展示活动所需的物料，参加事前排演、演练，调试麦克风、视频背景、音乐背景等。

② 表演或展示活动当天至少提前 1 小时到达现场，完成服装道具、物料等准备工作。

③ 表演或展示活动过程中应认真投入，态度热情饱满。

④ 遇到现场突发情况，能够冷静、灵活地应对。

（3）反馈复盘。

① 表演或展示活动结束后盘点整理好服装、道具、物料，清点数量，整理签到表。

② 整理现场图片、视频，做好存档，必要时可推送至媒体宣传部门。

③ 复盘总结表演活动过程中存在的问题，及时改进，避免再次出现相同问题。

（二）典型任务处理

1. 未预约游客要求进馆或体验课程

为保证场馆展品与设施安全，保障游客参观体验质量，文化展览场馆通常会要求游客提前预约。但在现实情况下，总有一些游客由于各种原因没有提前预约，却要求进馆或体验课程，遇到此种情况，接待人员可以遵循以下基本处理流程。

（1）向游客解释必须提前预约的原因。在游客提出参观或体验请求后,接待人员应首先向游客解释文化展览场馆必须提前预约的原因,如为了控制人流量、保证参观体验等。同时,接待人员也可以向游客提供其他相关信息,如文化场馆的开放时间和预约方式等。但解释原因时要清晰明了、客观公正,向游客提供的信息必须要准确、全面。

（2）检查是否有空余时间和资源。如果游客坚持要求进馆参观或体验,接待人员应该先检查是否有空余时间和资源满足游客的需求。如果没有,接待人员应向游客解释无法满足的原因,同时可以向游客提供其他文化展览场馆或活动的信息。

（3）考虑是否可以特殊安排。如果文化展览场馆有空余时间和资源,接待人员考虑是否可以特殊安排游客的参观或体验活动。这需要接待人员与其他工作人员进行沟通和协调,并及时向游客沟通和确认。

（4）提供服务和指引。如果游客成功进馆参观或体验,接待人员应向其提供服务和指引,帮助其更好地了解和参观文化展览场馆。在游客参观体验过程中,接待人员也应随时提供帮助和解答问题。

（5）询问游客反馈和意见。在游客参观结束后,接待人员应向其询问反馈和意见,以便改进场馆服务水平,进一步提升游客满意度。

2. 游客携带违禁物品入馆

当游客携带违禁物品进入文化展览场馆时,现场工作人员应该立即采取行动,以确保场馆的安全和秩序。一旦发现游客携带违禁物品进入场馆,工作人员应该立即与游客联系并制止其行为。与游客进行交流,了解其携带违禁物品的原因和目的,如果游客不愿意合作或拒绝接受检查,应立即通知保安部门或公安部门,并采取必要的安全措施。如果游客同意接受检查,工作人员应该安排专门的检查区域,并由专业人员对其携带的物品进行检查,在检查过程中,工作人员应该尽可能地保护游客的隐私,并确保检查过程安全和有效。如果游客携带的物品被确认为违禁物品,工作人员应该将其物品扣押,并按照场馆的规定处理。同时,工作人员应该向游客解释违禁物品的危害和相关的法律规定。处理完成后应进行登记备案,包括游客的个人信息、携带的物品、处理结果和所采取的行动等。需要注意的是,在处理游客携带违禁物品的过程中,工作人员应该对游客保持礼貌和耐心,避免引起不必要的冲突;必须遵循法律法规,遵循场馆的规定和秩序,确保处理过程安全、有序和公正。

视频:研学
旅游的由来

单元3　研学体验场馆接待服务

研学旅游是对传统意义上的教学工作和旅游活动的一次整合,是将教学和旅游有效地结合在一起的一种全新教学模式。通常情况下,研学旅游都是各中小学校或者教育、培训机构依托一些知名的景区或公共文化机构,把学校和教育机构的教学资源与社会上的文化和旅游资源进行结合,组织学生在学习中旅游、在旅游中学习,让学生在旅游过程中增长见识、开阔视野并提高学生的综合素质。我国伟大的教育家孔子就曾带领着自己的弟子们周游列国,可见我国古代就有研学旅游的风尚。虽然文化展览场馆(包括各类博物馆、美术馆、非遗馆、文化馆等)也可以承担研学功能,但并不以研学为主要功能。本单元所指的研学体验场馆,是指景区内专门为游客提供研学体验的场地或建筑空间。

一是要充分认识到开发研学旅游产品的重要意义。首先是对于社会而言,研学旅游可以培养学生的意志品质,使其树立正确的人生观、价值观与世界观,可以让中小学生了解乡土乡情、县情市情、省情国情等;可以拓宽学生的视野,丰富学生的人生体验,尤其是通过劳动教育实践活动等,让学生在研学旅游的过程中掌握基本的生活技能,培养学生独立自主的意识和能力。其次是对于景区而言,研学旅游可以促进文化、旅游、农业、教育与体育等各个产业的融合,实现景区产品的迭代升级与可持续发展。

二是要充分了解研学旅游产品的主要类型。研学旅游是把校内课堂活动拓展到校外广阔的大自然和丰富的社会生活之中(旅游景区是重要的承载类型之一),把书本学习与对实际事物的研究相融合,把静止的课堂与行走的课堂相结合,把旅游、学习与研究相衔接,体现了研学旅游活动的直观体验性、综合性、整合性和多元性,形成了其实施的复杂性、灵活性与因地制宜性,也形成其分类标准的多重性。对于旅游景区而言,其具体分类又可根据研学旅游的实施主体不同、研学旅游的内容载体不同、研学旅游的空间场地不同等进行细分。首先,根据研学旅游的实施主体不同,可以分为学校主导型、社会机构主导型和景区主导型。一般而言,学校主导型研学旅游通常倾向于选择通过教育主管部门认可的研学实践基地或营地(部分也可能是旅游景区)或劳动实践教育基地,其收费标准较为固定,利润空间有限,评价标准较高;社会机构主导型主要是指旅行社、素质拓展企业或培训机构等利用自有场地或借用旅游景区等开展研学体验活动,其收费价格弹性大,利润空间相对较高,评价标准多元,甚至很多时候以亲子活动形式出现;景区主导型主要是指景区利用自有场地或场馆开展研学体验活动,通常可以同时面向学校、社会机构甚至直接面向研学旅游群体,其收费价格波动幅度较大,利润空间可大可小。其次,根据研学旅游的内容载体不同,可以分为历史文化类、红色革命类、科技活动类、职业体验类、军事训练类、亲近自然类、生产劳动类等,旅游景区均可依据其自身特色资源开发相关研学旅游产品。最后,根据研学旅游的空间场地不同,可以分为文化场馆型、专题研学教室型与自然空间型。其中,文化场馆型通常是将研学作为其中的一种辅助功能(参见本书模块 6 单元 2 相关内容),专题研学教室型通常是指利用景区的建筑物或构筑物并将研学作为主要功能(参见本书模块 6 单元 3 相关内容),自然空间型则主要指利用景区的户外空间开展研学旅游的一种形式。

一、岗位职责

对于旅游景区的单个研学体验场馆而言,通常需要和景区的市场部、研学部、景区管理部等进行沟通与协调,尤其是场馆负责人。

(1)市场部。负责客户拓展、合同签订、客户维系、质量回访、反馈收集客户建议等;负责微信公众号、微博、抖音等媒体的宣传。

(2)研学部。负责研学课程的设计,培训课程讲师;调度景区或研学基地相关部门保障研学活动的执行,做好后勤保障;负责研学教学活动的实施及安排工作人员。

（3）景区管理部。负责场地设施的检查及维修；负责定期进行安全排查及安全意识培训；负责景区研学基地安全事件的应对。

二、岗位制度

作为一个完整的研学基地或营地（部门），其岗位通常可包括场馆负责人、班主任、指导教师、值日教师、安全员等。对于景区内部的研学基地或场馆而言，一般涉及场馆负责人、指导教师、班主任等岗位，其他岗位则由景区统筹管理。

（一）指导教师岗位制度

（1）全面贯彻执行党的教育方针，端正教育教学态度，具有大局意识，服从上级工作安排。

（2）为人师表，衣着整洁，言谈文明，举止大方。

（3）热爱研学、劳动等实践活动指导岗位，根据不同类型研学游客设计针对性的授课方案，做好课前各项准备工作。

（4）研学、劳动等实践活动以"安全第一"为首要原则，制定安全注意事项，并贯彻落实。

（5）当学员未到指定场地时，要主动联系班主任。

（6）研学、劳动等实践期间，不得擅自离开工作岗位或从事其他工作，不得私自找人顶替；特殊原因，必须向部门领导请假，准假后方能离开。

（7）关爱学员，细心指导，热情帮助解决困难，牢固树立为学员服务的观念，在仪表、言行上作表率。

（8）教育学员爱护设施设备，课前认真清点设施设备或物料，正式开始前讲清楚各类工具或设施设备的安全使用方法，结束时要求学员有序摆放或复原设施设备。

（9）对学员个人活动成绩和整个活动班级的评价要实事求是、客观公正。

（10）维护研学基地或场馆的清洁卫生，每课结束都要清理工作台面、工具，打扫地面，待学员离开后，切断电器电源，关闭门窗。

（11）如遇突发事件应立即采取相应措施，并马上向部门领导报告。

（二）班主任岗位制度

（1）主动及时向学员宣传景区及研学场馆的各项管理规定和学习要求，教育其遵守课堂纪律，完成指导教师布置的学习任务，讲社会公德，爱护公共财物，注意公共卫生。

（2）实行班主任跟班制，不得迟到与早退，掌握学习进度，及时了解指导教师授课和学员学习中遇到的问题，沟通解决；若不能解决时，要及时向景区反映，使问题尽快得到解决。

（3）负责每次上课的考勤工作，考勤根据具体情况可在上课前或下课前进行，要本着对实践学员高度负责的态度，认真考勤，坚持原则，不徇私情。

（4）负责联系协调上课教师、教室、上课时间及相关教学设备。

（5）管理学员的就餐秩序，按时开饭。

（6）管理学员晚上就寝纪律，按时检查，禁止嬉戏吵闹。

（7）当学员未到指定场馆或场地时，要主动联系指导教师或景区领导。

（8）实践教学期间，不得擅自离开工作岗位或从事其他工作，不得私自找人顶替；特殊原因，必须向上级领导请假，准假后方能离开。

（9）关爱学员，细心指导，热情帮助解决困难，牢固树立服务意识，在仪表、言行上作出表率。

（10）教育学员爱护设施设备，课前认真清点公物，课前讲清楚各类工具或设施设备的安全使用方法，结束时要求有序摆放或复原。

（11）对学员个人成绩和整个班级的评价要实事求是、客观公正。

（12）维护研学场馆的清洁卫生，每课结束都要清理工作台面、工具，打扫地面，待学员离开后，切断电器电源，关闭门窗。

（13）如遇突发事件应立即采取相应措施，并马上向上级领导报告。

（14）负责学员的接待，使学员能安全地进入和离开。

（15）记好班主任日志，每次活动结束后，要写班主任工作总结，总结培训中的有益经验，找出工作中存在的差距，提出建设性意见。

三、服务流程与典型任务处理

（一）服务流程与规范

1. 前期筹备

（1）研学部负责研发研学课程与教案，便于市场部了解课程内容及指导教师上课使用。

（2）市场部签订研学合同或订单后，向研学部发送《报团单》或研学游客团队信息表。

（3）研学部制定活动行程及人员分工表，确认计调、营长、指导教师、班主任等。

（4）计调制作《任务单》，通知相关部门，确认各部门回复负责人，任务单应包含但不限于教室、餐标、错峰就餐时间表，沟通协调课程所需其他场地、人员、车辆、卫生、安保等。

（5）营长至少提前一天确认以下事宜：营服、横幅、证书、奖品、药品、研学手册等物品齐备；制定签到表，安排宿舍、班主任管理学员分组名单（每组男女及总人数均衡，实行男女班主任搭配管理）；检查室内外活动场地，排除隐患；核实学员详细信息（宜含疾病史、过敏史、身份证号等信息）。

（6）指导教师需提前确认以下事宜：准备课程内容；做好授课准备，如教案、物料申购表等；教案应含但不限于流程大纲、活动目标、环节内容详细介绍、各环节物料清单、安全提示等；领取教具（如需）并试用，针对需要试做的内容进行提前试做。

（7）入场（营）前各单位确认以下事宜：市场部收集所有人员（含老师和学员）姓名及身份证号，若有人身意外险，计调应在团队出发前购买保险；营长发送行前须知；带队老师需提前进行培训，培训内容包含并不限于安全培训、场地走线、工作要求、奖惩制度等；班主任应提前熟悉学生信息，制作宿舍安排表、房间门牌信息表、营队通讯录等资料；领取房卡、贴宿舍门牌名单、床位姓名，收学员房间空调遥控器，确认布草、防撞角、晾衣架、USB 通电插口、宿舍卫生工具齐全等工作。

2. 迎接入营(场馆)

(1) 场馆负责人带领相关工作人员需提前 1 小时到达迎接场地,备好公共物资、签到桌椅、签到表、房卡等。

(2) 场馆负责人检查开营场地音响、话筒、PPT 开营背景、背景音乐、游戏场地等。

(3) 班主任带领学员前往宿舍,办理入住。

(4) 班主任指导学员整理行李及内务,说明宿舍纪律、卫生和安全规范,提醒学员房间设施使用注意事项及安全隐患,收集学员电话,带队老师保管房卡。

3. 开营或开班仪式

(1) 班主任应提前 15 分钟集合整队前往开营或开班场地(场馆),按分配好的位置就座。

(2) 开营或开班仪式应包括但不限于营地或场馆及行程介绍、教师团介绍(场馆负责人、班主任、指导教师)、活动场地介绍、安全管理等。

(3) 开营或开班仪式结束后,场馆负责人有序组织离场。

4. 教学服务

(1) 指导教师应至少提前 30 分钟抵达场馆并检查教学设施设备是否完好。

(2) 班主任应提前 15 分钟组织学生集合,开课前抵达场馆。

(3) 课程体验过程中,指导教师负责课程授课,班主任辅助纪律和课程指导,场馆负责人走动管理。

(4) 课程结束,指导教师应做好收尾工作,包含但不限于物料归还、桌椅归位等。

(5) 场地转换时,指导教师和班主任之间应做好衔接,需提醒学员不得擅自离开队伍。

(6) 返回宿舍时,班主任应预告第二天活动。

(7) 班主任当晚前应发布课程照片。

5. 自我管理与评价管理

(1) 在学员中严格实施分组管理,设立组长,由组长牵头开展一切行动并对组员进行管理,组员进行自我管理和互相监督。

(2) 在学员中严格实施评价管理,对学员、场馆或营地进行多角度、多层次科学评价。

(3) 面向学员的评价:按照班级制、小组制,分别从活动、纪律、用餐、内务等多个方面对学员开展评价。

(4) 面向场馆、营地及其工作水平的评价:通过收集校方或家长对场地安全、课程安排、讲课效果、饮食住宿等方面开展的评价,以及学员代表对活动内容、教师讲解、饮食住宿等方面开展的评价给予综合评价,对评价情况及时公示和总结提升。

6. 闭营或结业仪式

(1) 场馆负责人在闭营或结业 1 小时前检查场地音响、话筒、PPT 背景板、背景音乐、奖品、结营证书、优秀等级评定表等物料,划分就座区域。

(2) 带队老师提前 15 分钟集合整队前往闭营或结业场地,确保准点到场,按划分的位置就座。

(3) 闭营或结业流程包括但不限于开场、营期活动回顾、奖品及结营证书发放等。

（4）闭营或结业仪式结束后，班主任带领小队有序离场，带回宿舍收拾行李准备返程。

（二）典型任务处理

1. 开班或结业仪式中的突发情况处理

对于研学体验场馆而言，游客的正式开班仪式或结业仪式都是非常重要的环节，更是当下游客注重仪式感的重要体现。因此，确保开班仪式或结业仪式顺利圆满完成，是包括游客与景区接待服务人员在内最为期待的。在实际运营过程中，开班仪式或结业仪式通常可能出现相关人员未能及时到场、设施设备故障、PPT 或背景音乐出错等特殊情况。针对相关人员到场问题，宜由场馆负责人提前 1 小时根据仪式方案对所有人员进行一一确认，若发现有人不能及时到场，应商议仪式是否推迟或由相关人员顶替；针对设施设备的问题，宜由场馆相关负责人对包括但不限于电源电器、音响灯光、投影或 LED 屏幕、电脑、话筒等进行一一测试，尤其是无线话筒等需要电池的，必须确认电池电量，若发现不足应及时更换；针对 PPT 或背景音乐等，应利用电脑等播放设备进行系统完整地播放测试，以免造成疏漏。

2. 研学体验过程中出现秩序混乱的情况处理

研学体验或实践教学与教师课堂教学有较大不同，其更加注重实践实训。而受研学指导教师精力的限制，必然很难照顾到每个学员，甚至还可能造成部分学员游离到课堂之外或出现课堂秩序混乱的局面。针对此类情况，景区研学体验场馆通常可以从三个方面入手：一是在研学体验课程之前或开班仪式的时候，由班主任或研学指导教师明确说明课程考核评价细则，说明课堂秩序的重要性及其作为考核重要组成部分之一；二是给研学指导教师增派班主任或其他相关工作人员进行现场协助，或配置指导教师助教，协助开展研学体验。

3. 学员出现外伤事故的应急处理

受研学旅游特殊性的影响，割伤、扭伤、摔伤、滑伤等是研学体验与实践活动中最常见的外伤事故，班主任与指导教师应多做安全提示。一旦研学学员出现类似外伤事故，应遵照两个步骤来执行：首先是现场应急处理。研学体验场馆应准备云南白药气雾剂、医用酒精棉、创可贴、红花油、万金油等，若遇到紧急情况，将及时给予解决。如果受伤，伤口要及时处理。如果伤口有泥土、小沙子，用清凉的矿泉水持续冲洗，如有出血，应立即用干净的手帕或毛巾压迫止血；不要用手用力搓揉、按摩受伤部位，否则会使伤情更严重；扭伤部位要及时做冷敷处理，冷敷时可用冰冻矿泉水、冰块、棒冰等，持续时间为 15 分钟左右，冷敷后要进行包扎固定；包扎时应用绷带或干净的布条固定扭伤部位；情况严重的，应当立即送医院治疗，并通报景区安全管理部门及研学团队安全管理小组，及时通知家长（属），做到告知义务；就医时，必须有研学学员团队负责人与景区指导教师或班主任一同前往，方便与研学学员沟通。其次是善后处理工作。若经过短暂的治疗后痊愈，则继续参与研学体验；若不能继续，则应做好善后工作事宜，安排好后续治疗、护理及相关陪同人员，切忌让其独立行动；一旦涉及就医，必须由指导教师或班主任立即通知景区医务室相关负责人及研学团队负责人，及时保险报案；就医后，保留好相关检查原始凭证，后续保险报销使用；如果研学游客家属需要使用原始检查材料，也应妥善保管，景区需要复印存档，以免后续产生纠纷。

模 块 小 结

随着旅游景区综合化趋势越来越明显,增设演艺剧场、文化展馆、研学场馆等各种类型的场馆已经是各类自然或人文类旅游景区的必然选择。因此,本模块重点选取了演艺剧场、文化展览场馆、研学体验场馆等三种较为常见的场馆,通过分析其接待服务人员的岗位职责、岗位制度、服务流程与规范、典型任务处理,以提升景区的综合接待服务能力。当然,由于不同景区对其场馆的定位差异较大,如宋城景区主要以演艺剧场为接待中心,研学主导型景区通常以研学场馆为接待中心,文博场馆一般以文化展览为接待中心,其实际岗位职责、岗位制度以及服务流程等均有较大差异,学习者应该学会因地制宜、活学活用。

讨论与思考

近年来,随着文化和旅游的深度融合,各类文博场馆已经成为游客到访目的地的重要选择产品之一。据此,各地文博场馆应该如何适应相关变化?

模 块 测 验

一、名词解释

1. 景点场馆

2. 演艺剧场接待服务

3. 研学旅游

二、填空题

1. 根据场馆所属行业不同,可分为_____、_____和商贸类场馆。

2. 根据研学旅游的内容载体不同,可以分为历史文化类、_____、科技活动类、职业体验类、军事训练类、亲近自然类、_____等,旅游景区均可依据其自身特色资源开发相关研学旅游产品。

3. _____是旅游产业发展的重要组成部分,已经成为综合型或高等级旅游景区乃至旅游目的地高质量发展的必要组成部分。

4. 根据场馆配套设施与主体内容的存续状态不同,可分为_____、季节主题性场馆与_____。

5. 研学体验场馆接待服务的服务流程包括：前期筹备、迎接入营（场馆）、开营或开班仪式、_____、自我管理与评价管理、闭营或_____仪式。

三、选择题

1. 从场馆配套技术或现代化程度来看，一般可分为几种类型？（   ）

A. 传统型场馆　　　B. 现代化场馆　　　C. 未来科技型场馆　D. 智慧型场馆

2. 未来科技型场馆依托互联网、物联网、5G、虚拟现实、人工智能（如 ChatGPT）等科技，能为游客提供（   ）的数字型场馆产品。

A. 沉浸式体验　　　B. 深度参与交流　　　C. 交互式体验　　　D. 参与式体验

3. 演艺剧场接待工作的服务中前期准备阶段需要做哪些工作？（   ）

A. 查询相关演出信息，了解演出时间、地点、参演嘉宾、参演剧目等信息

B. 查询当日游客接待情况或重点信息，尤其是 VIP 或贵宾游客的接待背景与相关要求

C. 策划或设计服务流程，为游客提供完善的服务体验

D. 分配接待服务人员和相关部门的工作职责

4. 旅游景区及各类文化展览场馆也可以承担（   ），但其核心功能并不仅限于此项功能。

A. 参观功能　　　B. 游览功能　　　C. 研学功能　　　D. 接待功能

5. 对于景区内部的场馆或展厅而言，除了正常的参观游览功能，还有（   ）等功能。

A. 专题科普研学、表演与展示　　　　B. 历史文化研学、文化与展示

C. 专题科普研学、文化与展示　　　　D. 历史文化研学、表演与展示

四、简答题

1. 开发类型丰富的研学旅游产品有哪些意义？

2. 据场馆配套技术或现代化程度来看，一般可分几种类型的场馆，各自有哪些特点？

3. 在剧场接待服务中，应如何处理游客座位纠纷？

4. 文化展览场馆接待服务的岗位职责包含哪些方面？

5. 在研学体验场馆的接待服务中应该如何处理研学体验活动中出现秩序混乱的情况？

扩展技能训练

请以某旅游景区内的特定场馆为对象，设计一份研学课程及教案，并说明相关岗位职责及管理制度。

模块 7 景区商业接待服务

◆ **学习目标**

● **素养目标**

1. 培养学生或景区工作人员的系统性思维。

2. 培养学生或景区工作人员以人为本的服务理念。

● **知识目标**

1. 了解景区餐饮、销售接待服务类型。

2. 理解景区餐饮、购物接待服务流程与规范。

3. 熟悉景区餐饮、娱乐接待服务管理。

● **能力目标**

1. 能熟练完成景区餐饮、购物接待服务工作。

2. 能提升或改进景区餐饮、购物接待服务流程与规范。

情景案例

戏剧集市里的烟火气

袅袅烟火、动感音乐、微醺美酒,这是 2021 年 10 月北栅丝厂举办戏剧集市后留给游客们的印象。作为特邀剧目、青年竞演、古镇嘉年华、小镇对话以外的梦幻延伸,2022 年的戏剧集市延续了上一届的精彩,狂欢不歇,开拓了更多可能。

第九届乌镇戏剧节与黄小厨等超过 70 家品牌、商户联合,打造"潮流美食市集",向大家传递多元美好的生活方式;与快手联合举办"新市井匠人集市",集合全国各地非遗传承人,为大家带来精彩的才艺秀和丰富的非遗文创产品。

此外,还有潮流艺术展览、夜游神音乐现场、桃厂放映厅、子夜朗读会、白日梦朗读会、小镇图书馆等,戏剧和生活融为一体,各种美好体验升级,快来细细品味!

(资料来源:乌镇戏剧节官网,有删改。)

想一想:吸引游客莅临乌镇景区的核心元素有哪些?

单元 1 景区餐饮接待服务

一、认识景区餐饮服务

(一) 旅游景区餐饮服务类型与经营特点

景区餐饮服务与社会餐饮服务不同,它主要是指景区内的餐饮接待服务,面对的客户群只是景区内的游客,一般不会对外开放,相比社会大众餐饮更加具有景区本身的文化特色,也是现代景区综合化发展的重要组成部分,更加注重特色化服务。因此,景区餐饮接待服务质量也是旅游景区服务质量的重要体现。根据景区餐饮服务类型与经营特点,主要可以分为以下几类。

1. 流动餐饮服务点(摊贩)

流动餐饮服务点是指景区范围内有相对固定经营场所、经营面积小、经营规模小、从业人员少、经营条件简单,从事简单餐饮服务的单个经营者或经营空间。摊贩经营一般具有以下特点:价格低廉,主要服务大众消费客群;选址位于景区主干道沿线或依托重要节点、体验项目;餐饮产品以提供简便快速的食物为主;占用空间小,所用人力、物力资源较少,重点凸显地方及景区饮食文化特色等。摊贩经营比较容易出现的问题主要有食品质量、定价、环境卫生及服务质量等。

扩展案例

海南景区发力旅游餐饮　特色美食端上餐桌抓住游客的心

"土窑鸡公道饭上菜咯！"铺着芭蕉叶的圆形竹盘中,海南本地肉汁鲜美的鸡肉、新鲜白灼虾、美味鱼干、糯米糕等近 10 种不同类型的菜品精心搭配。2018 年,三亚市海棠湾水稻国家公园稻田盛宴推出海南特色"公道餐",琳琅满目的美食与荤素均衡的搭配令游客频频点赞。

随着旅游业的快速发展,越来越多的城市和景区开始发力旅游餐饮,在品牌和品质上不断创新升级。海南旅游餐饮产品也不断朝精细化、特色化发展,"旅游 + 美食"巧妙融合发展,海南"公道餐"、渔排海鲜、苗寨长桌宴等旅游餐饮产品层出不穷,游客关于景区餐饮一直以来的成见逐步被打破。

目前,结合琼岛自然、气候、文化等特点,海南涉旅企业开始探索、打造旅游餐饮品牌,进一步丰富旅游产品供给,推动"玩在海南"向深层次的"吃喝玩乐在海南"发展,让饮食成为旅游消费新亮点。因此,旅游餐饮已经渐成规模,从游客自带到"逛吃"一体的趋势越来越明显。例如,在大小洞天景区内,沿着滨海风光带打造的一条美食街热闹非凡,一辆辆特色木质小推车满载着海南本土特色小吃——清补凉、虾饼、百香果汁等,吸引着络绎不绝的游客前来品尝。

"人们在以放松和享受为目的的旅行中,往往更愿意消费,也更乐于享受美食。"三亚大小洞天景区商品部冯昌捷说。确实,"吃"成为旅行中愈发重要的主题,"逛吃"游成为消费新增长点。

（资料来源：文化和旅游部官网）

2. 简餐店

简餐从字面意思理解,即简单的餐饮,快餐就是简餐的一种。简餐可以分为中式简餐、西式简餐和中西式简餐三种类型,是随着社会经济发展而衍生出来的餐饮模式。目前景区中主要存在中餐厅、西餐厅、自助餐、快餐饭盒等几种餐饮服务形式。简餐店经营一般具有以下特点:简餐轻食,食物的份量比较小,少于一顿正餐的量,迎合了当下流行的"少食多餐"的消费理念;搭配用心,强调新鲜感;店铺装修要简单同时强调效率,快餐元素突出;个性化元素突出,餐饮产品设计体现店主用心与贴心。简餐店经营存在的问题主要包括:"重环境,轻产品",装修要求高,资金压力大;产品口味相对单一,容易跟风,导致全国景区"同品同味";服务个性化,服务质量难以控制。

扩展案例

太原古县城开业,肯德基"爷爷"有了山西范儿

太原古县城是坐落在晋阳古城遗址上的一座历史文化古城,城内历史建筑遗存众多,十字街格局清晰,街巷肌理完善,沿袭了晋阳古城"城池凤翔余"的古老建筑格局,犹如一只头北尾南的凤凰,自古就有"凤凰城"的美誉,是2 500年晋阳古城文脉的延续。

与古县城一同开业迎客的还有位于南门口的肯德基餐厅,古色古香的设计和古城风貌融为一体,显得古朴而庄重。而就在肯德基餐厅门口,一位特殊的"伙伴"吸引了游客的注意,大家都不由自主地把手机镜头聚焦到他的身上,穿戴着明清山西商人的帽子、服饰,手里拎着算盘,熟悉的笑容,和蔼的神态,大家一眼就认出了他就是肯德基"爷爷",只是这位爷爷太有山西范儿了。这位身高一米九的"爷爷"将会常年驻扎在餐厅门口供游客合影留念。而袖珍版的"爷爷"有手掌大小,将会随套餐限量赠送。另外,太原古县城的肯德基餐厅还推出了古县城套餐、古县城咖啡杯套。

(资料来源:百家号官网)

想一想: 以肯德基为代表的洋快餐越来越注重本土化的发展,各类中国传统早餐也全面进入洋快餐店,其背后反映了什么?

3. 饮品店

饮品店是指为集中满足景区旅游者饮用需要,供应奶茶、咖啡、酒水、茶水等冷热饮料及果蔬、甜品等为主的营业性场所,具体又可细分为奶茶店、咖啡店、茶馆等。饮品店经营一般具有以下特点:顾客群体大;市场占有份额大;电商运营程度化高;投资成本相对较低。饮品店接待服务与经营过程中可能存在的常见问题包括:高中低档品牌众多,竞争激烈;中小品牌饮品店进货渠道不正规,设备简陋、缺乏管理;产品及服务质量都比较低下,缺少竞争力。

扩展案例

长沙最值得打卡的茶颜悦色店,好喝又好玩,现场被游客"挤爆"

说起茶颜悦色奶茶,许多人都知道这绝对是新茶界的网红奶茶。来长沙旅游,打卡茶颜悦色是许多游客必做的事情之一。当茶颜悦色和岳麓山、橘子洲头等长沙景点并列在游客的打卡清单上,你就知道这家网红奶茶店的厉害。

大家都知道,长沙有大大小小几百家茶颜悦色门店。许多人打卡茶颜悦色都是选择其中一家门店,品尝几杯不同口味的茶颜奶茶。虽然茶颜悦色的店多,但是架不住游客们的热情,基本上每家店都生意火爆要排长队。

(资料来源:百家号官网)

4. 特色餐厅

特色餐厅是指围绕景区资源、具有餐厅主题,围绕一定时期、地域的人物、文化艺术、风土人情、宗教信仰、神话传说等设计菜单、服务方式和程序,营造就餐氛围,满足客人对餐饮的多元化需求,并力图在景区旅游者中树立景区相关印象的餐厅,是景区形象打造的重要组成部分。特色餐厅经营一般具有以下特点：首先,有形产品强调民族性和地方性,特色餐厅最大的特色体现在民族和地域的差异性,主要包括饮食风格、食品类型、宴饮方式、餐饮文化和礼仪等;其次,无形产品水平要求高,景区不仅要注重食物的口味、特色、营养,还需要在餐厅设计和建设的过程中,注重餐厅的选址、周边环境的选择和打造,同时重视餐厅本身的建筑造型和式样,做好装修风格和氛围的营造。特色餐厅在经营过程中容易出现的问题主要包括：经营成本高,既包括前期建设成本,也包括后期运营成本;无法满足游客多样化口味需求和传统特色间的矛盾,众口难调;人员素质要求高,用工难。

扩展案例

上海迪士尼乐园酒店

踏入这座充满迪士尼故事情节的酒店,犹如置身于一个童话世界,米奇和它的好伙伴们,将带领您在上海迪士尼乐园酒店开启一段奇妙之旅;米奇在富有新艺术主义气息的酒店大堂,挥舞着指挥棒,热情欢迎您;奇妙仙子的点点仙尘在您的床头轻轻扫过,给您带来别样的妙趣入住体验;在卢米亚厨房享受一顿饕餮美食,所有食材都由我们为您和孩子精心挑选,您在放心享用的同时有机会偶遇你钟爱的迪士尼朋友,拍下它们的照片,留下美好回忆。酒店专有的免费摆渡车和摆渡轮可以载您前往上海迪士尼乐园,快捷方便。每处细节的精心打造,只为让您尽享奇妙体验。

(资料来源：上海迪士尼度假区官网)

(二) 旅游景区餐饮服务基本要求

1. 安全

切实保障旅游者"舌尖上的安全"是景区餐饮服务的重中之重。针对不同类型的餐饮经营单位,景区安全管理内容应包括及时核验各经营单位的证照、场所环境卫生、从业人员健康管理、索证索票、冷链食品、食品加工操作、燃气使用、食品进货渠道等规范管理情况,严厉打击销售标签标识不符合要求、过期、变质的假冒伪劣食品等违法违规行为。对检查中发现的任何食品安全问题进行现场整改,要求各经营单位强化安全主体责任,定期开展对照自查,及时消除安全隐患。

2. 服务

景区餐饮服务人员应根据就餐客人的特点,有针对性地提供热情、周到的服务。旅游景区游客的餐饮需求多样,就餐时间有限,这些都造成了景区餐饮服务质量的不稳定性。因此,必须制定服务质量标准和服务规程,通过对服务标准和每个环节的动作、语言、时间、用具,以及对意外事件、临时要求的化解方式、方法等方面的规定,来规范对游客服务的行为,稳定餐饮服务质量。在提供标准服务基础上,还需注意游客接受服务时的主观感受差异,对不同群体游客提供有针对性的、个性化的服务,尤其是面对母婴、老人、儿童、残障人士等特殊人群。

3. 价格

旅游景区餐饮店质次价高的现象长期以来被诟病,尤其是当一些景区的餐饮价格畸高,超过了旅游者心理承受能力的时候,难免引发旅游者的不满和吐槽,不利于景区的后续和长远发展。事实上,合理的定价才能实现多方共赢的局面。餐饮价格合理、公平,首先是旅游者获益,直接满足了旅游者的景区用餐需求;其次景区餐饮商家因为奉行平价策略,也为景区树立了形象和信誉,让更多游客前来消费;最后互联网背景下的传播、点评,吸引更大景区人流量。因此,旅游景区招商或物业管理部门,在物业招引时,应实行适当的限价策略。

4. 特色

餐饮服务是景区服务的重要组成部分,餐饮服务的质量水平和风格特色在很大程度上反映了景区经营的总体质量水平与风格特色。因此,要求景区餐饮在保证、享受服务的前提下,还要对餐饮进行创新,体现其特色。游客可以通过品尝美食了解景区所在地文化与民风民俗、优良传统、历史沿革甚至宗教习俗等。因此,景区餐饮不仅是旅游者的生理需求,是旅游活动得以扩展或延伸的必要手段,而且可以成为旅游的目的之一,还可成为吸引旅游者的一种旅游资源。

二、岗位职责

旅游景区餐饮接待的岗位职责主要包括但不限于以下几方面。

(1) 保持用餐环境卫生,确保客人的用餐安全。

(2) 能够满足游客各类问询要求。

(3) 熟悉所售餐饮产品情况,以便向客人推销。

(4) 能够配合完成景区或餐饮经营单位单独组织的主题推销活动,促进景区增收。

(5) 重视客情管理,不断改善服务质量,并及时把客人投诉整理上报景区,为景区进一步提高服务水平提供依据。

(6) 加强成本控制,减少费用开支和物品损耗。

(7) 确保餐饮经营单位的物资设备正常运行,尤其重视防火工作。

(8) 能够协助或完成游客点餐、送餐、结算等服务接待工作。

三、岗位制度

(一) 卫生管理制度

(1) 规范穿着工装,满足个人卫生要求。

(2) 经营单位各班组卫生责任到人,每天专人检查,保持用餐环境卫生(卫生检查关键点包括但不限于:地面、桌面、门窗、后厨、洗手间等)。

(3) 及时完成餐具的清洁、消毒工作,并做好相关记录。

(二) 服务管理制度

(1) 遵守上下班制度,提前十分钟到岗,不迟到不早退。

（2）按规定着装，淡妆上岗，规范使用礼貌用语，满足服务礼仪规范。

（3）及时参加班前会及平时的业务培训，服从指挥。

（4）观察并记录客人就餐情况，热情正确地提供餐饮服务。

（5）高效应对服务突发情况，及时上报，满足客情要求，维护景区形象。

（6）能高效完成或协助游客点餐、送餐、结算等服务工作，并做好与财务部门的衔接、结算工作。

（三）物品管理制度

（1）不私拿、私用单位物品。

（2）每日完成物质设备安全检查，如有异常立即报修。

（3）按规范操作设备，若发觉有故意损坏设备者，做处罚直至开除处理。

（4）若客人损坏了物品也应要求赔偿，但语气要委婉，不得对游客无礼。

四、服务流程与典型任务处理

（一）服务流程与规范

1. 餐前准备

确保景区内的餐馆或摊点规模数量与接待游客规模相适应。装饰装修风格与提供的菜品服务相协调、与景区的主题节庆活动相呼应，就餐环境整洁优美，通风良好，空气清新，无异味。出售的食品饮料卫生符合国家规定，配备消毒设施，禁止使用对环境造成污染的一次性餐具。

2. 用餐服务

在接待游客时，服务员应做到热情主动地向游客介绍菜品特点，并视情况提醒游客适量用餐，熟悉和掌握所推销菜品的产地、质量、特色或烹饪方法；能够完成游客点餐服务，或者能协助游客通过现场服务终端或手机终端完成点餐服务。

3. 餐后服务

游客用餐完毕，要按照游客要求，提供打包服务，并主动提供送客服务；能完成或协助游客完成结算服务。下班离岗后应做好清算工作，并与财务部门做好衔接与清账工作。

（二）典型任务处理

1. 参谋点餐

面对进入餐厅的游客应积极、主动、热情，充分表达欢迎之意。

"先生／小姐，您坐这里可以吗？"

"请问先生（小姐），现在可以点菜了吗？这里是菜单，你可以先看看。"

"请问先生（小姐）喜欢用点什么酒水（饮料）？我们这里有……"

"请问先生（小姐）喜欢吃点什么？我们今天新推出……；我们的特色菜有……。"

"请问先生，还需要点什么？"

2. 规范应答

面对游客催菜、致谢等多种情境下，服务员也需做到有礼有节，规范应答。

"很抱歉,让您久等了,我马上到厨房给您催一下!"

"好的,我马上就去!"

"谢谢您的好意,我们是不收小费的。"

"没关系,这是我应该做的!"

"感谢您的鼓励,您对我们工作的认可是我们最大的工作动力!"

3. 真诚致歉

秉持"永远不要和客人争辩,永远把对让给游客"的服务理念,无论因为任何原因,面对游客的指责,一定做到用真诚回馈客人。

"对不起,让您久等了,这是您的菜。真是抱歉,耽误了您很长时间。"

"对不起,这个品种刚刚卖完,×× 菜和它的用料基本相似,您是不是考虑一下?"

"实在对不起,我们重新为您做一下可以吗?"

"对不起,打扰一下。"

"实在对不起,弄脏您的衣服了,让我为您拿去清洗,好吗?"

单元 2　景区购物接待服务

一、认识景区购物接待服务

旅游购物是旅游活动的基本需求,就景区而言是提高景区经济效益的重要途径。旅游商品既是旅游购物的物质对象,也是景区树立形象、传播景区 IP 与特色文化的重要载体。越来越多的景区将自己的眼光从相对有限的门票经济,投向具备无限潜力的旅游商品市场。许多旅游企业也在景区、度假区等大型项目的开发之外,开始看到旅游商品这个"小项目"的开发价值和品牌效应。但总体而言,我国旅游商品仍然是旅游产业的一项短板,国内许多景区存在旅游商品同质化严重、缺乏创意和个性、质量和品质不高、游客消费意愿不强等问题。如何找出历史文物、景区文化、地域特色等内容与游客的连接点,推出更加贴合游客生活需求和文化需求的旅游商品,是旅游景区和企业需要共同思考的问题。

(一)旅游景区购物服务类型与经营特点

景区内购物服务场所根据场所的经营内容及分布特点大体包括以下几类。

1. 零散型特色购物点

零散型特色购物点需要根据游客的游览路线均匀分布,一般安排在景区内部休憩设施或集散点附近,如登山节点、旅游码头、索道站、景区核心景点等地方,既满足游客购买食品、饮用水等正常补给的旅游消耗品的需要,又满足游客有关旅游纪念品的购买需要。零散型特色购物点能否形成较好的收入,关键在于位置是否优越、商品是否有特色,往往需要特色纪念品来支撑。

扩展案例

武汉游客登泰山被物价惊艳

多年来,泰山挑山工的形象,已经成了泰山的标志。

据当地商户介绍,泰山山顶的矿泉水大多都是由当地挑山工人力挑上山的。那么泰山挑山工,又是一群什么样的人?虽然现在修了上山的索道,但是中天门到南天门步行沿线除了人力,依然没有其他运输方式,沿线商铺的商品都是靠挑山工挑的。

在中天门起点处,堆放着即将挑送上山的物资。因此,从中天门到南天门成为最易看到挑山工身影的路线,也是挑山工最忙碌的路线。挑完货上山,下山的时候,有垃圾就顺便挑下去。登山的游客们,如果看到挑山工们背着沉甸甸的担子上山时,跟他们聊天没有得到回应,那是因为身上的挑担很重,开口说话就会泄劲儿。

网友看到后心疼了:(水)贵点能理解,可偏只卖几块……泰山不单单有"会当凌绝顶",还有朴实的汉子、厚道的物价!不仅水便宜,早餐10元能管饱!不少游客登上泰山,都要等着看一看泰山的日出,看日出必备军大衣多少钱?租一件仅需10块钱。看完日出吃顿早饭需要多少钱?也是10块钱,馒头、油条、煎饼、小咸菜……,重要的是——管饱!

很多网友纷纷表示,为山东人点赞!以后也一定要去泰山,领略泰山的风光和感受山东人的热情好客。

(资料来源:百家号官网)

想一想: 泰山景区此举为何受到网友纷纷点赞?我国目前各地景区购物服务存在哪些问题?

2. 购物街

购物街一般在旅游景区前入口处、游憩中心、完成游览后景区出口至停车场的通道、大型停车场区内等地方。旅游景区前入口处和旅游景区出口处是传统景区建设购物场所的最佳位置。购物街的设置具有占地广、投资大、影响力强等特点,导致其规划选址较为关键。之所以优先选择旅游景区出入口这样的关键位置,主要是考虑了对于在游览过程中必需的旅游商品或有可能用到的旅游商品应选择在入口处销售,如香客到佛教寺院进香所需香火、登山所需手杖等。从消费行为学看,游客在游览景区之前对此地的特色旅游商品一无所知或知之甚少,出于规避风险的心理,一般不做出购物决定,更多还是考虑为实现旅游目的而购买相关商品。

视频:景区购物接待之泰山挑山工

结束了景区游览后的游客已经对景区当地的自然资源、人文历史、风土人情等有了较为深入的了解,对于体现景区当地自然、人文、历史等特点的特色旅游商品有了相对详细丰富的信息储备,出于游览纪念或馈赠亲朋的目的,此时购物已在情理之中。从消费心理学上分析,当游客即将离开旅游景区时,为了落实出发前的购物计划,并实现游览过程中激发出的购物欲望,有一种机会即将失去的紧迫感,此时的购买欲望最为强烈。因此,购物街布

局在景区游览的最后一段,也就是景区出口处也比较合理。

3. 线上销售

随着互联网技术的发展,旅游商品线上销售是目前的主流形式之一。尤其是随着 5G、物联网及 VR、AR 等技术的不断发展,景区旅游商品的发展要学会升级固有的传播、销售模式,利用智能化手段进行推广与文化传播。

(二)旅游商品的类型

旅游商品按其用途可划分为消耗性旅游商品、旅游用品和旅游纪念品。

1. 消耗性旅游商品

消耗性旅游商品是指旅游者在旅途中购买的日常生活中有实际用途,具有一次性消费的特点,能够代替一般生活用品功能的旅游产品。

2. 旅游用品

旅游用品是指旅游者为实现特定的旅游目的而需要所购买的在旅游过程中使用的商品。

3. 旅游纪念品

旅游纪念品是指游客在旅游过程中购买的具有区域文化特征、民族特色、具有长期纪念意义和收藏价值的产品。旅游纪念品因具有较高的文化附加值,可以为旅游目的地带来更为可观的收入;其有较高的审美价值,能为景区起到积极的宣传作用;开发旅游纪念品,也能促进我国传统文化与传统手工艺的挖掘、继承和发扬。

二、岗位职责

旅游景区购物接待服务岗位职责主要包括以下几项。

(1)熟知所售商品的特色及卖点,重点关注商品与景区间的联系。

(2)保证游客的购物环境,包括卫生、舒适及商品陈列情况。

(3)关注商品销售情况,对各种畅销或滞销的商品信息要及时汇报。

(4)做好商品销售服务工作,做到商品明码标价。

(5)严格执行景区财务制度,做好当天商品销售记录,认真检查各类票据记录。

(6)严格执行商品验收制度,注意食品的保质期,按规定提前反映和处理临期商品,保证先进先出。

(7)注意做好各项安全防范工作,防止盗窃和火灾发生。

三、岗位制度

鉴于不同类型的购物接待部门经营特点不尽相同,现仅对共性的制度规定做介绍。

(1)严格执行景区考勤制度,严禁无故迟到、早退行为。

(2)工作态度认真,严禁工作中打闹、嬉戏,严禁工作中打盹或坐姿不正,严禁上班时间离岗。

(3)工作中有需临时延长工作时间的,需要明确以服务顾客为重心,不得以任何理由拒绝游客的诉求。

(4)销售人员每天下班认真盘点货品及进行安全检查。

（5）配合景区整体营销安排，及时对货品进行更新换代。

（6）用心完成销售设施设备的整理与保洁工作。

（7）不得随意更改货品价格，不得私自使用货品，如需使用，必须自己购买。

四、服务流程与典型任务处理

（一）服务流程与规范

对于旅游商品售卖点来说，标准化、规范化的对客服务是其成熟的标志；对于景区来说，是其良好品牌形象的展示窗口。只有将标准化、规范化的对客销售工作做好，才能进一步追求个性化服务。因此，规范化服务是基础、前提，其主要内容包括以下几方面。

1. 热情问候

游客走进销售点后，服务人员首先要仔细观察，判断潜在消费者进入销售点的意图，是随便问问，还是有购买意向，有无某种旅游商品已引起了潜在消费者的注意；其次服务人员要专注，看到游客已经靠近或进店，就要将注意力转向游客，用眼神来表达关注和欢迎，注目礼的距离以五步为宜，在距离三步的时候就要面带微笑，热情地问候"您好，欢迎光临"；最后服务人员要主动为游客提供帮助，这有可能促成交易。

2. 接触搭话

（1）游客较长时间凝视某件商品时。

（2）游客把头从青睐的商品上抬起来时。

（3）游客拿起某件商品，主动咨询其情况时。

（4）游客把脸转向服务人员时。

以上表现意味着游客已注意到某种旅游商品，希望得到服务人员帮助，服务人员可通过主动接触搭话使游客的注意从无意注意转向有意注意，进而促使其产生购买兴趣。

3. 刺激销售

在游客表明对某种旅游商品产生兴趣时，服务人员要立即取出该商品的宣传资料或相关样品递给游客，适时介绍其特色或潜在价值，以促使其产生联想，刺激游客的购买欲望，尽快展示商品，从而实现游客"有事情可做，有东西可看，有引起兴趣、产生联想的对象"。

4. 参谋推荐

参谋推荐就是根据游客的实际情况，在其犹豫是否购买的关键阶段进一步激发其购买欲望，最终促成购买，一般可从以下关键步骤入手。

（1）列举所售商品的特色及卖点。

（2）确定满足游客本人需要的特点。

（3）着重强调购买此种商品后游客所获得的利益，即最大程度将商品的特征功能转化为游客的自身利益。

5. 售后服务

在旅游类消费投诉中，旅游商品的质量和售后服务方面相对较多。因此，要实现旅游景区购物的可持续发展，就必须完善及保证旅游购物的售后服务，通过建立完善的售后服务体系，降低游客的购买风险，增强其购买信心。

旅游商品售卖点提供的售后服务主要包括：大件商品的邮寄、托运、回访游客对所购商品的满意度；回答游客对商品问题的咨询等。另外，游客在景区内及线上购物场所购买到假冒伪劣商品或失效、变质商品时，应当有权向旅游景区购物场所追偿。

（二）典型任务处理

1. 初见客人时的应对

当接收到游客有意购买的积极消息时，首先要做到的是快速反映，不能让游客等待超过 5 秒，及时表达欢迎之意并完成自我介绍，具体格式为："您好，很高兴为您服务，有什么可以为您效劳的？"语言问候到位还需结合微笑表情。

2. 客人议价时的应对

议价是旅游商品销售工作中最常见的问题，我们在面对提出议价要求的游客之前，一定要对游客的消费心理有所了解，才能得体处理。事实上，大多数选择议价的游客并非买不起，而是讨价还价已成习惯，心理需要得到慰藉，以讨价还价成功来满足自身内心的成就感。对于此类游客，销售人员首先需要声明我们产品是优质的，销售价格是公开、固定的，价格是无法做变动的，这是原则。通常到这一步，部分游客不会再在价格上纠缠。如果你表达后，游客表现出犹豫不决，那么可以转移游客的思想意识，强调商品的特色以激发其购买欲望，必要时可以表示我们可以通过向上级申请以适当优惠促成销售。议价过程的核心思想在于一定向游客明确：商品价格是无法优惠的，产品质量有保证！结合游客的反映，适当给予优惠，也是通过正当流程，仅仅针对游客本人而为的特殊情形。

模 块 小 结

很多游客吐槽景区过度商业化的问题，包括景区内餐饮食品贵且难吃；商业街过长，景观质量差，存在不明码标价、服务质量差等经营不规范问题。事实上，游客并非排斥商业，因为景区只有通过相应的商业开发才能提高附加值，景区商业接待服务必须要体现景区的特色，并在精细化服务上做文章，切实满足游客的舒适化需求。因此，本模块重点是讲授景区餐饮与购物两大类型的接待服务岗位职责、管理制度及基本流程、典型任务处理技巧。随着旅游景区综合化趋势越来越明显，接待服务岗位的范畴也将越来越广。

讨论与思考

1. 对比分析乌镇景区和传统山岳类景区的餐饮服务类型及经营特点？

2. 对比迪士尼与欢乐谷，分析景区购物服务类型及经营特点？

3. 如何避免景区过度商业化？

模块测验

一、名词解释

1. 流动餐饮服务点

2. 景区特色餐厅

3. 消耗性旅游商品

4. 旅游用品

5. 旅游纪念品

二、填空题

1. 景区特色餐厅最大的特色体现在_____和_____的差异性。

2. 切实保障旅游者_____是景区餐饮服务的重中之重。

3. 零散型特色购物点需要根据游客的游览路线均匀分布，一般安排在景区内部_____或_____附近。

4. 对于旅游商品售卖点来说，_____、_____的对客服务是其成熟的标志。

三、选择题

1. 简餐店经营一般具有哪些特点？（　　　　）

A. 简餐轻食　　　　　　　　　　B. 搭配用心

C. 装修要简单同时强调效率　　　　D. 个性化元素突出

2. 旅游景区餐饮服务基本要求排在首位的是（　　　　）。

A. 安全　　　　　B. 服务　　　　　C. 价格　　　　　D. 特色

3. 购物街设置的特点包括（　　　　）。

A. 占地广　　　　B. 够奢华　　　　C. 投资大　　　　D. 影响力强

4. 旅游纪念品之所以可以为旅游目的地带来更为可观的收入，主要因为其具有较高的（　　　　）。

A. 单位价值　　　B. 文化附加值　　　C. 实用价值　　　D. 观赏价值

5. 游客走进销售点后，服务人员在距离几步时的就要面带微笑，热情地问候？（　　　　）

A. 一步　　　　　B. 二步　　　　　C. 三步　　　　　D. 五步

四、简答题

1. 景区餐饮服务与社会餐饮服务有什么区别？

2. 景区摊贩经营容易出现的问题有哪些？

3. 景区饮品店的经营有何特点？

4. 旅游商品售卖点提供的售后服务主要包括哪些？

扩展技能训练

选择当地一个大型旅游景区,实地走访参观景区的商业接待服务,并完成参观调研报告(调研报告内容需包括考察旅游景区简介、商业接待服务人员情况、交流主要内容和典型案例、个人思考与启发)。

模块 8　景区导游讲解服务

◆ **学习目标**

● **素养目标**

1. 培养学生树立尊重规则、敬畏规则、遵循标准的意识。

2. 培养学生诚信品质、敬业精神和服务意识。

3. 主动培养自己的职业素养,涵养自身人格魅力。

4. 培养学生终身学习的自我发展意识。

● **知识目标**

1. 了解旅游景区讲解工作的职业要求。

2. 掌握不同类型景区的讲解要求和讲解方法。

● **能力目标**

1. 能够灵活使用讲解技能,能因人而异、因团而异的安排讲解内容。

2. 具备较强的口语表达能力和语言转换能力。

3. 具备景区讲解员规范化服务能力。

情景案例

"黄河之水天上来,奔流到海不复回",唐代大诗人李白对黄河的赞美,只有您来到了黄河壶口瀑布才能真切地感受到。黄河自青海源头沿途汇集了 40 多条大的支流和千条小溪,来到了晋陕大峡谷,水流从 500 多米宽骤然收窄到 40 多米,从龙槽口飞流而下,落入深潭,形成这巨大的瀑布,犹如茶壶注水,"壶口瀑布"因此得名。

看着这奔腾而来的黄河水,似千万匹骏马,势不可挡,惊涛巨浪,以排山倒海之势,注入壶口,形成这震撼心魄的瀑布。站在岸边,望着这奔涌的瀑布,您可以产生各种各样的联想。中国人在黄河上面寄托了太多的情感,黄河已经成为中国人不屈不挠、勇往直前的性格象征。而最能体现黄河性格的也就是壶口瀑布。"不到壶口大瀑布,不识黄河真面目。"著名诗人光未然正是来到了这里,才被黄河这巨大的力量所感染,于是写出了著名的《黄河大合唱》,"风在吼,马在叫,黄河在咆哮",体现了中国人民奋起抗日的坚强意志,成为一曲民族精神的颂歌。

想一想: 从这篇讲解词中,你读出了哪些信息?

单元 1　讲　解　准　备

视频:讲解准备

　　讲解员是景区的窗口,其讲解水平的高低,直接体现着对景区的正确宣传和游客对景区的正确认知。讲解员的讲解不是照本宣科,更不是简单的背诵讲解词,一名优秀的讲解员考验的是扎实的基础、较强的应变能力、良好的职业道德、个人修养和能力。

一、讲解准备的重要性

　　景区竞争归根到底是人才竞争,景区产品质量的高低和游客的满意度直接与景区员工素质相关。一支训练有素、解说经验丰富的讲解员队伍可以极大地提升旅游景区的服务品质和形象。

(一) 充分的讲解准备是做好讲解工作的重要保证

　　"讲解无小事",充分的讲解准备是做好讲解工作的重要环节。做好讲解准备工作对于景区讲解员来说是圆满完成讲解任务的重要保障。只有拥有高素质的员工,景区才能提供优质的产品和服务。

　　1. 具备良好的文化素养

　　讲解员在接待工作中,面对的是来自不同地区和不同需求的游客,同时我国的旅游景区所蕴含的旅游文化丰富多彩,在讲解中所涉及的知识也是门类众多,千差万别。讲解员只有先做一名"杂家",才能成为一名"专家"。因此,讲解员应不断提升自身的文化素养,要博览群书，不耻下问，刻苦严谨，循序渐进，精思明理，从知识积累开始，融会、贯通、比较，不断提高艺术与美学鉴赏能力。因此，当他们为旅游者服务时不能只重复前人的知识，更能通过自己的观察分析，揭示出旅游景区所蕴含的深层次的文化内涵，使自己逐步成为"学者型""文化型"或"专家型"讲解员，"世事洞明皆学问，人情练达即文章"，"洞明""练达"当是讲解员要终身致力的目标，更是旅游景区未来高端定制旅游讲解或 VIP 讲解服务的必备杀器。

2. 具备高超的语言表达能力

语言表达能力是指为做好讲解服务而熟练掌握和运用具有一定意义并能引起互动的一种沟通能力。通常主要指讲解员在工作时常用的口头语言和体态语言。口头语言是讲解员用来和游客进行信息沟通、思想交流、表达感情、传播文化时使用的一种富有丰富表达力、生动形象的语言表达形式；而体态语言则包括目光语、手势语、微笑语、姿态语、服饰语等，在讲解过程中可以起到辅助说明的作用。

讲解员应具有高超的语言表达能力，也就是能够因人而异、因时而异、因团而异、因地制宜的驾驭语言的一种能力。

（二）全面的讲解准备是完成高质量讲解工作的重要依托

加拿大旅游专家帕特里克·克伦曾经说过，"你的知识永远不会饱和，不可能万事精通，唯一的途径是不断更新知识，多读书，多了解世界发展状况"。作为一名景区讲解员，不仅要全面系统地了解景区的过往与现在，而且要了解周边环境与世界的发展变化。因此，景区讲解员要做好全面的讲解准备，尤其是当你要将高端定制讲解或 VIP 讲解作为自己的职业发展目标之际，如何成为一名"学者型""文化型"或"专家型"讲解员，最重要的是做好充足的知识储备加灵活应用能力。

1. 知识准备

俗话说："要想给人一杯水，就得准备一壶水。"讲解员的知识准备，通常包括本景区知识、相关景区知识、同类景区知识等。只有广泛了解，善于甄别，才能将这些景区所承载的相通或相异的文化和历史元素讲清楚，讲明白。讲解员要根据所工作的景区类型、结构、特色，收集并学习与景区相关的资料，凡是与景区相关的知识都需要不断地积累，以便更好地为游客提供有效务实的服务。

知识准备其实就是找自己的知识缺陷，补短板，同时要不断地学习心理学知识、导游技巧、旅游美学、讲解艺术和语言艺术。其途径可以向书本学习、向社会学习、向同行学习、向前辈学习、向游客学习，在实践中不断地更新、储备新的知识，同时要不断地扩展知识面。只要做一个有心人，虚心求教，勇于实践，善于总结，才能成为"万事通""专家"。只有充分的知识准备，才能使自己的讲解内容更加充实，更加有说服力。山水风光不能带走，但通过导游讲解得到的各种知识和由此获得的不同思想感情可以带走。

2. 语言准备

讲解工作是一项综合性的口语艺术，讲解员应具备很强的口语表达能力，使自己的讲解介于随意和考究之间、明朗和含蓄之间、活泼和稳重之间、轻松和幽默之间、华彩和质朴之间。

讲解工作的语言准备主要指针对不同的讲解对象，应提前对内容的讲解方法、语言的表达形式及语言艺术等方面做到心中有数。孔子曾说:"言之无文,行而不远。"讲解员如果没有过硬的语言表达能力,就谈不上优质服务,也就不可能完成讲解工作任务。而过硬的语言能力和扎实的语言功底则以丰富的知识储备为基础。

3. 物质准备

景区讲解员应按照景区的讲解工作要求,准备好景区导游图册或景区相关宣传资料、讲解的工具或器材,同时正确佩戴导游证(讲解证)或工牌。此外,针对部分定制旅游群体,尤其是面向特殊旅游人群或可能碰到特殊天气之际,还应准备好一些防范风险、协助游客游览的相关物品,如遮阳避雨、防止蚊虫叮咬的相关物品。

4. 形象准备

讲解员的外形要求通常指仪表、仪容两方面,在带团过程中,良好的仪表、仪容能给游客带来深刻的印象和美好的回忆,同时是景区服务品质的体现。在上岗之前,讲解员应首先按景区规定穿着统一服装上岗并保持整洁,除了工装的要求,女讲解员不宜穿太短太露的服饰,不宜佩戴过多的饰物,如胸针、手镯、脚链、耳环等,夏天男讲解员不穿短裤和无领汗衫,不赤脚穿凉鞋,保证上岗时能够保持饱满的精神状态。容貌修饰总的要求是端庄、整洁,女讲解员可淡妆上岗,不浓妆艳抹,不要涂深色的指甲油,不留长指甲,确保呈现给游客的是干净整洁、落落大方的职业形象。

5. 心理准备

讲解员应对游客在游览过程中可能发生的任何问题,要做好预案。游客对景区的认知和服务,一定是仁者见仁、智者见智的,但是作为工作人员,必须有心理准备应对游客的负面情绪,能够坦然地应对游客的批评、挑剔和反驳,要敢于面对和接受各种挑战;有了这些方面的心理准备,就会做到遇事不慌,遇到问题也能妥善、迅速地处理。在实际工作中,讲解员自己也要有好的情绪,并且要善于利用情绪。同时,注意工作和生活中自我角色的转变,不能把自己生活中不愉快的情绪带到工作中。在工作中要积极观察游客的反应,并根据其反应灵活调整自己的讲解技巧。

二、讲解内容的准备

知识是讲解的素材,是讲解服务的"原料"。"上知天文地理,下知鸡毛蒜皮",就是指讲解员应该是一本"百科全书",虽然有点夸张,但是讲解内容的准备也是讲解员做好讲解的必要环节。因此,讲解员的知识结构应该是多元化的,既要广种广收,又要精耕细作。直接的"拿来主义"或照本宣科,游客是肯定不喜欢的。

(一) 史地文化知识

讲解员必须掌握一定的史地文化知识,包括历史、地理、宗教、民族、风俗民情、风物特产、文学艺术、古建园林等方面的知识。综合理解史地文化知识并将其融会贯通、灵活运用,是一名合格景区讲解人员的必备条件,尤其对于自然类与人文类旅游景区而言。

讲解时必须尊重历史,尊重史实,绝不能杜撰史实,张冠李戴,胡言乱语。讲解员是景区形象的代表,作为文化的传播大使,应该是一个有文化、有教养、有学识的人,要将史地文化知识融会贯通、灵活运用于景区讲解工作之中。这也是国家倡导以文塑旅，以旅彰文，促进文旅深度融合的重要方式或路径之一。

（二）专业基础理论知识

专业基础理论知识是讲解员的本职工作内容。首先，要精通各种业务手续和景区讲解工作程序，如安排游客的饮食起居、了解景区景点布局和最佳游览路线等。其次，还应具有景区服务与管理、旅游文化、客源国概况、公关常识、美学、心理学、社会学、传播学、管理学、哲学等知识。这些专业知识，将会有助于景区讲解服务质量的提升。

（三）政策法规知识

政策法规是旅游工作的指针。讲解员在景区讲解、回答游客问题或讨论有关问题时，必须以国家的方针政策和法规为指导。如果在旅游过程中出现的有关问题，讲解人员要按照国家的政策和有关的法律、法规予以正确处理，尤其是涉及景区文化和旅游资源的保护、生态环境保护及游客权益保护等方面。同时，讲解员自身的言行更要符合国家政策法规的要求，以身作则，遵纪守法。

（四）心理学和美学知识

心理学和美学知识，也是讲解员的必修课。有针对性地提供心理服务，能使游客在心理上得到满足，在精神上获得享受。大量的事实证明，向游客多提供心理服务远比功能服务重要得多。旅游活动是一项综合性的审美活动，讲解员的职责不仅要向游客传播知识，还要传递美的信息，提供美的视角，让他们获得美的享受。因此，讲解员要随时了解旅游者的心理活动，有的放矢地做好讲解和服务工作，同时要不断加强自己的美学修养，塑造自身的良好形象，因为游客在欣赏美景的同时，讲解员本身也是游客的审美对象。

（五）政治、经济与社会知识

由于旅游者来自不同国家或地区的不同社会阶层，不乏一些游客会对目的地的某些政治、经济和社会问题比较关注，询问有关政治、经济和社会问题。此外，在旅游过程中，游客有可能随时见到或听到目的地的某些社会现象，会引发他们对这些社会问题的思考、讨论甚至交流，这就要求讲解员能够给予正确的解释，引导游客正确认知国家或地区的社会问题与现象。所以，掌握相关的社会学知识，熟悉国家或地区的社会、政治、经济体制，了解当地的风土民情、婚丧嫁娶习俗、宗教信仰情况和习俗禁忌等就显得十分必要。

（六）旅行常识

旅行常识是指交通知识、通信知识、货币保险知识、卫生防疫知识等。景区讲解员虽然工作范围和工作内容相对于旅行社的导游人员较小，但是难免也会遇到游客的个性化需求，如邮寄、托运、交通、医卫、保险等问题。因此，掌握必要的旅行常识，为游客提供专业解答也是讲解员高质量服务的重要内容。

（七）国际知识

景区讲解员应了解国际形势和各时期国际上的热点问题，以及中国的外交政策和对有关国际问题的态度，要熟悉景区常见的客源国概况，知道其历史、地理、文化、民族、风土民情、宗教信仰、礼俗禁忌等，以便在讲解接待中能够做到有的放矢地提供服务，还能加强与游客的沟通。如果是外语讲解员,应熟悉两国文化的差异,从而使其产生领略异国、异乡风情的游兴。

(八)外语水平

随着中国旅游业的迅猛发展,景区外国游客的比例呈上升趋势,如何做好与国际游客的沟通与交流,也是景区讲解员必须具备的基本知识、素质。除普通话讲解标准之外,还应掌握一些外语日常用语,讲解员应注重对外语的学习,积极与国际接轨。通过提升自己的外语水平,为景区树立国际形象。

单元2 讲 解 接 待

视频:讲解接待

讲解员通常是旅游景区接待任务的承担者,是景区的形象代表、代言人,是游客利益的维护者和代言人。对于讲解员来说,语言表达技能、导游讲解技能、心理服务技能和旅游审美引导技能是决定其接待服务质量的关键。尤其是讲解接待,是整个接待服务过程中的核心环节,对整体接待服务质量起着决定性的作用。因此,讲解员要树立游客至上的服务意识。

一、景区讲解接待的服务意识

做好旅游工作必须具有良好的服务意识,服务有"主动服务"和"被动服务"之分。主动服务是指游客还没有提出问题和要求之前,就能够根据游客的一般心理,提供解说、启示和帮助,使游客感到心中有数,如讲解员在接到团队时,除了介绍有关经典知识,还能将卫生间、文创商店、Wi-Fi的使用等提前进行告知,想游客所想。这种主动服务的方式一定比在过程中陆续解答游客的询问要好得多,主动服务为游客带来的安全感和信任感远远比被动服务的接待效果要好,自然也就会收到良好的效果。被动服务是指游客提出问题或要求后才给予相应的解答和帮助,即使讲解做到百问不厌,百讲不烦,游客只会认为这是讲解员的本职工作,是份内的事情,没有被重视的感觉,也就谈不上对服务的满意度,使原本可以事半功倍的讲解服务工作大打折扣。

由此可见,讲解员要树立"主动服务"意识,才能全方位、多元化地为游客提供服务。

(一)树立"游客意识"

游客是景区的"主角、上帝",服务好游客,并期望更多的游客前来参观游览,是景区工作者的追求。树立"游客意识",一方面指为游客的游览活动做好讲解,对景区有更多的了解,使其游览过程更加愉悦;另一方面指对游客行为也需要进行引导和管理,需要按照景区的有关规定进行游览活动,用符合社会公众道德的各项行为规范游客的游览过程。因此,"游客意识"的树立,是为了让游客的游览体验更好,也是景区可持续发展的需要。那么怎样做到游客至上呢?可以从以下几点实现。

1. 情感服务

旅游服务质量是旅游业的灵魂。情感服务是服务质量的重要体现,是旅游服务的本质属性之一。情感服务的内涵首先是人际交流,涉及景区讲解员和游客的交流互动,如讲解员的言语要友好,富有人情味,要让听者感到亲切、温暖;处理问题和事情能够做到"急游客所急,想游客所想",能够设身处地,换位思考,触景生情,富同理心,能够在人情冷暖方面,与游客获得情感共鸣。

2. 超值服务

服务技能通常可分为操作技能和智力技能两类。讲解员提供的主要是智力技能,即生动精彩的讲解技能、随机应变的沟通技能、巧妙合理地组织参观的带团技能、客观准确的政策宣讲技能、沉着果断处理意外事故的应急技能等。因此,一名优秀的景区讲解员在完成职业规范的"规定动作"之后,能够使游客获得超值服务。例如,在了解景点历史的同时,获得了对生命真谛的理解;在参观游览的过程中,意外收获了久别的人生感悟;在景区体验活动中,学到了新的技能和技术等。对游客提供超值服务的同时,也是讲解员提升自己的过程,更是培育景区潜在客户的绝佳时机。服务质量低劣,会造成旅游产品本身的贬值,也是服务工作的最大失败;相反,服务质量高,游客感受深、收获大,就会使旅游产品物有所值,甚至给游客超值的感受。

(二)激发"游客游兴"

我国的景区资源山山不同,雄奇险峻,各领风骚;庙庙各异,宗派门户,奥妙无穷。如果没有讲解员的审美引导,游客既不知其然,更不知其所以然,无法深度领略和挖掘景观与资源的内涵。因此,景区讲解员要提升自己对美的鉴赏能力,更要能够引导游客欣赏美、感悟美。

1. 传递正确审美信息

游客要通过旅游去认识过去不曾接触过或不曾了解的事物,这几乎要从零开始。讲解员要有能力以最佳的方式或最合适的角度引导游客去欣赏某一名胜古迹、历史故事、神话传说,妙趣横生地向游客介绍当地的风俗习惯、风味特产等,在讲解中传递审美信息,使游客在潜移默化中得到自然美和艺术美的享受。

2. 激发游客想象空间

讲解员在讲解过程中,要善于引导游客进行"二次创作"。在欣赏景观时,讲解员巧妙运用讲解手法和带团技巧,激发游客的想象思维,使游客自然融入对景观的理解和认知中,参与到景观的欣赏和体验中,真正做到人与物相融,从而达到观景赏美的最高层次。

二、景区接待的讲解服务技巧

景区讲解服务是讲解员以丰富多彩的社会生活和璀璨壮丽的自然美景为题材,以兴趣爱好不同、审美情趣各异的游客为对象,对自己掌握的各类知识进行整理、加工和提炼,用简洁明快的语言进行的一种意境的再创造。讲解的技能技巧,就是讲解方法的多样性、灵活性和创造性。游览活动是游客旅游活动的中心环节,要让游客在游览、参观及行进途中获得知识和审美的享受,真正领略游览的乐趣,体验酣畅淋漓的氛围,讲解工作是核心。在这里,列举几种常见的景区讲解服务技巧。

（一）山岳类景区讲解服务技巧

作为一个多山国家，我们的祖先对山岳有着特殊的感情。山岳类景观不全是地理学上的概念，而是专指以具有美感的、典型的山岳自然景观为主体，渗透着人文景观美、环境优良的山地空间综合体。天然的优美景观与悠久的历史文化相结合，从而形成旅游名山。明代文学家杨慎在《艺林伐山》中写道："玲珑剔透，桂林之山也；巉嵯岿嵚，巴蜀之山也；绵延庞魄，河北之山也；俊峭巧丽，江南之山也。"山地景观以其雄、险、奇、幽、秀、峻及其变化组合为主要审美特征。

山岳类景观的讲解方法，通常需要根据山岳景观的特色及游客的游览情趣，选择从不同的角度进行讲解。第一，从地质角度，即山岳景观的地质、地貌形成的景观特点；第二，从美学特征进行审美引导，如黄山四季不同的景色、华山一日中的不同景观等；第三，从旅游文化的角度，文化塑造了名山，名山承载了历史，山岳景观中的历史遗迹、宗教文化、文学艺术等都是宝贵的旅游资源。例如，诗词歌赋能够帮助人们加深对自然美的欣赏，丰富自然景物美的意蕴，使人们从单纯的自然风景中体会到一种诗情画意，既有感性的形象美，又有理性的含蓄美。杜甫的《望岳》使人们不但对泰山形态有所了解，而且产生了"一览众山小"的气概。又如，苏轼的《题西林壁》，不仅写实，更上升到了哲学的高度，对人的认识具有积极的指导意义。因此，文化特色和文化内涵，要通过讲解员的讲解生动形象地展示给游客。

山岳类景观的讲解，要抓住景观的主要特征，根据游客的文化层次与兴趣爱好针对性地提供讲解服务。对文化层次较高的游客，讲解中要突出景观的美的特征，突出文化内涵，满足游客求知、求新、求奇的审美追求。面对文化水平相对较低的游客，在讲解中要突出趣味性，可以侧重景观的象形介绍或传说故事方面的讲解，使游客在加深对自然美的认识过程中实现思想境界的提高。

（二）水域类景区讲解服务技巧

水是自然环境形成和发展中最活跃的因素之一，凡是美的自然景色都离不开水。有水，山才秀，才活，才有生气；有水，树木花草才能繁荣；有水，云霞雾霭才会形成；有水，才会有这丰富多彩、气象万千的世界。因此，水不仅是人类生存的必要物质条件，也是人类审美活动的主要对象之一。

水域类景观对游客的吸引力是难以抗拒的，人们对水有一种天然的亲和力，越来越多的游客都将以水为主的景观作为出游的主要目的地。讲解人员在水域类景观的讲解中，要紧紧地围绕水的综合美感，从形、质、色、声等方面进行生动的讲解。水域类景观主要是以动态和静态两种形态出现的。动态的水以泉、瀑、江河、海洋为主，静态的水主要以湖、池、潭为主。讲解员应充分认识水域类景观的形态特征，在讲解中，第一，要突出其独特的审美价值，如大海的波澜壮阔，江河的一泻千里，溪流的平静舒缓，瀑布的飞流直下，给予了游客极大的享受，"欲把西湖比西子，淡妆浓抹总相宜"的西湖的平静与秀丽，同时倒影美、色彩美都是水域景观的独特美；第二，突出水域类景观的文化内涵，讲解人员在对水景的讲解中，除了直观的形态，还应从文化的角度予以全面的评价，如壶口瀑布给人带来力量，西湖给人带来宁静，这种力量和宁静美所蕴含的文化在历史的长河中激励着人的斗志、启迪着人的智慧、荡涤着人的心灵。

（三）红色旅游类景区讲解服务技巧

红色旅游景区不仅是旅游目的地，还是爱国主义教育基地，更是彰显文化自信、大国自信的重要阵地。有内容、有情感、有细节的故事是红色精神的生动载体，红色旅游的核心是传承红色文化精神。在讲解时，第一，应结合红色景区的历史背景，筛选合适的切入点，使游客重温历史，并从中找到共鸣；第二，对红色资源的挖掘应注重从历史视角出发，赋予红色故事的当代意义；第三，红色旅游景区的讲解要有教育意义，一定要注重历史的准确性和客观性，不能杜撰，不能演绎，不能随意评价历史事件，要引导游客对红色旅游资源有敬畏心，尊重历史，让游客对历史和英雄人物树立崇敬之心。

三、景区讲解接待的基本流程

景区讲解接待服务流程可用 6 个阶段来概括：到景区讲解服务中心接受具体任务，了解游客的愿望与要求→根据游客的愿望与要求设定游览方案 →在景区门口迎接游客，并请游客确认游览方案→在示意图前对景区进行概括性讲解，交代游览中应注意的事项→引领游客参观游览并进行讲解，处理游览中发生的各种问题和事故→告别游客，征求游客的意见与建议。

视频：景区讲解接待的基本流程

景区讲解员的服务具有及时性，程序虽然简单，但按照接待前、接待中和接待后的程序，每一阶段都有相应的操作规范。

（一）接待前

1. 认真阅读接待计划

旅游接待计划是景区按照与游客、旅行社等其他单位签订的旅游合同内容做出的契约性安排，是讲解员了解游客团队基本情况、安排活动项目以及日程的主要依据。通常需要了解的信息有游客的人数、性别、年龄、职业、民族及客源地等，有无特殊需求，以便针对性地做好接待工作。

2. 合理设计接待方案

商定游览行程事宜主要发生在较大的游览景区；而在一般的旅游点如博物馆等，除了旅行社组织的团队和某些特殊团队，其他游客一般愿意听从讲解员推荐的游览行程安排。商定游览行程不仅表明讲解员对游客的尊重和欢迎，还可以从商议安排过程中了解游客的主要兴趣或隐藏特征，以使游览计划安排更符合游客的需要，这是保证景区讲解接待工作顺利进行的重要环节。

（二）接待中

接待中的首要环节就是致欢迎词，其内容应视游客的文化水平、职业、年龄及客源地等情况有所不同，要给游客以亲切、热情、可信之感。欢迎词是讲解人员面对游客的第一次讲解服务，这个"开场白"效果如何，在很大程度上影响着游客对讲解人员乃至景区的信赖程度。因此，应该在致欢迎词上做到先声夺人，争取一个好的开端。要给游客以亲切、热情、可信之感，使游客进入轻松、愉快、满足的状态。讲解服务是接待中的核心环节，讲解员应在规范服务的同时兼顾游客个性化需求。

1. 概况讲解

在景区接待过程中,讲解员首先应向游客介绍景区的概况。其主要内容包括:地理位置、历史背景或成因、建造年代等;景区的主要特色、历史价值、文物价值、旅游价值、美学价值等;要向游客讲明游览路线、集散时间和地点,以及游览中的有关注意事项,如景点哪里不可以拍照,在特定的游览区域应遵守怎样的规定,在景点中面对小动物的应对防范措施、安全注意事项等。

2. 游览中的讲解

讲解员应根据游客的不同情况,灵活地使用讲解资料,讲解的内容、方式要因人而异、繁简适度才能使讲解内容生动而又富有生命力。游览中的讲解是景区讲解接待服务的主体内容,讲解员应始终带领游客沿着游览线路对所见景物进行精彩的讲解服务,应对景点的历史背景、特色、地位、价值等方面的内容做全面详细的讲解,同时要给客人留有思考、回味的空间,灵活采用不同的讲解手法。根据游客的不同类型和兴趣爱好积极引导游客参观与游览,在讲解时应结合有关景物或展品相机宣传环境、生态系统或文物保护知识,并解答游客的问讯。

想一想:在游览过程中,游客可能会向讲解人员提出哪些需求?讲解人员还应该具备哪些服务技能?

(三) 接待后

参观游览活动结束后,讲解员要向游客作简短的欢送词,送别时的规范与服务也是极为重要的,通常包括致欢送词、提醒游客检查是否有遗忘物品、积极办理游客临行前的委托事宜和一些遗留问题,给游客一个满意的交代。同时,讲解员应充分提取旅游团成员及其领队的意见和建议,如有必要还可以填写相应的意见征询表。

单元3 讲 解 技 巧

朱光潜先生说:"话说得好就会如实地达意。使听者感到舒服,发生美感。这样的说话就成了艺术。"语言表达直接影响着游客的心理感受,讲解员必须在语言方面下足功夫,必须在语言艺术的"达意"和"舒服"上下功夫,在"美"字上做文章。

一、景区讲解的语言要求

"一句话能把人说笑,也能把人说跳。"讲解员在进行讲解服务时必须认真思考讲解方法和表达方式,努力使大好河山的静态变为动态,使沉睡了千百年的文物古迹死而复生,使优雅的传统工艺品栩栩如生,从而使游客感到旅游生活妙趣横生,留下经久难忘的深刻印象。景区讲解工作要求讲解员必须具有比较扎实的语言功底,而正确、优美、得体的语言表达能力对提高讲解服务质量至关重要。

（一）正确

正确是讲解员在讲解时必须遵守的原则。首先,体现在讲解和回答游客的问题时,必须坚持正确无误的原则。"一伪灭千真",讲解必须要科学化和规范化,提高可信度。其讲解内容必须有根有据,正确无误,不得胡编乱造、张冠李戴。对未调查清楚、根据不足、没有把握的事情,不要轻易表态或许诺。其次,语音、语调、语法、用词造句正确,避免使游客产生歧义,声调、语调要有节奏感(表8-1)。语言的准确性是指讲解员的语言在遣词造句、叙事上要以事实为基础,准确地反映客观实际。无论说古论近、议人叙事、讲故事、说笑话,都要力求做到准确无误。

表8-1　景区讲解语调使用技巧表

种类	表示的语义	例子	语调升降变化
升调	兴奋、激动、惊叹、疑问	啊? 啊!	升
降调	肯定、赞许、感激、期待、同情	啊……	降
直调	庄严、稳重、平静	啊。	平

（二）清楚

清楚是讲解员在讲解时必须遵守的又一原则。讲解员在讲解时应当做到口齿清晰、简洁明了,表达清楚,层次分明,逻辑性强;浅白易懂,按口语化要求,缩短句子或句中停顿,改变书面用词和句式。讲解员要使用通俗易懂的语言;忌用歧义语和生僻词汇,避免冗长的书面语;使用中国专用的政治词汇时要做适当解释。此外,能够将文物古迹的历史背景和艺术价值、自然景观的成因及特征交代清楚。讲解员应该懂得对所讲内容、形式、表达方式进行调整,力求符合游客的欣赏水平。

（三）灵活

灵活即根据不同的对象和时空条件进行讲解,注意因人而异、因地制宜。根据这一原则,在讲解中,要灵活使用讲解语言,使特定景区的讲解适应不同游客的文化修养和审美情趣,满足不同层次的审美要求。例如,对专家、学者之类的游客,讲解员在讲解时要注意语言的品位,要谨慎、规范;对初访者,讲解员要热情洋溢。因此,讲解员应具备较高的语言修养,在内容的选择上,使其深浅恰当、雅俗相宜,努力使每个游客都能获得美的享受。

（四）生动

生动是指讲解员说话诙谐、幽默、风趣,令人愉悦,能够做到有声有色,活灵活现。讲解语言的风趣性主要表现在其幽默或诙谐的言谈风格上,是讲解员高水平驾驭语言的一种能力,语言的艺术性和趣味性也是口头语言运用原则之一。要想达到语言生动的效果,在讲解时应力争做到:语言生动流畅,善于使用形象化的语言,努力使情景与语言交融,善于创造美的意境;而善于使用幽默,则会使讲解锦上添花,为游客创造轻松惬意的氛围,也有利于增强讲解的艺术表现力,提高游客的游兴。因此,生动是讲解的灵魂,成功的讲解必须是妙口生花、绘声绘色、悦人耳目的。

景区讲解语言的基本要求如表 8-2 所求。

表 8-2　景区讲解语言的基本要求

讲解语言的基本要求	正确	1. 遣词造句准确,符合语法规则 2. 咬字吐音准确,语言运用恰当 3. 讲解信息准确,内容充实有据 4. 艺术加工准确,引证列举恰当
	清楚	1. 口齿清晰,语音圆润 2. 层次分明,内容全面 3. 通俗易懂,口语化
	生动	1. 表达流畅是生动的前提 2. 内容具体是生动的基础 3. 描述精彩是生动的体现 4. 修辞手法是生动的源泉 5. 幽默风趣是生动的升华
	灵活	因人而异　因时而异　因地制宜

二、景区讲解的语言技法

景区讲解语言主要是口头用语,从讲解的性质看,应该是一种艺术语言,讲究音量的强弱适中、音色的优美圆润、语气的起承转合、内容的自然流畅以及节奏的抑扬顿挫。景区讲解语言在运用时必须掌握"适中"这个原则。

(一)调节音量的技巧

音量是指声音的大小。人们在讲话时声音的大小会不断地变化,这种变化受到表达内容或表达者情感的制约。总之,音量的大小变化是由思想感情决定的,而恰当的音量又会有助于思想感情的表达。

讲解员在讲解时应以游客听清为准,避免声音过高或过低,还应根据讲解内容和讲解对象、场合的不同需要及要求来控制声音的大小。如果在讲解过程中能够根据讲解内容和情绪恰当地选择与调整,就会收到理想的效果。讲解员把控音量,应遵循以下几个原则。

1. 适度原则。讲话时音量要恰当、适度。声音当大则大,当小则小,当平则平。

2. 顺畅原则。音量不可没有根据地忽大忽小,生硬地变换音量,不仅听起来不自然、不舒服,还会引起误会,干扰内容的正常表达。

(二)调节音色的技巧

音色又称为音质,就是声音的特色。一个人的音色好坏既有先天的因素,也与后天的训练有关。一般地,人经过训练,都可以使自己的音色更加纯正。讲解员把控音色,应遵循以下几个原则。

(1)明亮柔和。讲解工作主要是利用有声语言进行。因此,讲解员必须学会控制自己的音色,力争做到音色明亮、柔和、充满热情,自然而又刚柔自如。这样的音色会使游客感到亲切自然、轻松愉快,容易创造和谐的交际气氛。

（2）圆润自然。声音圆润、明朗、有弹性。这种声音不仅声情并茂,而且因为气息长久而传得较远。这样的音色能够充分展示自己的个性并吸引游客。

（三）调节音调的技巧

音调是指全句声调的高、低、长、短、抑、扬、顿、挫,以及声音的轻、重、快、慢等。语调就是利用这些因素把表达者的思想感情和态度表现在语音上,形成音调的高低起落。语调是由表达内容与表达者内心情感的起伏变化来决定的。讲解员把控音调,应遵循以下几个原则。

（1）升降起伏。语调在表达感情方面有十分重要的作用,所以语调往往被称为"情感的晴雨表"。在讲解中,如果能够根据讲解的具体需要对语调进行创造性的处理,就会使讲解声情并茂。

（2）错落有致。在讲解中,语调的安排要随着讲解内容的变化而变化,要有高潮、低潮的升降起伏。在高潮时,语调要比较高亢激扬;在低潮时,语调要低沉平稳。要使语调抑扬顿挫、错落有致,从而使讲解带上比较强烈的感情色彩,这样的讲解语言表达有助于引起游客的共鸣,给游客留下深刻的印象。

（四）停顿的技巧

语言表达中的停顿是语言有效表达的重要要素之一,没有停顿,就没有节奏,就难以表达各种必要的情感;讲究口头表达中的停顿,可以丰富表达内容,增加语流波澜,使表达富有情趣、富有新意。

讲解语言的表达停顿有换气停顿、语法停顿、逻辑停顿、心理停顿四种。这四种停顿有机地联系在一起,是语言表达停顿不可分割的统一体。

（1）换气停顿。换气停顿主要是生理方面的需要,主要作用是缓气,减弱呼气和吸气的声音。正确地运用换气停顿能使气息顺畅,又有助于发挥其他三种停顿的作用。

（2）语法停顿。语法停顿主要是为了区分语言单位。正确地运用语法停顿,能使由各种语言单位组成的句子语义正确、清晰;否则就有可能使表达模糊或错误。

（3）逻辑停顿。逻辑停顿基本是出于强调、呼应、转换等方面的需要,目的是使表达更加准确。强调性的逻辑停顿一是根据表达的内容确定,二是根据表达的目的确定。景区讲解员想强调什么讲解内容或需要游客注意什么信息,就可以采取逻辑停顿。

（4）心理停顿。心理停顿是表达情感的需要。在讲解过程中,讲解员自己的心理感受变化以及希望给予游客的各种心理暗示都是通过心理停顿体现出来的。其主要目的是为了引起听众的特殊注意,并且把听众的注意点引导至所要表达的内容上来。这点对讲解十分重要,因为心理停顿往往是引起游客特别注意或调动游客积极参与,或者使游客融入讲解活动的重要手段。对于主题公园的游乐项目主持尤为如此。

由此可见,讲解员应掌握一定的语言技法,使自己语言的音、调和节奏运用得恰到好处,根据讲解对象的具体情况和当时的时空条件灵活运用,以求达到传情、传神的目的。

三、景区讲解的常用方法

（一）平铺直叙法

平铺直叙法是指按照景观自身各部分关系平均安排所有信息的讲解方法。其优点是内容全面,线索清晰,可以有效控制讲解过程;其缺点是详略不分明,重点难突出,容易使人疲倦。使用方法通常依据视觉顺序,由整体到部分、由上到下、由外形到内涵。

扩展案例

云冈石窟讲解词

在我们身后绵延一千米的被称为武周山的山崖上,大家可以看到从东到西像蜂巢一样排列着许多洞窟,这些洞窟依山而凿,竟占据了半壁山崖,这就是云冈石窟。云冈石窟是举世公认的与印度犍陀罗佛教艺术、阿富汗巴米扬佛教艺术齐名的东方艺术瑰宝,也是国内外学术界公认的与甘肃敦煌的莫高窟、河南洛阳的龙门石窟齐名的中国"石窟三圣"之一。1500 年前,我们的各族祖先用自己的勤劳、聪明和智慧开凿了这一中国最大的古代石窟,成为今日中华民族宝贵的文化遗产,以及研究中国古代社会史、佛教史和艺术史极为珍贵的史料。1961 年,国务院将云冈石窟列为全国重点文物第一号重点石窟予以保护。

(二)虚实结合法

虚实结合法是在讲解中将民间传说、历史典故以述景、话古、抒情的方式有机结合在一起的一种方法。这种虚实结合法的讲解方法可以收到烘托气氛、增加情趣、引起共鸣和思考的效果。"实"就是所见的实景、实物,客观存在的实体;"虚"就是和实景、实物、实体有关的民间传说、神话故事、轶闻趣事。二者要有机结合,"虚"为"实"服务,"虚"为加深"实"的存在而运用。

扩展案例

鸣沙山讲解词

鸣沙山位于敦煌市南 5 千米,我们乘车 15 分钟就可到达。鸣沙山顾名思义是因沙动有声而得名。最有趣的游戏是由山顶往下滑,若人少则沙鸣如风声细语;人多则有"似雷声轰轰声震数十米"之感,从而成为古敦煌的八景之一——"沙岭晴鸣"。传说古代有位大将出征,兵将在此宿营,一天晚上突然狂风骤起,黄沙遮天蔽日,全军在此覆没,以后人们时常听到鼓角之声。其实沙鸣的确切原因,科学家们的试验表明这主要和很多地理条件有关。一般沙鸣需要一定的高度,沙子要求干燥,沙丘附近有季节性的河流或湖泊,在阳光照射下,流沙流动使沙粒相互撞击产生静电效应,静电击荡沙流产生共鸣,从而发出奇妙的音乐。

(三)画龙点睛法

用凝练的词句概括所游览景点的独特之处,给游客留下突出印象的讲解手法称为画龙点睛法。游客听了讲解,观赏了景观,既看到了"林",又欣赏了"树",一般都会有一番议论。讲解员可趁机给予适当的总结,以简练的语言,甚至几个字,点出景物精华之所在,帮助游客进一步领略其奥妙,获得更多、更高的精神享受。对于一个旅游景区而言,通常就是景区的典型景观或特点。

(四) 创造意境法

创造意境法是指通过讲解员生动的描述讲解,激发游客的想象力,使之进入讲解员安排的特定意境中的讲解方法。这种方法可以把游客与游览的客体——景观直接联系起来,使二者相互交融,浑然一体,产生比现实更美好的感觉。这种方法多用在现实环境已经与历史环境不同或需通过想象来感知历史的景点讲解中。

(五) 启示联想法

启示联想法是指讲解员引入话题,描述情景,引起游客的联想,加深游客对景点的认识,从而做出更深刻结论的讲解方法。游客在参观游览中目睹了风景名胜,耳闻了讲解员的介绍,便会在脑海中产生印象和概念。但这只是浅层次的感知,还没有达到理性认识,也没有形成深一层的推理认识。此时,讲解员就要加以引导、启发,引起游客联想,深化认识,从而形成他们认为合情合理的判断,达到我们理想的效果。

启示联想法对有一定文化层次的游客往往会取得很好的效果。在运用此方法时,首先,讲解员的启示要有引导性,要引导游客跟随其思路展开联想,避免随心所欲的乱想;其次,讲解员的讲解要点到为止,保持适当的静默,达到此时无声胜有声的效果。

模 块 小 结

景区讲解是讲解接待服务的重点,因为游客的游览目标往往集中在当地最有影响力和吸引力的景区、景点上。接待服务并不仅仅是讲解,还包括接待前、接待中和接待后的各种服务规范。因此,讲解员在做好讲解工作的同时,更要提升自己的职业素质和职业意识,能够将自己的工作在规范化的基础上,做到个性化,树立"服务游客意识",加强知识储备和讲解技巧的学习,将美的信息传达给旅游者,使旅游者在游览中获得精神上的愉悦。本模块详细描述了讲解准备的重要性及其要重点准备的内容;重点说明了景区讲解接待的服务意识、讲解技巧及基本流程;重点分享了讲解的语言要求、语言技法和常用方法。

讨论与思考

1. 讲解员在讲解时,应如何合理把握讲解节奏?
2. 讲解员应如何引导游客欣赏美和感悟美?
3. 一个优秀的讲解员应具备哪些良好的职业素养?

模 块 测 验

一、名词解释

1. 景区讲解服务

2. 游客意识

3. 景区讲解员

4. 主动服务

5. 服务技能

二、填空题

1. 讲解员在讲解红色文化景区时,一定要心存_____,不可随意杜撰演绎。

2. 景区讲解语言是一种_____,但从讲解性质看,是一种艺术语言。

3. _____的树立,是为了让游客的游览体验更好,也是景区可持续发展的需要。

4. 接待计划是景区按照与游客、旅行社等单位签订的旅游合同的内容做出的_____安排,是讲解员了解旅游团基本情况和安排活动项目以及日程的主要依据。

5. _____在表达感情方面有十分重要的作用,被称为"情感的晴雨表"。

三、选择题

1. 山岳类景观的讲解方法,通常应体现景观的哪些美的要素?(　　　)

A. 色彩美　　　　　B. 动态美　　　　　C. 静态美　　　　　D. 听觉美

2. 讲解员在水体景观的讲解中,要紧紧地围绕着水的综合美感,主要包括以下哪些内容?(　　　)

A. 形　　　　　　　B. 质　　　　　　　C. 色　　　　　　　D. 声

3. 讲解员在讲解前要做好准备工作,除了语言准备和形象准备,还需要做好哪些准备工作?(　　　)

A. 知识准备　　　　B. 物质准备　　　　C. 接待准备　　　　D. 心理准备

4. 讲解时的停顿是讲解员语言表达的基本技巧,通常有哪几种停顿方式?(　　　)

A. 换气停顿　　　　B. 语法停顿　　　　C. 逻辑停顿　　　　D. 心理停顿

5. 讲解员应如何有针对性地做好讲解工作?(　　　)

A. 因人而异　　　　B. 因时而异　　　　C. 因团而异　　　　D. 因地制宜

四、简答题

1. 以自己熟悉的景区(点)编写突出地域性特征的讲解词。

2. 讲解红色文化类景区时,该如何把握景区的"魂"?

3. 景区讲解员在接到讲解任务时,应如何合理设计接待方案?

4. "创造意境法"在讲解时的使用要点是什么?

5. 简要说明景区讲解接待的基本流程?

扩展技能训练

　　讲解本地一处著名的风景名胜,将讲解过程分为两个部分:前一部分不使用任何技巧;后一部分有针对性地进行变化调整,感觉其效果和差异。

模块 9　景区游乐项目服务

◆ **学习目标**

● **素养目标**

1. 能够在接待服务过程中树立较强的集体意识与团队合作精神。

2. 具有质量意识和工匠精神,能确保各类游乐项目接待服务工作保质保量完成。

3. 具有科学精神,树立安全生产意识。

● **知识目标**

1. 掌握主持讲解、现场服务、设备操作等岗位职责与工作流程。

2. 熟悉景区常见游乐设备的维护保养要求。

3. 掌握景区游乐项目应急处理方法。

● **技能目标**

1. 能结合景区游乐项目特点编写项目主持词并进行主持讲解,活跃现场气氛。

2. 能安全规范地进行景区游乐设施设备操作和现场服务。

3. 能科学地进行景区游乐设施设备检查维护。

4. 能处理景区游乐项目服务过程中的各类突发状况,保障游客安全。

情景案例

案例1：2017年2月3日14时20分左右，某公园内一女性市民在乘坐"遨游太空"游乐设施时发生意外被甩出，后送医院抢救无效死亡。事故发生后，地方政府高度重视，相关部门积极开展事故原因调查及善后处理工作。经专家现场勘验，事故原因已初步查明：因该游乐场相关人员未按规范操作，乘坐者就座后，压肩护胸安全压杠未推到位，没有压实，安全带未系紧，在设备运转中造成乘坐者在离心力作用下，从压肩护胸安全压杠下滑出拉断安全带甩落。

案例2：2018年，一名男子在某景区游乐项目中玩极限飞跃的视频热传：他一步步跨越脚下的"万丈深渊"，刚到对面，身后的安全绳索渐渐脱落并最终悬挂在空中。整个过程看得人心惊胆战，而绿衣男子却丝毫不觉，发现绳索脱落后，还面带笑容，抓着绳索向对面的疑似安全员说着些什么。对此，景区称是营销手段。事发后，地方政府高度重视，责令认真调查，严肃处理，责成地方旅发委牵头，会同安监、公安等部门组成联合调查组开展调查。经查：10月1日12:53分，一名游客在某景区体验极限飞跃项目时，因工作人员操作不当，背后保险绳保险扣脱落，周围游客录制并上传网络。之后，地方政府组织开展对该景区及其他景区景点特种设备、高风险项目安全管理的专项检查，督促各景区进一步严格落实安全生产主体责任，并责成该景区对涉事的"极限飞跃""步步惊心"两个项目停止运营，对相关人员从严追究责任。

案例3：2020年4月，有游客视频爆料，刚刚开业不久的某景区高空秋千项目出现严重失误，视频显示有一名游客乘坐高空秋千正要开始启动，但下方的电动防护推拉护栏并未拉开，导致游客撞上护栏，差点跌落，造成皮外伤，并有不少杂物从高空跌落塔底。据知情人士介绍，该高空秋千项目置于塔顶，塔周边并没有防掉落网，这次高空掉落的杂物势必对游客本身与下面过往的市民造成不少的惊吓与伤害。景区官网上对该项目有文字介绍，摆出塔体4m的高空秋千，让游客有穿梭云端的体验，蓝天白云触手可及。事发后，景区游客服务中心人员回应称，是工作人员操作失误所致，游客受轻伤。

想一想：游乐项目的接待服务人员在景区中扮演着什么样的角色呢？成为游乐项目接待服务人员的基本要求有哪些呢？

游乐项目是景区为游客提供的能够带给游客快乐体验的各类旅游参与性项目，即游客游玩娱乐的项目。不同景区的主题特色不同，提供给游客游乐体验的项目也是多种多样的。造型各异、风格多元、功能多样的设施设备成为支撑游客游乐项目体验的核心载体。

游乐设施设备按游乐的空间环境来分，可以分为水上游乐设备、陆上游乐设备和空中游乐设备。水上游乐设备主要包括游泳、漂流、垂钓、海水浴、冲浪等各类河、湖、海滨游乐活动设备。陆上游乐设备根据景区类型不同而呈现出较大的差异，如各类主题乐园的游乐项目与冰雪地景区的冰雪游乐项目差异就比较明显，前者多为各种大小型机械游乐活动设备，如过山车、摩天轮、旋转木马、海盗船等；后者则多为冰雪主题游乐活动设备，如观光索道、滑道等。空中游乐设备主要包括热气球、小型飞机、滑翔伞等。游乐设施设备还可以有其他分类法，如按运动功能可分为电子和机械两大类；按游乐场所可分为室内和露天两大类；按采用能源可分为电动、液压、气动、水力等类型；按乘坐对象可分为儿童、青年、成人、家庭等旅客群体。

　　基于旅游景区的娱乐体验功能和游客需求，一般而言，景区游乐项目涉及的主要岗位有主持讲解岗位、现场服务岗位、设备操作岗位、设备检查与维护岗位等。其中，主持讲解岗位目前多见于主题公园中，如欢乐谷景区等，主要是工作人员针对景区某些游乐设施设备的特点，在游客游玩体验过程中，结合项目特色撰写项目主持词，从而达到讲解设施功能、带动游客情绪、活跃现场气氛的效果，使游客在游玩体验的过程中感受到工作人员的热情，营造游乐项目接待岗位特色化的互动氛围。

单元1　主　持　讲　解

一、岗位职责

旅游景区游乐项目服务中主持讲解的岗位职责主要有以下几点。

（1）介绍景区的游乐项目特色。

（2）提醒游客在游乐体验过程中的安全注意事项。

（3）在游客体验过程中，与游客进行交流互动，使其充分享受游乐项目的乐趣。

视频：主持讲解岗位职责与制度

（4）关注游客情绪，当游客不安或紧张时适时给予引导和鼓励。

（5）把握游乐项目讲解与互动节奏，根据项目情况和游客状态进行科学调整。

（6）设计符合景区主题和游乐项目特点的主持词。

二、岗位制度

（1）提前练习游乐项目主持词，以保证项目主持质量和效果。

（2）在游乐项目主持期间，必须吐字清晰、情绪饱满、字正腔圆。

（3）在游乐项目主持期间，需将手机调至关机或静音。

（4）所有游乐项目讲解词都必须经公司审查后，方可使用。

（5）在游乐项目主持期间，不得传播消极、反动或低俗的言论。

（6）在游乐项目主持期间，不得做与项目主持讲解无关的事情，如玩手机、吃零食等。

（7）爱护音响设备，保持工作场所卫生整洁，办公及个人物品摆放有序。

三、主持讲解工作流程

（一）项目主持讲解

1. 服务语言规范

（1）当游客开始进入项目排队区时,项目主持人需介绍游乐项目体验的注意事项。例如,亲爱的游客朋友们,大家好! 欢迎大家乘坐 ×× 项目,开心游玩的同时请您注意:患有心脏病、高血压等疾病的游客不宜乘坐本项目……

（2）当游客进入设备区域,等待设施设备开启时,项目主持人需有提示语。例如,请各位游客存放好行李物品,不要摇晃座椅、头往后靠双手抱压杆外侧……

（3）当设备开始运行,直至设备运行结束停稳的游客体验过程,项目主持人需与游客互动。互动分为三个时间段:① 设备启动后的互动(如 ×× 设备带领大家快乐出发,大家准备好了吗?);② 设备运行中段或高点时的互动(如朋友们,最刺激的时刻到来啦!);③ 设备运行结束前的互动(如大家可以放松心情,深呼吸舒缓紧张的情绪。)。

（4）当游客开始离开项目座位、准备结束项目体验时,项目主持人需有提示语。例如,请大家将安全杆往上抬,拿好自己的行李物品。

（5）当游客开始离场时,项目主持人需有欢送语。例如,祝大家在景区玩得开心、度过愉快的一天等。

2. 岗位服务流程

岗前:

（1）整理个人仪容仪表,温习游乐项目主持词。

（2）检查设备及环境,确保音响、话筒等各项设备运作正常。

岗中:

（1）问候前来游玩项目的游客。注视顾客,面带微笑;语气亲切、语调柔和、语速适中、语言简练、语意明确、声音上扬(如亲爱的游客朋友,大家好! 欢迎体验 ×× 项目。我是本项目主持人 ××。)。

（2）对游客即将体验的游乐项目进行介绍。每个游乐项目应有简洁明了的介绍词;针对项目的介绍词宜在 100 字以内;宜在 30 秒内完成项目介绍;介绍项目时充满热情,富有感染力;目光环视所有游客,保持微笑(如本项目为悬挂式过山车,刺激程度为三星,适合……游客参与……)。

（3）进行项目体验的安全事项讲解。每次游乐项目体验开始前都须对游客详细说明安全注意事项;提醒游客将贵重物品或易脱落物品放好;提醒游客看管、照顾好小孩和老人;提醒正确体验姿势,介绍体验方法,并由现场工作人员做示范(例如,各位游客朋友们,为避免您或他人受到不必要的伤害,请将手机、相机、钥匙、眼镜、钱包等贵重物品和容易脱落的物品存放到储物柜,请您按照工作人员的示范系好安全带)。

（4）游客体验项目过程中进行游乐互动。设计符合现场游乐气氛的问题或短语;主持风格幽默、诙谐,充分调动现场气氛;语气语调富有感情、渲染力;语速宜保持在 150~170字 / 分钟;忌调侃、嘲笑表现不好的游客;对游客的参与互动表现进行肯定、赞美和感谢(如"游客朋友们,他们的表现是不是帅呆了? 那我们还不快鼓掌! ""欢迎勇士们凯旋归来! ""小朋友,你刚才的表现真勇敢! ")。

（5）欢送游客离开。语气亲切、友好;提醒游客拿好个人物品;关注游客身体状态和情绪状态,如有不适现象,配合现场工作人员采取相应行动;简洁明了地介绍景区内其他游乐项目（"请拿齐您的行李物品,确认无误后从出口方向离开。""感觉身体不适的游客朋友,请到观赏台稍作休息,如果需要我们帮助,请随时告诉我们。""您可以继续前往 ×× 项目体验 ×× 的滋味,或者前往 ×× 参加 ×× 活动,祝您玩得开心！"）。

视频：主持词撰写

（二）主持词撰写

1. 撰写原则

（1）整体性原则。在景区游乐项目主持讲解的过程中,最基础也最核心的环节就是项目主持词的编写。首先,在主持词撰写过程中首先要考虑内容结构的完整性,项目主持的开场白、前后串联的话术、如何设计高潮调动游客情绪、如何收尾结束让游客意犹未尽,整个主持词必须形成完整的话术结构。其次,在撰写主持词之前,要对景区的整体情况和游乐项目的信息内容有全面的掌握,才能设计出契合景区主题,体现项目特色的优质主持词。

（2）创新性原则。景区游乐项目主持词的写作没有固定格式,它的最大特点就是富有个性。不同内容的游乐项目,不同形式的游乐设施,不同的游客群体,项目主持词所采用的形式和风格也不相同。因此,景区游乐项目的主持词应力求以新颖的形式、鲜活的语言,最大程度地引发游客兴趣,调动游客情绪,让游客感到亲切自然、幽默诙谐、和谐得体,进而产生感情共鸣。

2. 撰写技巧

景区游乐项目主持词的撰写可以把握以下技巧。

（1）强调知识性和文化性。优秀的项目主持词必须有丰富的内容,并有机融入各类知识,融会贯通,引人入胜。主持词不能只满足于一般性介绍,还要注重深层次的内容,如同类事物的鉴赏、诗词、历史典故等。此外,主持词的内容必须准确无误,令人信服。

（2）讲究口语化。游乐项目的主持词是一种具有丰富表达力、生动形象的口头语言,在主持词创作过程中要注意多用日常词汇和浅显易懂的书面语词汇,避免艰涩和拗口的词汇。多用短句,以便讲起来顺口,听起来轻松。但需要注意的是,强调口语化,并不意味着忽视语言的规范化。编写主持词必须注意语言的品位。

（3）突出趣味性。欢乐谷景区在多年的运营探索过程中,对于游乐项目主持讲解已经形成了自己独特的风格,深受游客喜爱。例如,成都欢乐谷以说唱形式进行游乐项目解说,"谢谢乘坐,各位朋友,有问题请举手。左手右手,掌声有没有"。一场说唱通常会持续 10分钟左右,几个游乐项目主持人轮流主持,如果发现有游客特别惊恐,一般还会配合一些搞笑的内容来进行说唱,缓解游客情绪,充分体现了趣味性,非常符合主题园区的品牌调性。在项目主持词撰写过程中,为了强化趣味性,可从以下几个方面着手。

一是编织故事情节。讲解一个景点,可以尝试穿插部分趣味盎然的坊间传说和民间故事,以激起游客的兴趣和好奇心理。当然,选用的故事必须是健康向上的,或者有利于传承优秀传统文化。

二是语言生动形象,用词丰富多变。生动形象的语言能将游客代入情境之中,给他们留下深刻的印象。

三是恰当地运用修辞方法。恰当地运用比喻、比拟、夸张、象征等修辞方法,可使静止的景观深化为生动鲜活的画面,使游客沉浸陶醉。

(4) 重点突出。每个景区都有代表性的景观或项目,每个景观或项目又都从不同角度反映出景区的特色内容。主持词应在照顾全面的情况下突出重点。

(5) 要有针对性。项目主持词不是以一代百、千篇一律,应该根据不同的游客以及当时的具体环境进行调整。

单元2　现场服务

视频:现场服务岗位职责与制度

景区游乐项目现场服务岗位是保证游客顺利开展项目体验活动,获得良好体验感受的重要岗位,岗位职责主要包括三方面内容:一是游乐项目环境的控制;二是现场信息服务;三是游乐项目安检服务。游乐项目环境的控制主要是要营造一个干净、整洁、安全、舒适、有序、和谐的游览环境,避免造成游客的观感与体感不适;现场信息服务主要是从游客的角度出发,为之提供项目信息、安全事项、意见反馈等各方面的服务信息;游乐项目安检服务主要是在游乐项目开始前,细致为游客检查安全装置,确保符合安全标准,进行安全示范等。

一、岗位职责

旅游景区游乐项目服务中现场服务的岗位职责主要有以下几点。

(1) 负责所辖区域内环境卫生的清洁保养工作,保持区域内无果皮、纸屑、杂物等。

(2) 负责区域内所有设施设备、服务器具的日常保管工作,发现问题及时上报,做到无丢失、无损坏。

(3) 熟知景区情况,从游客的角度出发,提供景区各方面信息,回答游客的各种问询。

(4) 告知游客游乐项目的限制条件,甄别不符合项目限制条件的游客。

(5) 通过开放或关闭排队区的部分区域,以应对不同时段的客流量。

(6) 播报必要的广播,包括安全须知或其他设备信息。

(7) 负责项目区域巡查,排查区域安全隐患,维护游客秩序。

(8) 引导游客进入上客站台并安排游客座位。

(9) 配合项目主持人解说,为游客进行安全示范。

(10) 为游客检查安全装置,提醒注意事项。

(11) 引导游客前往出口,检查车内、储物箱内是否有游客丢失物品。

(12) 协同各岗位的工作人员解决游玩过程中的突发事件或意外事故,为游客提供优质安全的服务。

二、岗位制度

岗位制度的相关内容有以下几点。

(1) 上班期间着装整齐、统一、规范。

（2）仪容仪表大方得体，干净卫生，切忌浓妆艳抹。

（3）举止文明，姿态端庄，文明礼貌，语言简明、通俗清晰。

（4）对所负责项目区域卫生情况随时巡查，发现垃圾和杂物及时捡拾清除。全天保持区域内整洁卫生，中途不得擅自离岗，到下班时要确保所负责区域卫生整洁、无垃圾后方可离岗。

（5）时刻把游客安全放在第一位，自觉提高安全意识和自我保护意识，发现安全隐患或不安全因素，应当立即向现场有关负责人报告。

（6）必须熟练掌握本岗位有关的应急安全处理方法。

（7）主动为老、弱、病、残、孕和抱婴者提供关怀服务。

（8）应时刻观察游客的动态，指导和协助旅游者安全游玩。

（9）发现游客遗失物品，应及时上交有关部门，以方便归还失主。

（10）当发生突发事件时，应立即报告，并按职责采取有效措施，减少损失。

三、服务流程与规范

（一）标准服务流程

1. 迎客

景区游乐项目启动之前，现场服务人员应在项目入口处迎接游客，目光注视游客，面带微笑，用标准手势指引游客入场。同时应按要求提醒不符合身高要求、不符合身体要求的游客不能体验游乐项目，并建议其前往其他项目游玩。

视频：现场服务流程与规范

2. 安全指引及检查

向游客示范安全装置的正确使用，安全示范动作标准、规范，目光友善地与游客接触，关注遇到问题的游客，当游客有疑问时，要主动且有耐心地解释或引导，在解答游客疑问时，语气温和、亲切，不催迫游客，不能表现出不耐烦。逐一为游客检查安全装置是否有误，当游客正确戴上安全装置时，可点头示意并投向赞许的目光，并适当表扬游客以表示关注和鼓励。

3. 游乐互动

启动设施设备前，提醒游客知道，让游客做好心理准备；目光友善地注视游客，亲切地向游客挥手示意；项目结束前，给游客一定的提醒；游戏结束时，面向游客，亲切地向游客挥手。

4. 帮助游客解开安全装置

关注在解开安全装置过程中遇到问题的游客，并主动给予帮助；配合项目主持人的安全提醒，巡视游客是否有丢失物品；关注游戏后身体不适的游客，并主动提供帮助。

5. 送客

感谢游客参与游乐项目体验，提醒游客携带好随身物品，用正确手势为游客指引出口，并送上欢乐祝福。

（二）基本规范

1. 现场常用手势

（1）"OK"手势：右手食指与拇指连接呈圆形，中指、无名指、小指伸直，举过头顶，呈直臂状态。

（2）"停止"手势：左、右手掌五指伸直并拢，右手中指尖紧贴左手掌心，保持鼻梁高度做出此动作。

（3）"禁止"手势：左、右手掌五指伸直并拢，右手腕放置在左手腕前呈交叉形状，保持头顶的高度。

（4）"欢送"手势：双手自然举起达到颈部高度，与肩部基本同宽。在挥手时，大臂不动，小臂来回位移 20 厘米左右的幅度，双手呈 45° 左右地摆动。

2. 现场仪表仪态

（1）与游客有 2 米距离时开始微笑。

（2）正视游客，不左顾右盼，不心不在焉。

（3）面容祥和，嘴角微微上翘，露出 6~8 颗牙齿。

3. 现场常用语言

服务用语"十字"方针："您好！""请""谢谢""对不起""再见"。举例如下。

（1）您好！请出示一下门票，谢谢。请拿好您的门票，谢谢。

（2）您好！这是出口，需要游玩的话请从入口 / 快捷通道进入，谢谢。

（3）您好！请将您身上容易掉落的行李物品取下来，存放到储物架内，谢谢。

（4）您好！手机等贵重物品请妥善保管或交给您家人朋友保管，谢谢。

（5）您好！请您往里面走或请您上楼梯，谢谢。

（6）请大家按照我的示范戴上安全装置，有问题请举手示意，谢谢。

（7）请大家找到就近的空位置坐好，谢谢。

（8）请大家做好准备，项目即将开始。

（9）请大家等设备停稳之后再下来，谢谢。

（10）请注意脚下台阶，出口在这边，再见！

单元3 设备操作

我国对游乐设备监管严格，专门把游乐设备列入特种设备范围进行安全监管。正因如此，我国游乐设备的事故发生率及事故伤亡率整体来说都比较低，但一旦出事通常会造成较大的社会影响，景区将承担严重后果。对于旅游景区而言，游乐设备操作是一个非常重要的岗位，岗位工作人员操作是否得当，或者在紧急情况下能否正确处置所出现的问题，将直接关系到游客的人身安全和景区设备安全。对于游乐设备操作人员来说，该岗位并不是简单的操作按钮，而是必须将自己和整台游乐设备及乘客联系在一起，随时观察游乐设备及乘客情况，并与项目其他岗位人员密切合作，按照操作规程规范操作。该岗位要求操作人员不但要掌握业务知识，有熟练的操作技术和丰富的现场经验，而且要有良好的服务意识和敬业精神，这样才能保证游乐设备的安全运行。《特种设备作业人员监督管理办法》（国家质量监督检验检疫总局令第 140 号）、《特种设备作业人员考核规则》（TSG-Z6001）和《大型游乐设施安全管理人员和作业人员考核大纲》（TSG-Y6001）、《游乐园（场）服务质量》(GB/T 16767—2010)、《游乐园安全　应急管理》(GB/T 42100—2022)、《游乐园安全　基本要求》(GB/T 42101—2022)、《游乐园安全　现场安全检查》(GB/T 42102—2022)、《游乐园安全　风险识别与评估》(GB/T 42103—2022)、《游乐园安全　安全管理体系》(GB/T 42104—2022)等相关标准都对游乐设备的操作人员和操作规范提出了明确的要求。

一、岗位职责

旅游景区游乐项目服务中设备操作的岗位职责主要有以下几点。

(1) 执行景区游乐设备操作规程。

(2) 引导景区游乐设备座椅安全装置使用。

(3) 保持工作区环境干净整洁。

(4) 做好景区游乐项目启动前常规设施的安全检查和记录,更新操作人员等信息并做好公示。

(5) 对景区游乐设备进行试运转,确认运营状态。

(6) 通过闭路电视系统监控游客行为。

(7) 监控主控板上的设备运行情形,一旦发现不正常情况,立即采取有效措施,消除安全隐患。

(8) 通过公共信息平台执行语音公告。

(9) 如实记录游乐设备的运行情况。

(10) 记录并通报游乐设施设备故障。

视频:设备
操作岗位职
责与制度

二、岗位制度

(一) 设备操作人员需 "四会"

(1) 会使用。设备操作人员必须熟悉设备的用途和基本原理,熟悉设备的性能要求,熟练掌握设备的操作规程,正确使用设备。

(2) 会维护。设备操作人员要掌握设备的维护要求,能正确实施对设备的维护,做到整齐、清洁、润滑、安全四项要求。

(3) 会检查。设备操作人员应了解所负责操作设备的结构、性能和特点,能检查设备的完好情况。

(4) 会排障。设备操作人员要能鉴别设备的正常与异常,会做一般的调整和简单的故障排除,不能解决的问题应及时报告,并协同维修人员进行检查。

(二) 岗位规章制度

(1) 运营前必须要做好游乐设备的日常安全检查,并做好记录。

(2) 按实际情况,试运转后确认运转正常方可正式运营。

(3) 运营前先鸣号(铃),确认乘客已坐好,场内无闲杂人员,再启动设备。

(4) 设施运转后,设备操作人员不得擅离职守,应随时注意观察乘客和设备运转情况,在遇紧急情况时应立即停机处置。

(5) 在运营过程中,每隔 2 小时左右对设备进行巡检,对设备的安全保护装置以及其他重要的部位进行检查,确认没问题后再次投入运营。

(6) 不得擅自更改设备运行模式。

(7) 不得擅自进入设备运行区域。

(8) 不得在操作期间打瞌睡,注意力应高度集中。

(9) 闭园离岗后必须切掉总电源,关闭门窗并上锁。

(10) 必须认真填写好游乐设备安全运行日报记录。

三、服务流程与典型任务处理

(一)常规服务流程

(1) 整理仪容仪表,参加岗前早会,熟悉并传达当日工作要点。

(2) 打开设备操作间门窗通风,开电源总开关,对工作间区域进行清洁。

(3) 做好设施设备常规安全检查,包括安全带(安全压杠)、把手是否牢固可靠,有无损坏情况;座舱门开关是否灵活,能否关紧,保险装置是否起作用;制动装置是否起作用等,检查完毕后做好运行准备。

(4) 进行不少于三次的设备空载循环运行。

(5) 做好相关记录,更新现场操作人员公示信息。

(6) 确认无误后,准备接待游客。

(7) 鸣铃,提请乘客注意并坐好,确认乘客已坐好,场内无闲杂人员,启动设备。

(8) 设备启动后,设备操作人员要密切注意设备运行状态、正在体验项目的游客动态以及现场正在等候的游客状态。

(9) 及时制止游客在设备运行过程中的危险行为。

(10) 在设备运行中密切观察振动、摇晃、声音、温度等变化情况。

(11) 设备运转完毕,等待设备完全停止后,设备操作人员可进入设备运转区域,解除游客的安全保护措施。

(12) 观察游客状态,如果出现异常,应立刻通知现场服务人员进行处理。

(13) 按关机流程关闭设备,填写作业文件中的相关表格。

(14) 清洁设施设备及地面卫生,清理垃圾。

(15) 关掉总电源开关,关闭设备操作间门窗、大门并上锁。

(二)设备操作示例

由于旅游景区主题特色不同,内部配备的游乐设施设备也种类各异,不同类型的游乐设施设备在操作时的工作流程存在一定差异。下面以"激流勇进""海盗船""观光缆车"和"大摆锤"等景区常见的大型游乐设备为例,说明设备操作的主要步骤。

1. "激流勇进"游乐设备操作步骤

(1) 认真检查设备系统,确认处于正常状态,开启操作台控制锁,按下空压机按钮,依次启动主水泵、一级提升、二级提升。

(2) 当水位平衡后,向现场服务人员示意,指导游客上船正确就座,并提醒注意事项。

(3) 鸣铃,以铃声提醒游客注意,设备即将启动。

（4）确定游客做好准备后，按下船只的自动按钮。

（5）将船只距离保持在 10 m，以防两船意外碰撞。

（6）在运转过程中，如果发现异常声响及各种意外情况，应立即停机检查原因，排除故障后方可开机。

（7）设备运转停止后，关注游客是否全部离开，全部离开后开启下一轮。

2. "海盗船" 游乐设备操作步骤

（1）运营前做好安全检查，主要是安全压杠是否紧锁，关键位置的轴销、焊接有无变形，待确认一切正常后，方可运行。

（2）游客进入项目区域后，由现场服务人员安排游客入座，放下安全压杠，讲解注意事项。

（3）与现场服务人员确认游客已安全坐好后，鸣铃提醒，开启设备。

（4）在设备运行中，密切注意游客动态，发现意外情况立即断电。

（5）游玩结束后，等待现场服务人员引导游客按顺序下船，全部离开后开启下一轮。

3. "观光缆车" 游乐设备操作步骤

（1）开机前检查。开机前应检查如下事项。

① 各润滑点是否润滑良好，销轴、轴承、链条、销齿、钢丝绳等是否要加注润滑剂。

② 立柱地脚螺栓、传动装置的地脚螺栓是否松动。

③ 固定吊厢轴的螺栓、吊厢轴与吊厢的连接螺栓是否松动。

④ 吊厢玻璃是否完好，窗户上的金属栏杆是否完好，有无脱落现象。

⑤ 每个吊厢上的两道锁具是否灵活可靠。

⑥ 观光缆车接地线及避雷针接地线有无断裂现象。

⑦ 支承吊厢轴的耳板焊缝是否有开裂现象。

⑧ 雨雪天气后，要检查绝缘电阻是否符合规定。

⑨ 风速是否大于 15 m/s，大于此风速时应停止运转。

⑩ 采用钢丝绳传动的观光缆车，要检查钢丝绳接头是否松动、拉长，有无破损、断丝情况。

（2）开机检查。开机检查应做好如下事项后，方可开始运转。

① 电动机、减速器、油泵、油马达等有无异常声响。

② 齿轮、链轮与链条啮合是否正常。

③ 启动有无异常振动冲击。

④ 液压系统渗漏情况。

⑤ 转盘转动是否有异常声响（摩擦声、轴承响声等）。

⑥ 吊厢有无不正常摆动。

⑦ 大立柱有无不正常晃动。

⑧ 在轮胎传动中，充气轮胎压紧力是否适当。

（3）运转中。

① 在开始运行时，要隔 2~3 个吊厢再载客，以免造成过分偏载。

② 学龄前儿童要与家长同时乘坐,以免吊厢升高时,因儿童产生恐惧而出现意外。

③ 观光览车在运转过程中,操作人员不能离开操作室。同时要注意观察运转状况,当发现异常情况时,要立即停车。

④ 观光览车吊厢底面距站台面的尺寸,以 200 mm 左右为宜。若距离太大,吊厢在运动中、上下人过程中容易出现事故。

⑤ 在营业结束时,应逐个检查吊厢,确认无人后,再切断总电源。

4."大摆锤"游乐设备操作步骤

(1) 运营前做好安全检查,确认操作盘、气缸、吊臂、座椅、升降板一切正常后方可运行。

(2) 设备充气,气压稳定后,升降板升起,等待游客进场依次入座。

(3) 操作人员或现场服务人员依次压好安全压杠,系好安全带,并检查是否牢固。

(4) 安全检查完毕后,升降板下沉,准备就绪。

(5) 操作盘指示灯正常亮起后,方可启动设备,操作人员密切关注游客状态。

(6) 吊臂停稳后,静止灯亮起,升起升降板,安全压杠解锁。

(7) 操作人员或现场服务人员依次解开游客安全带,打开安全压杠,引导游客按次序离场。

单元 4　设备检查与维护

一、设备检查

(一) 特种设备日常检查

视频:设备检查

旅游景区(尤其是拥有大型游乐设施的景区)必须严格执行特种设备年检、月检、日检等常规检查制度,经检查发现有异常情况时,必须及时处理,严禁带故障运行,检查应当详细记录,并存档备查。

1. 常见日检项目及要求

(1) 每日空载试运行检查:分别进行不低于两次的手动和自动试验,启、制动应平稳,整机运行应正常,不允许有爬行和异常的振动、冲击、发热和声响等现象。

(2) 设备仪表检查:控制系统电压表、电流表、压力表等各仪表显示清晰正确。

(3) 控制元件及操作按钮、信号标志灯检查:控制元件应灵敏可靠、操作方便;操作按钮标志清晰、正确。

(4) 联锁控制检查:有联锁控制的设备,触动装置应可靠有效。

(5) 音响和信号装置检查:提醒工作人员注意音响和信号装置应清楚、明确。

(6) 电气设备检查:控制柜无损坏、元器件固定无松动,动作可靠,电缆(线)无松脱,无破损。电机固定良好,无异常声响。

(7) 制动装置检查:制动装置动作平稳,间隙适当;制动闸瓦磨损符合要求;液压及气压装置动作正常；人工制动的，连杆、制动带（瓦）动作准确可靠；弹簧制动的，压力应适当，弹簧无裂纹及破损。升降系统的制动装置完好可靠，保持为常闭式，并便于调整。

（8）重要零部件间螺栓、销轴连接检查：重要零部件间螺栓连接完好；防止松动措施完好；销轴连接防止脱落措施完好。

（9）重要焊缝表面质量检查：重要焊缝无开焊、裂纹、严重锈蚀现象。

（10）设备铭牌及合格标志检查：设备铭牌及合格标志整洁、清晰，张贴或悬挂在设备明显处。

（11）游客须知检查：游客须知内容完整、清晰，在入口明显的地方张贴。

（12）安全标识检查：安全标识醒目、清晰。

（13）轴承检查：滚动轴承端盖温升正常，无异常声响，滑动轴承油孔处的温升正常，无异常磨损。

（14）润滑及渗漏检查：各润滑点状态正常，按要求添加润滑剂润滑，不允许出现油滴现象；无相对运动部位不应渗油。

（15）渗漏检查：设备油箱密封可靠，液压系统不应渗漏油；气动系统不应有明显的漏气现象。

（16）电动机、减速器和联轴器检查：电动机、减速器和联轴器安装状况良好，无异常声响，部件无损坏。

（17）减速器检查：油位是否正常、有无异常温升。

（18）乘客可触及之处检查：凡乘客可能触及之处均不允许有外露的锐边、尖角、毛刺和危险突出物等。

（19）把手、安全带或安全压杠检查：把手、安全带或安全压杠固定牢固，无损坏；安全压杠不应有影响安全的空行程，动作灵活，锁紧可靠。

（20）转动平台检查：转动平台应有防滑措施。

（21）集电器检查：导电滑块、电刷和滑线（环）应接触良好，外露的集电器防雨罩无损坏。

（22）车辆间电缆连接电器插头检查：车辆间电缆（线）连接电器插头连接可靠，无破损。

2. 常见月检项目及要求

（1）整机和重要零部件寿命：易损件和重要零部件应符合使用要求，达到更换条件的应及时更换。

（2）安全栅栏、进出口等：安全栅栏、进出口、平台、走道、楼梯、操作室和监控室应固定牢固，无严重锈蚀及破损。

（3）地基：不应有影响游乐设施设备正常运行的不均匀沉陷、开裂和松动等异常现象。

（4）地脚螺栓：地脚螺栓无松动，无严重腐蚀、锈蚀。

（5）轨道磨损：型钢轨道磨损量应小于原厚度尺寸的 20%；钢管轨道磨损量应小于原钢管壁厚的 15%。

（6）车道：车道保持平整坚实，无凹凸不平现象。

（7）道路内障碍物、支线及两侧拦挡物检查：道路内不得有障碍物，道路两侧缓冲拦挡物固定牢固，无损坏。

（8）齿轮传动：齿轮传动正常，无异常偏啮合及偏磨损。

（9）皮带和滚子链传动：皮带和滚子链传动应适度拉紧。

（10）车轮：固定可靠，转动灵活；无裂纹；无严重磨损。

（11）接地要求和接地电阻：电气设备金属外壳等可靠接地，低压配电系统保护接地电阻不大于 10 Ω。

（12）设备短路保护装置：短路保护装置完好。

（13）绝缘电阻：电压有效值大于 50 V 的带点回路与接地装置之间的绝缘电阻不小于 1 MΩ。

（14）提升皮带：提升皮带（如激流勇进）张紧装置固定牢固，调整方便，挂接可靠；皮带松紧适度，无明显的损伤和跑偏。

（15）提升皮带导向装置：提升皮带导向装置应灵活可靠（如"激流勇进"游乐设备）。

（16）吊挂乘人部分保险措施：吊挂乘人部分装置的保险措施完好无损坏。

（17）玻璃钢件：表面无裂纹、破损等缺陷；触及游客的内表面应整洁，无玻璃、布头显露；玻璃钢件边缘平整圆滑，无分层；玻璃钢件与受力件连接可靠。

（18）满载运行试验：各乘人的部分按额定载荷均布加载，按实际工况连续运行不少于 3 个工作循环，应运行正常，启动、制动平稳，不允许有爬行和异常的振动、冲击、发热和声响等现象，零部件不应有永久变形及损坏。

（19）消防器具：站房内配备的消防设备完好，有效。

（20）漏电保护装置：安装在潮湿场所的电气设备以及使用非安全电压的装饰照明设备，应有剩余电流动作保护装置。

3. 常见年检项目及要求

（1）主要受力结构：主要受力结构整体应安全可靠，不得有裂纹、起槽、变形、锈蚀、磨损、机械损伤等影响安全的缺陷。

（2）重要轴、销轴的磨损和锈蚀：重要轴、销轴的磨损和锈蚀允许值应符合标准 GB 8408—2018 中的要求。

（3）轨道磨损：型钢轨道踏面、侧面小于原厚度 20%；钢管轨道踏面、侧面小于原厚度 15%。

（4）吊厢：吊厢吊挂轴处保险装置完好；吊厢门窗拦挡物无损坏；吊厢门窗玻璃无破损，内部清洁。

（5）防止超速的控制装置：防止超速的控制装置动作正确，安全可靠。

（6）车辆连接器及保险装置：车辆连接器连接可靠，保险装置完好。

（7）乘人舱门锁紧装置：锁紧装置开关灵活，锁紧可靠，运行中不会自行开锁，无损坏现象。

（8）座舱牵引杆保险措施：座舱牵引杆装置必须设有效的保险措施。

（9）升降限位装置：升降限位装置安装正确，动作可靠。

（10）转向机构：转向机构应灵活、可靠，不应有卡滞现象。

（11）紧急事故开关及开关形式：紧急事故开关动作可靠，开关按钮为手动复位式。

（12）加速和制动标志：加速和制动装置标志正确、清晰。

（13）系统过压保护装置：液压（气压）系统过压保护装置设定压力不超过额定工作压力，保护装置动作可靠。

（14）避雷装置：避雷装置完好，避雷接地电阻不大于 10 Ω。

（15）承载索张力调整装置和二次保护：承载索张力调整装置正常；上下站固定端防松措施和二次保护完好。

（16）多绳承载受力：当采用多绳承载时，各承载索受力应均匀。

（17）安全附件：安全附件应可靠，卡扣闭锁结构完好。

（18）防护垫：防护垫的悬挂应牢固可靠，能充分发挥其缓冲作用。

（19）安全带等装置的固定装置：高空平台安全背带或安全带的固定装置，牢固可靠。

（20）冲击绳、回收绳和定滑轮等设备的悬挂或固定装置：用于冲击绳、回收绳和定滑轮等设备的悬挂或固定装置应牢固可靠。

（二）设备点检

景区设施设备的点检是一种先进的设备维护管理方法，是对影响设备正常运行的一些关键部分进行经常性检查和重点控制的方法。对于有大型游乐设施设备的景区如主题公园等，设备点检十分必要。

1. 设备点检的概念

设备点检是指为了维持、提高生产设备的原有性能，通过人的五感（视、听、嗅、味、触）或借助工具、仪器，按照预先设定的周期和方法，对设备上的规定部位（点）进行有无异常的预防性周密检查的过程，以使设备的隐患和缺陷能够得到早发现、早预防、早处理，这样的设备检查称为点检。

2. 设备点检的内容

设备点检通常分为日常点检、定期点检和专项点检三个部分。

（1）日常点检：每日通过当班员工对设备运行中的关键部位的声音、振动、温度、油压等进行检查，并将检查结果记录在点检卡中。大型设施设备的日常点检尤为重要。

（2）定期点检：按一定的时间间隔，用专用检测仪表工具对设备的性能状况进行检查。

（3）专项点检：指有针对性地对设备待定项目的检测，使用专用仪器工具对设备进行检查。

二、设备维护和保养

（一）设备维护

根据《中华人民共和国特种设备安全法》《特种设备安全监察条例》《特种设备使用管理规则》《大型游乐设施安全监察规定》《大型游乐设施安全规范》等相关法律法规和规章，使用单位必须对游乐设施设备严格执行维修保养制度，明确维修保养者的责任，对游乐设施设备定期进行维修保养。使用单位没能力进行维修保养的，必须委托有资格的单位进行维修保养，双方必须签订维修保养合同，接受游乐设施设备维

视频：设备
维护保养

修保养委托的单位应对其维修保养质量负责。

旅游景区依靠操作人员、检查维修人员和服务人员共同对游乐设施设备进行维护和保养。游乐设施设备的维护制度可以分为四种,即日常维护、定期维护、区域维护和指令维护。

1. 日常维护

日常维护的特点是经常化、制度化,它是全部维护工作的基础。对于景区内的一些大型游乐设施和服务设施应该做到:班前检查设施设备是否安全可靠、正常良好,安全保护装置是否齐全有效;设施运行中检查是否有异常情况;班后对设施设备进行清洁保养,如果发现故障,应及时维修。

2. 定期维护

定期维护是在日常维护的基础上,在一定的时间周期内对游乐设施设备进行更深层次的维护与保养,力求消除事故隐患,减少设备磨损,保证设备的正常运行。

3. 区域维护

景区的小型设施设备和基础设施分布在景区各处,需要对其进行区域维护。区域维护工作人员遵照区域巡回检查制度,科学安排巡检路线,对分布在景区各处的设施设备进行巡回检查,发现故障和损坏要及时处理或报修。

4. 指令维护

指令维护又称为计划维护,它是以全部设施设备的维护任务为基础,向维护人员发出指令,使维护人员完成指定维护任务的一种管理方法。

(二) 设备保养

游乐设备保养一般分为三级保养制度:日常维护保养、一级保养、二级保养。其目的都是为了保持设备的良好性能,提高设备效率,降低成本,更好地为景区的运营服务。

1. 设备的日常维护保养

它是维护工作的基础,其特点是经常化、制度化。景区的各种设备,由于结构、性能和使用方法不同,其设备维护和保养工作也不完全一样。日常维护和保养的基本内容有清洁、润滑、防腐、防虫。

(1) 清洁:指各种工具、附件摆放整齐,各种标志醒目美观。

(2) 润滑:指有些设备必须定时、定点、定量加油,保证设备运行正常。

(3) 防腐:指景区的设备要进行防腐处理以及保新。

(4) 防虫:指对景区易产生虫害的设施设备进行防虫处理。

2. 设备的一级保养

设备的一级保养是使设备达到整齐、清洁、润滑和安全的要求,减少设备的磨损,消除设备的隐患,排除小故障,使设备处于正常状态。设备的一级保养的内容有:对一些零件、部件进行拆卸、清洗;去除设备表面的油污;检查、调整油路,保持畅通不漏。设备一级保养之后要填写保养登记卡,将其放入设备档案。

3. 设备的二级保养

设备的二级保养是为了延长设备的使用年限,使设备达到完好标准,保持设备的完好率。设备的二级保养的内容有：根据设备使用情况进行部分或全部解体检查或清洗；检修设备的各个部件和线路；修复和更换损坏部件。

单元 5　安全应急处理

视频：安全装置设置

一、硬件——安全装置设置

为保障游客及工作人员安全，根据游乐设施设备的性能、结构及运行方式的不同，景区游乐设施设备需要设置不同形式的安全装置，主要有以下几种。

（1）安全带。安全带必须有足够的破断强度，它与乘载体的固定必须可靠，开启扣必须有效可靠。

（2）安全压杠。安全压杠必须有足够的锁紧力，且不能由乘客开启。当自动开启装置失效时，景区工作人员应能够手动打开，对危险性较大的游乐设施，必须设置两套独立的人身保险装置。

（3）锁紧装置。封闭的座舱舱门必须设有内部不能打开的两道锁紧装置，非封闭座舱舱门也应设锁紧装置；锁紧装置必须灵活、可靠。

（4）制动装置。制动装置必须平稳可靠，制动能力（力或力矩）≥15 倍额定负荷轴扭矩（或冲力），当切断电源时，制动装置应处于制动状态（特殊的除外）；同一轨道有两辆（或两组）以上车辆运行时必须设有防止碰撞的自控停止制动和缓冲装置，制动装置的制动行程应可调节，严禁采用碰撞方法使滑行车辆停止。

（5）止逆装置。沿斜坡牵引的提升系统，必须设有防止载人装置逆行的装置，在最大冲击负荷时必须止逆可靠，止逆装置安全系数 ≥ 4。

（6）运动限制装置。绕固定轴支点转动的升降臂，或者绕固定轴摆动的构件，都应有极限位置限制装置，限制装置必须灵敏可靠。

（7）超速限制装置。采用直流电机驱动或设有速度可调系统时，必须设有防止超出最大设定速度的限速装置，限速装置必须灵敏可靠。

（8）缓冲装置。可能碰撞的游乐设施，必须设有缓冲装置。

（9）安全网。在有可能导致人体、物体坠落而造成伤亡的地方，应设置安全网，安全网的连接应可靠，安全网的性能应符合《安全网》（GB 5725—2009）中的相关要求。

（10）游乐设施的机械部分应有防护罩或其他有效的保护措施防止游客接触。座席的内部或外部等凡游客可能接触到的地方，应光滑，无棱角、尖片、突出的钉、螺丝或其他有可能引起人员受伤的物体。

（11）高度 20 米以上的游乐设施，在高度 10 米处应设有风速计。

二、软件——人员应急处置

当景区游乐项目区域内出现突发紧急事件时，工作人员必须掌握相应的应急处置方法,熟悉掌握应急措施程序和内容,正确使用救援(护)器材,采取有效的应急处理和救援措施,从而尽可能地减少经济损失及社会不良影响,保障游客和工作人员的生命与财产安全。以下列举几种常见的游乐项目突发事件及其处理措施。

(一)游客因游乐设备触电

1. 迅速切断游乐设备电源

当电源开关或电源插头就在事故现场附近时,可立即将闸刀开关打开或将电源插头拔掉,使触电者脱离电源。当带电导线触及人体引起触电时,可用绝缘的物体(如木棒、竹竿、手套等)将电线移掉,使触电者脱离电源。必要时可用绝缘的工具(如带有绝缘柄的电工钳、木柄斧以及锄头等)切断导线。若触电者衣服是干燥的,可拉拽触电者衣服使之脱离电源。

2. 对症处理

对神志清醒,但乏力、头昏、心悸、出冷汗,甚至有恶心或呕吐的游客,应让其就地安静休息,以减轻心脏负荷,加快恢复。对呼吸、心跳尚存在,但神志不清的游客,应使其仰卧,保持周围空气流通,注意保暖,并立即通知医疗部门,或者用担架将游客送往医院,请医务人员抢救。对已处于休克状态的游客,若呼吸停止,则要口对口进行人工呼吸,使其维持气体交换;若心脏停止跳动,则要用体外人工心脏按压法使其重新维持血液循环;若呼吸、心跳全停,则需要同时进行体外人工心脏按压和口对口人工呼吸,并应立即向医疗部门告急求救。

(二)游乐设备发生火灾

发生火灾后,一是应立即切断电源,以防止扑救过程中造成触电。若是精密仪器起火,则应使用二氧化碳灭火器进行扑救;若是油类、液体胶类发生火灾,则应使用泡沫或干粉灭火器,严禁使用水进行扑救。若火灾燃烧产生有毒物质时,扑救人员则应该佩戴防毒面具后,方可进行扑救。在扑救火灾的过程中,始终坚持救人第一的原则。二是对火灾受伤人员的急救,应根据受伤者情况,结合现场实际进行必要的医疗处理。对烧伤部位要用大量干净的冷水冲洗。在伤情允许的情况下,应将受伤人员搬运到安全地带。如果发生人员伤亡事故,应立即拨打120医疗急救电话,说明伤员情况,告知行车路线,同时安排工作人员到入场口指引救护车的行车路线。

(三)项目运行中有游客出现不适状态

在游乐项目运行过程中,如果有个别游客感到极度不适,工作人员要及时按"急停"键,并安慰游客,待设备停稳后,工作人员应迅速帮游客解开安全带让其离开现场,如有必要,送医务室并检查其他游客情况,一切正常后,才能重新开机。

(四)项目运行中有游客出现不符合安全规定的行为

在游乐项目运行过程中,如果有游客出现不符合安全规定的行为,工作人员应立即通过广播或现场工作人员喊话等多种形式对其劝退、制止,如果无效应立即按"急停"键,待游乐设施停稳后,对违反安全规定的游客要礼貌、耐心地进行教育,指出危险性之所在,待其意识到自己的错误后才能再次参加游乐项目体验。

(五)游乐设备出现故障需疏散旅客

1. 设备操作人员

在进行疏散前,停止游乐设备继续运行;播报疏散广播(如"各位游客,请不要慌张,我们将启动安全模式,停止设备运行,请大家保持开始时的姿势并稍等片刻,听从工作人员的正确引导,我们将尽快解决目前发生的问题。感谢您的配合!");协同现场工作人员安抚设备上乘坐的游客;第一时间通知设备部、上级主管和安保人员前来协助。

2. 现场其他工作人员

安抚设备上的游客,并传达设备操作人员的指令到各点位的工作人员;协助游客安全快速离开设备;引导游客从出口快速撤离;同时可引导游客前往其他正常运营的设备;向排队区的游客说明情况并安抚游客情绪;同时关闭排队区入口,在排队区入口处竖立告示牌,防止游客进入。

各点位统一对外公告:各位游客,由于设备运行中出现故障情形,为了您的安全,我们将会对本设备及周边安全隐患进行完全检查及测试,我们会在设备检查完毕后尽快重新开启设备,届时将第一时间进行广播通知。给您带来的不便我们深表歉意,您可前往 ×× 区域继续游玩,感谢您的配合!

模 块 小 结

游乐项目是景区为游客提供的能够带给游客快乐体验的各类旅游参与性项目,即游客游玩娱乐的项目。不同景区的主题特色不同,提供给游客游乐体验的项目也是多种多样的。造型各异、风格多元、功能多样的设施设备成为支撑游客游乐项目体验的核心载体。景区游乐项目对景区的发展发挥着非常重要的作用,能够增加景区收入,也会直接影响景区游客的体验质量。景区通过提供游乐项目,使游客身心快乐,满足游客的感官需求与旅游体验,使游客满意度提升。基于旅游景区的娱乐体验功能和游客需求,一般而言,景区游乐项目涉及的主要岗位有主持讲解岗位、现场服务岗位、设备操作岗位、设备检查与维护岗位等。本模块详细阐述了主持讲解人员、现场服务人员及设备操作人员的岗位职责、岗位制度及服务流程与规范,介绍了设备检查、维护与保养的基本知识,并从硬件和软件两个方面阐明了景区游乐项目的安全应急处理措施。

讨论与思考

回顾本模块开始的三个情景案例,思考为什么会出现这样的问题? 如果你是现场工作人员应该如何处理? 未来应如何避免同类事情的发生?

模 块 测 验

一、名词解释

1. 游乐项目

2. 景区游乐项目现场服务岗位

3. 特种设备

4. 设备点检

二、填空题

1. 设备点检通常分为_____、定期点检和_____三个部分。

2. 日常维护特点是_____、_____,它是全部维护工作的基础。

3. 国家对_____监管严格,专门将其列入特种设备范围进行安全监管。

4. 游乐项目主持讲解岗位目前多见于_____中,如欢乐谷等。

三、选择题

1. 游乐设施设备按游乐的空间环境来划分,可以分为哪些类型?(　　　)

A. 水上游乐设备   B. 陆上游乐设备

C. 空中游乐设备   D. 特种游乐设备

2. 空中游乐设备主要包括哪些?(　　　)

A. 热气球   B. 小型飞机

C. 滑翔伞   D. 摩天轮

3. 游乐项目的主持词撰写主要包括哪些原则?(　　　)

A. 整体性原则   B. 创新性原则

C. 地域性原则   D. 季节性原则

4. 景区游乐项目现场服务岗位的岗位职责主要有哪些?(　　　)

A. 游乐项目环境的控制   B. 现场信息服务

C. 游乐项目安检服务   D. 游乐项目体验陪同服务

5. 游乐设备操作人员需要掌握的"四会"主要指什么?(　　　)

A. 会使用   B. 会维护   C. 会检查   D. 会排障

四、简答题

1. 景区游乐设备的主要类型有哪些?

2. 景区游乐项目主持讲解词的撰写技巧有哪些?

3. 对景区游乐设备操作人员的基本要求有哪些?

4. 游乐设备疏散时现场服务人员的工作职责主要有哪些?

扩展技能训练

　　请任意选择某一景区内的某一游乐项目,围绕其撰写一段创意十足、诙谐幽默的主持词,要求主持词不少于 500 字。

模块 10 景区定制服务

◆ **学习目标**

● **素养目标**

1. 树立"以人为本"的服务理念。

2. 培养协同精神与创新精神。

● **知识目标**

1. 理解定制服务的概念、内涵、类型与特征。

2. 掌握景区定制服务的流程与相关要求。

3. 理解景区定制服务评估诊断的流程与注意事项。

● **能力目标**

1. 能有效实施与评估景区定制服务与产品。

2. 能有效根据游客个性化需求定制特色服务与产品。

情景案例

价格透明科学管控 景区"定制服务"大有可为

北京商报于 2020 年曾报道,北京欢乐谷被指收官方插队费话题曾经在网上引发公众热议,"游乐场提供快速通道/VIP 通道服务合理合法吗?""VIP 服务"是企业和消费者"一厢情愿"还是"一拍即合"?

互联网平台的一些观点如下。

多数网友投出"合理"一票,"新浪新闻品牌官"就这个问题展开讨论,截至发稿,共有 1 091 人参与,51% 的网友表示"合理",35% 的网友表示"不合理",14% 的游客表示"说不清"。

资讯博主"北京人不知道的北京事儿"发起的讨论,截至发稿,共有 7 610 人参与,62% 的网友表示"当然合理",30% 的网友表示"不合理",7% 的游客表示"不好说"。

北京商报记者通过网友评论发现,大多数游客表示"游乐场提供快速通道/VIP 通道服务是国内外游乐场的普遍现象,其性质类同于飞机、酒店、银行等行业的 VIP 服务,司空见惯、可以接受"。也有网友认为"正常商业行为,花钱买服务"本身就是营销法则,就像"花钱买票才能进欢乐谷游玩""花高价才能乘坐航空公司头等舱、走 VIP 通道提前登机""办理大额业务才能享受银行贵宾待遇"是一个道理。

景区行业的一些做法如下。

为满足部分游客"多样化、定制化尊享服务"需求,结合国内外旅游行业营销案例,2019 年秋季,北京欢乐谷尝试推出了四个热门项目"预约排队、快速通道"服务,游客可根据自身需要自主选择是否购买该项服务。

在实际管理方面,北京欢乐谷对游客进行了充分告知,在官方网站、游乐项目附近均设置了醒目的信息告知牌及清晰的票价公示。为充分保障未购买"快速通道"服务的游客权益,北京欢乐谷实行严格的"限时限量售卖"制度,根据不同项目的实际承载量,每小时最多售卖"快速通道"票 200 张。在景区现场,记者发现有不少游客竟在"快速通道"售票处排起了长队,足以显示出该"定制尊享服务"的市场需求之大和景区控制数量的严格。

据了解,在主题公园行业,无论是国际巨头还是国内品牌,游乐项目快速通道票是普遍存在的增值服务项目。至于是否合理,笔者认为,只要多数游客满意、景区科学管理,就有"合理"存在的空间。

媒体行业的一些观点如下。

定制化 VIP 服务 ≠ 官方插队,定制化服务是指按消费者自身要求,为其提供适合其需求的,同时是消费者满意的服务。游乐场提供快速通道/VIP 通道服务,是一种商业行为,简单粗暴打上"官方插队"的标签实属不当。对于主题公园来说,排队是永远的痛点,如何实现排队等待秩序化、娱乐化,还需要景区下大力气、做足功课。

随着人民生活水平的日益提高,外出游玩的需求也越来越多样化、个性化,如何细分每位游客的特定需求,将是景区高质量营销的必要举措。笔者认为,定制化 VIP 服务的市场将越做越大,无论是景区行业还是其他行业,都要"明码标价、科学管控",切实尊重广大消费者的自主选择权。

(资料来源:北京商报,2020-08-26)

想一想:你认为定制化服务符合旅游市场的需求吗?除了快速通道/VIP 通道服务,你认为景区还可以在哪些方面进行定制化服务?

目前,学术界对参与定制旅游的游客主要从三个方面界定:高收入、高素质、高旅游消费水平的群体(赵蹇等,2007)。魏小安(2018)认为定制旅游市场的基本条件是花费高、时间长、要求高,目标细分市场可以是社会名流、商务考察、商界领袖、高级白领、自由职业者、特殊需求者和相应退休者。体验性、时尚性、变化性、创新性及主题性是定制旅游服务与产品的重要需求特征。同时,会奖旅游者也是定制旅游服务与产品的目标群体之一。随着我国综合国力的快速提升,中国会议市场发展迅速,商务会奖旅游市场需求量大,不断促进会议目的地和旅游目的地的融合、会议产业链与旅游产业链的融合。同样,会奖旅游有着规模大、时间长、档次高等特点,与定制旅游服务与产品的目标市场相契合(唐彩玲,2013)。

随着体验旅游时代的到来以及游客对旅游品质的追求,定制旅游也是一种彰显品质生活追求的产品。所以,参与定制旅游的游客表现出"新奢侈主义"。概况来说,就是奢而有度、华而有实:精神文化素养较高、不认同"过分浪费"、看重产品的质量、关注产品内容、关注产品与个人生活品质的共性。

在通常的营销理论体系中,消费者的需求发展存在三个阶段:第一是"量"的消费阶段,顾客在购买产品时更加注重能否购买得到与承担得起;第二是"质"的消费阶段,顾客追求的是具有性价比的产品,如产品质量优、品质好、有特色为主要特征;第三是"感性"消费的阶段,消费者关注的不仅仅是产品本身,更是注重产品为个人情感所带来的体验与人际沟通等情感上的渴求,选择某种产品代表了与自我的概念相符合。因此,选择定制旅游服务与产品的游客在支付相对较高的价格后需求层次会更高,不仅要求"量"与"质"的保证,而且会更加关注"情感"体验与自由空间、自我体现,其"感性"需求是否得到满足会影响选择定制旅游服务与产品的游客满意度的高低。

总体来说,选择定制旅游服务与产品的游客有以下特征:第一,从消费行为上看,具有花费高、时间长与要求高的消费特征;第二,从游客的自身情况来看,具有精神文化素养、富有内涵、注重消费过程中的情感体验、收入较高且具有鲜明的个性特征;第三,从产品需求来看,具有个性化、品质化,注重产品的质量、情感需求、体验的深度、时尚性、变化性与创新性;第四,从接待服务流程来看,具有较高私密性、流程相对自由等特征。

单元 1　认识景区定制服务

一、景区定制服务的概念与内涵

（一）景区定制服务的概念

所谓定制，通常是指根据目标市场或游客（群）的个性化消费需求，通过策划与创新等形式，实现对已有资源与要素的有机整合，设计与常规产品和服务截然不同的产品和服务。也就是通常所说的个性化定制，已经覆盖到各行各业，如游客到乡村旅游定制新年旅游产品（如过大年旅游活动）；企业定制景区具有特色主题或 IP 标识的旅游纪念品；旅行社或婚礼机构为新婚夫妇定制全球旅拍、为摄影爱好者定制专题线路等。事实上，定制服务在很多行业早已开始探索，并不是新鲜事。近年来，随着人们生活水平的提升，游客也已经"厌倦"了传统旅行社或旅游景区套餐式或标准化的旅游产品，更是希望能够在微信朋友圈、抖音、小红书等自媒体平台晒出自己不同寻常的旅游体验过程。旅游景区也不断开始探索定制服务，内容涉及各个方面。所谓景区定制服务，是指旅游景区根据其部分游客的个性化消费需求，通过创造性或创新性策划，对景区内部的空间资源与"餐饮、住宿、交通、游览、购物、娱乐"等产品要素进行重新组合并实现服务、体验的迭代升级，使之完全不同于常规游客接待服务。

想一想：景区是否能满足其全部游客的个性化定制服务需求？在哪种类型的旅游景区或旅游接待设施能满足全部游客的个性化定制服务需求？

（二）景区定制服务的内涵

景区定制服务的内涵，其本质上是为了满足游客群体或目标市场的个性化消费需求，是为了满足人民群众对美好生活的向往，更是旅游景区彰显人文关怀、体现精细管理的重要窗口，以及实现高质量发展的重要途径。

1. 更好地彰显人文关怀

"人无我有、人有我优、人优我特、人特我精、人精我专"是各行各业都遵循的基本运营理念，更是企业满足游客个性化消费需求的重要应对策略。随着旅游已经成为人们日常生活的重要组成部分，"人人是游客"已经是常态，游客对旅游景区的消费需求也是水涨船高，不再满足于"到此一游"，更加不满足于一样的流程线路、一样的讲解服务与毫无特色的旅游商品、旅游餐饮。因此，通过景区定制服务，可以根据游客逗留时间的长短、游客群体的组成特征、游客的平均消费水平等游客主观因素与景区特有的客观因素，设计个性化的要素配置、人性化的陪伴服务，实现对游客的人文关怀，彰显人本主义。

2. 更好地体现精细管理

与景区常规的"快餐式"或"套餐式"旅游消费不同，定制服务往往不具有可复制性，使得其对景区的跨部门协调、信息管理等方面提出了更高的要求。传统景区接待服务通常是流程化的，景区只要设置好日常管理制度与行为规范体系，就能按照既定流程有序运转下去，通常不会出现"突发情况"；而定制服务则不同，部分游客会"突发奇想"而产生新的需求或变更服务要求，这就非常考验景区定制服务接待人员及景区的应急处理能力。一般而言，景区能做好定制服务，通常都拥有一批应变能力强的工作人员队伍，且具有很强的应急响应能力。

3. 更好地实现高质量发展

无论是自然类旅游景区，还是人文类旅游景区或综合型旅游景区，其生态环境容量或社会心理容量等均是有限的，景区接待服务设施设备及其工作人员的承载力也是相对有限的。因此，当旅游景区游客接待量达到一定的临界点时，就有可能出现游客体验感下降、服务质量或品质下滑、旅游资源与生态环境的自我恢复能力受损、地方社区居民的反感情绪开始上升等问题，而旅游景区也会面临游客接待量增长乏力、旅游综合效益下滑等问题。因此，如何提高游客人均消费水平、延长游客人均逗留时间、提高游客满意度，如何实现景区利润的持续增长但又能保证景区生态环境与设施设备不受损、地方社区居民能保持对游客的友好度或至少不反感，是当前旅游景区必须直面的现实问题。而景区定制服务则能有效解决上述问题，即可以在保证景区游客接待量不增加甚至可能下降的情况下，通过定制服务实现游玩效率提升、满意度提高以及人均消费水平的提升等效果。

二、景区定制服务的类型与特征

(一) 景区定制服务的类型

目前，国内旅游景区已经参照其他相关行业的做法，开展了各种类型的定制服务。根据其不同的属性特征，可以划分为不同的类型。

视频：景区
定制服务的
类型

1. 根据产品的差异程度来划分

衡量定制服务与产品的最根本特征是差异性，即其与常规或普通景区接待服务与产品的差异性。而根据其差异程度的大小来分，可以分为常规定制服务型和非常规定制服务型两大类。所谓常规定制服务型，是指景区专门为某一细分游客群体定制的接待服务与产品，如部分文博场馆专门为小学生定制的半日科普研学游、部分景区专门为商务考察团定制的两小时参观学习与交流等。事实上，此类产品各地旅游景区早已开始探索与实践，部分高等级旅游景区已经有非常成熟的常规定制服务型产品，其最大的特点是不同批次游客或团队到访景区时，其差异性并不大，可替代性或可复制性较高，即游客的细分或个性化需求差异不大。通常我们所说的，实际上是指非常规定制服务，是景区为每批游客都专门定制一份其专属的产品，其最大的特点是不同批次的游客或团队到访景区时，其产品内容与配套服务基本都是不同的，可替代性或可复制性比较弱，即在前述游客细分的基础上实施了进一步的细分细化以满足其真正的个性化消费需求。

2. 根据产品的实施主体来划分

对于旅游景区而言，可以根据景区自身特点与设施设备、人力资源状况等因素，开展不同类型的定制服务。根据景区定制服务与产品的实施主体不同，通常可以分为景区企业主

导型、第三方机构主导型、游客自主主导型等。一般而言,对于拥有较强策划运营团队的景区而言,通常可以采用景区企业主导型,即由景区策划运营团队根据游客提出的个性化需求,进行定制服务的策划、执行与评估,游客主要以提出需求及参与体验为主。此类定制服务与产品价格通常较高,利润也较高。对于策划运营团队较弱的景区而言,则可以采用第三方机构主导型或游客自主主导型两类。其中,第三方机构主导型通常是指第三方机构与旅游景区合作,通过租用景区的场地空间、特色资源或设施设备,由其根据游客的个性化需求进行定制服务的策划、执行与评估,景区主要以配合协调为主,通常不与游客直接接触。此类定制服务与产品价格一般也较高,但其相对高额利润需要由景区与第三方机构根据合同来分成。目前,各类中介服务结构都可能成为此类第三方机构,如各类会务公司、培训公司、婚庆中介公司、旅行代理公司等。游客自主主导型通常是资深的玩家或旅游"专家",对于旅游景区而言,往往还需要借助此类游客开发新产品、提升知名度、开拓新客源。

3. 根据产品的消费群体来划分

根据景区消费群体的大小与旅游目的来划分,景区定制服务与产品又可以分为个人型、家庭型、团队型。其中,个人型定制服务通常是景区为 VIP 量身定做的服务与产品,其个性特征往往最鲜明,是最难复制或替代的,其开发成本与利润空间均较高,例如,乌镇景区利用举办互联网大会、乌镇戏剧节等活动的契机,通过设置首席礼宾官(CCO)岗位,对与会国内外知名专家、政界商界精英提供个性化定制接待服务与产品。家庭型定制服务通常是景区为特定类型的家庭(如亲子家庭、养老家庭、结婚旅游等)量身定做的服务与产品,其特征是具有典型的群体性特征,即符合同类型家庭结构群体的需要,可以实施"基础服务 + 个性化服务"相结合的方法,其边际开发成本相对较低,在同类家庭中可进行借鉴乃至复制,如近年来一些景区专门针对亲子研学旅游定制相应的服务与产品。团队型定制服务通常是景区为特定团队(如商务或政务考察学习、企业主题活动等)量身定做的服务与产品,其个性特征也非常鲜明,一般难以复制或替代,其开发成本与利润空间主要看其策划与实施的主体而定,如企业经常会利用景区便利的交通、优美的环境与完善的设施,举行各类新品发布会、主题年会等活动。

4. 根据产品的实现途径来划分

一般来讲,定制服务与产品,在景区内可通过时间、空间、人员、增值等优享方式来实现。首先,可通过时间来实现定制服务与产品。近年来,热门旅游景区越来越多,导致游客体验感、满意度有所下降。因此,部分景区通过给部分定制游客提早开放时间、延长运营时间、缩短或取消排队时间等方式来实现,以降低游客游玩的时间成本、降低空间拥挤度以提高舒适感。其次,可通过空间来实现定制服务与产品。景区可划定特殊区域作为定制游客专属区域(如景区演艺剧场的贵宾席)或活动空间、进出通道(如上海迪士尼的快速通道)等,使游客能享受到最佳的观赏视角、活动体验空间或私密性等。再次,可通过人员来实现定制服务与产品。景区可通过配备专职人员为游客提供全程陪伴、管家或助理服务,此时的景区接待服务人员既是服务的生产者,也是服务的消费者,既是景区的接待服务人员,也是游客(团队)的成员之一。最后,可通过增值来实现定制服务与产品。景区可通过提供普通游客所无法享受到的旅游价值与功能,类似于酒店在客房赠送水果、民宿在游客离开之际赠送农产品等服务,景区可为游客在景区内的各个环节与空间开展增值服务和功能。

想一想:请以某类旅游景区为例,列举可为某类旅游群体提供哪些增值服务?

(二) 景区定制服务的特点

1. 差异性或不可完全复制性

与景区提供的普通接待服务不同,景区定制服务具有典型的差异性或不可完全复制性。也就是说,景区任何两个定制服务与产品之间,都可能因为游客的个性化需求不同而导致其实际消费的不同,即任意两个游客在同一个景区不可能实现一模一样的旅游消费。正因为如此,旅游景区在执行定制服务策略时,必须要考虑定制的细分程度及其开发的边际成本和边际效益。景区可根据定制游客的消费承受能力来设定定制的细分程度。一般而言,游客消费承受能力越强,其定制的细分程度可越深。

2. 排他性或相对独享性

既然是定制服务与产品,说明该项服务与产品往往具有排他性或相对独享性,即该定制服务与产品往往是定制游客独自享受的,如景区专门为游客提供特有的时间、空间,配备专职人员或增值服务、价值等,都是其他游客无法享受到的待遇。因此,景区在未来接待服务或宣传营销时,也可注重其定制服务的特色或主题宣传。

3. 小众性或非常规性

受景区接待服务人员规模有限、可定制时空有限等因素的限制,景区定制服务与产品的规模总体较小。俗话说:"物以稀为贵。"对于旅游景区而言,其年游客接待量可能均较大,部分高等级景区的日接待游客量都能破万。因此,定制服务与产品的占比也不宜超过其常规旅游服务与产品的规模;否则不仅将极大提升人力资源成本,而且也将无法有效开展游客接待工作。

想一想:随着人工智能技术(如 ChatGPT)的普及与应用,未来是否可以实现"人人可定制"的接待服务格局?

单元 2　景区定制服务与产品

在充分认知与理解景区定制服务的概念、内涵、类型与特征后,本单元将从三个步骤来具体剖析景区如何定制服务与产品:一是从定制游客的接待、需求收集与需求分析三个环节全面学习景区定制服务工作的前期客情工作应当如何落实;二是以游客需求为导向,搜集并准备定制服务与产品所需的资源、设施清单;三是设计并完成定制服务与产品的详细方案,征求相关利益群体的意见并完善定稿。

一、游客需求收集与需求分析

(一)游客接待

1. 接待定制游客的类型与特征

一般而言,到访旅游景区的定制服务游客主要有两种:一是以到访景区进行直接消费为目的的狭义旅游行为;二是以借用景区场地、空间、环境、设施等资源进行间接消费为目的的广义旅游行为,如某品牌车企借用某知名旅游景区开展的新车发布会、企业年会或客户招待会等。为完成游客的需求收集与需求分析,首先要和定制服务与产品的游客或团队或其代理人进行沟通和交流。因此,在做好游客的需求收集与需求分析之前,我们首先应明确要接待游客的性质。通常可以分为三种情形:一是景区定制服务与产品的直接消费者,其针对定制服务与产品的需求信息最为直接,但有时候也可能因为其对目的地景区的系统情况或产品体系不熟悉,或者对行业经验不足,导致需求提出的相对模糊或不够直观;二是景区定制服务与产品的代理人,通常是直接消费团队中的一分子,其针对定制服务与产品的需求信息也较为直接,且作为专业代理人与"熟练工",对团队的需求相对较为明确、专业;三是景区定制服务与产品的中介组织,主要以各类旅游定制服务中间供应商为主,其消费需求相对间接,但因其专业化的视角与各地开展定制旅游衔接的丰富经验,将使沟通交流更为方便快捷。

2. 接待定制游客的方式

一般接待定制服务与产品的游客方式与传统的接待方式相似,可以是线上接待,也可以是线下接待。线下接待又可以分为景区在地接待、第三方接待与游客拜访三种方式。其中,景区在地接待最为直接,主要指有定制需求的游客、企业及其代理人到访旅游景区的现场接待;第三方接待是指旅游景区与有定制需求的游客、企业及其代理人在约定的其他地方进行现场接待;游客拜访通常是面对代理人或中介组织,尤其是面向定制服务与产品的中介组织,景区可实行上门服务的方式。线上接待则主要通过电话、传真、网络(包括但不限于邮件、QQ、微信、钉钉等)方式进行沟通与交流。一般而言,线上接待是建立在双方已有较为成熟的合作关系,已经完成线下接待与考察或实践的基础之上,才开始转为线上接待的。

线上接待相对较容易,线下接待则较为复杂。除常规接待服务要求之外,还应根据到访洽谈人员的实际情况,协助安排交通、餐饮、住宿等相关环节,甚至要对景区各个节点、场所、环境、设施、人员等进行现场考察与交流,以针对性地提出个性化需求。

(二)需求信息收集

完成线上或线下接待工作后,接待工作人员需要搜集、汇总、梳理定制服务与产品游客的相关需求信息,为下一步需求分析做好准备。

1. 定制游客需求收集的渠道

定制游客需求信息的收集渠道或方式可以分为两种:一是直接收集渠道;二是间接收集渠道。前者是指景区定制接待服务部门通过与定制游客或其代理人直接沟通而获取信息的渠道或方法,一般需要提前列举接待定制游客时所需的问题清单并在相应的接待手册

视频:游客需求收集与分析

（表格）中做好详细的记录；后者是指景区定制接待服务部门通过田野调查、考察学习、网络搜集等方式，以参考借鉴、丰富案例、创新理念等为主要目的，从而增强景区定制服务与产品的竞争力。

试一试：请列举一份定制游客接待访谈的清单并设计相应的接待手册（表格）。

2. 定制游客需求收集的注意事项

（1）游客个性主题方面的需求信息。个性主题是景区定制服务与产品的灵魂。景区定制服务与产品个性化设计的关键是要有符合时尚新潮的创意。景区定制服务与产品应重点在产品主题、自助游系统等方面做好文章，满足定制游客强烈的个性化自主消费需求。在进行定制时，根据景区特性与资源内涵，有研学旅游、工业旅游、美食旅游、婚庆旅游等传统主题可以参考，也可以有心理旅游、博彩旅游、分时度假、美容旅游等新兴主题可供选择。此外，景区要特别注意定制游客的抵离时间、动静状态、氛围营造、节奏快慢等个性化信息。

想一想：景区定制接待服务部门为何需掌握定制游客的抵离时间、动静状态、氛围营造、节奏快慢等个性化信息？

（2）游客定制方面的基本信息。首先，关于定制游客群体的基本属性信息，主要包括但不限于游客的数量、结构特征、时间长短、消费预算等信息。其次，关于定制游客群体的基本消费信息。在与游客沟通需求时，应以"食、住、行、游、购、娱"旅游六要素为基础，深入挖掘所在景区及其拥有的各项要素，积极拓展商务、养生、研学、休闲、探奇、情感等新型消费需求。

（3）游客品位方面的偏好信息。游客品位在营销学与旅游学中都没有统一的定义，但是可以确定的是，游客的品位与其个人消费倾向有关。因此，在进行需求收集时需要留意游客的个人衣着、谈吐与饮食习惯等体现个人倾向选择的生活、休闲、消费等细节，以此作为定制服务与产品时的参考依据，如用餐环境的选择、住宿设施的安排、体验项目的设计等方面。俗话说："细节决定成败"，对于定制服务与产品来说尤为如此。

（4）游客体验方面的偏好信息。定制服务具有差异性大的特征，因此在需求收集时需要特别留意游客对旅游体验的偏好，这不仅与后续的产品主题相关，而且与服务流程设计有关。例如，不同的游客到澳门旅游，他们所关注的需求点可能完全不同，有的注重中葡文化交融带来的文化体验，有的注重澳门的美食，有的注重体验博彩活动。又如，不同的游客到乌镇景区旅游，他们所关注的体验点也可能完全不同，有的游客注重体验江南水乡古镇的市井生活，有的游客注重体验江南运河古镇的文化节事活动，有的游客注重体验现代互联网科技带来的虚拟现实与沉浸式体验甚至是无人驾驶。因此，景区定制接待服务部门必须掌握游客在具体产品体验方面的个性化需求。

（三）需求信息分析

需求信息的收集并不是目的，而是期望通过对搜集的需求信息进行详细分析，为设计或策划最优定制服务与产品做参考或决策依据。一般而言,景区定制接待服务部门应根据定制游客的旅游时长、旅游主题、消费层次及风格偏好等方面的个性化诉求开展服务和产品的策划设计。

1. 旅游时长与服务和产品的匹配性分析

与旅行社等中介机构能设计长时间产品线路不同,景区定制服务与产品的时长相对受限制。除部分拥有住宿接待设施的景区之外,大部分景区只能开展一日游以内的定制服务与产品。当然,也有部分景区为了迎合部分游客的消费需求,设计了两日游等类型旅游产品。但是,随着旅游景区综合化的趋势越来越明显,住宿类接待服务设施可以进入旅游景区,不仅使游客在景区的消费内容不断增加,而且使游客在景区的逗留时间也不断延长。因此,景区定制接待服务部门必须对定制游客的消费需求与景区相应的服务与产品进行平均游览、消费与体验等时长进行匹对分析,尤其还应根据不同类型特征游客的心理进行适当的修正,必须确保游客在景区的总逗留时长和相应的服务与产品可承担时长相匹配,要基本一致;否则就容易出现游客无事可干或来不及消费完就结束的尴尬境地。而在具体分析时长时,通常可以参照两个层面进行数据分析:一是内部数据,即通过特定场地、空间或项目设施的进出口管控设施(如视频监控、闸机等)进行平均逗留时间的分析,以获得游客在每个节点的耗费时间及其在途耗费时间;二是外部数据,即通过外部类似项目或服务与产品的平均逗留时间分析,以确定景区内部应该设置多长时间更加合理。

2. 旅游主题与服务和产品的匹配性分析

创新是现代旅游企业竞争的核心所在。但是创新,也不能完全异想天开。作为旅游景区,其最合适的做法是利用景区自有的优势资源、文化内涵与主题IP进行创新,如杭州宋城景区利用其身处南宋首都杭州的地缘优势进行了系列创新,上海迪士尼则利用其自身动漫IP(尤其凭借其拥有中国元素的动漫IP,如花木兰等)开发了系列产品。因此,景区定制接待服务部门应根据游客的消费偏好及景区自身优势资源进行主题策划,应确保游客的主题诉求和景区能够提供的服务与产品相匹配,而不是生搬硬套、张冠李戴。一般而言,定制游客的主题诉求主要体现在功能价值与外观表现两个层面。前者注重内涵价值获得,后者注重表现形式。

3. 消费层次与服务和产品的匹配性分析

消费层次通常与旅游服务和产品的质量息息相关,也是景区能否开展定制服务与产品的重要参考依据。一般而言,景区所能提供的服务与产品价格层次和定制游客所能承担的消费层次要匹配,这样才能实现真正的供需有效对接。因此,景区定制接待服务部门首先要对定制游客的消费层次或经济承受能力进行分析,并逐步分解到每个环节、每个项目中去,以确定各个环节的基本消费层次;然后要对景区既有服务与产品套餐进行内容和价格分析,是否契合各个环节的消费档次。如果景区既有服务与产品套餐的内容及价格无法满足定制游客的消费层次,那么应对现有服务与产品进行提档升级。值得注意的是,游客所能承受的价格层次总要高于景区定制服务与产品的消费档次;否则景区将面临亏损的局面。

4. 风格与服务和产品的匹配性分析

所谓风格,通常是景区定制服务与产品的外包装和细节,一般来讲,与景区主题IP元素及其"晒点"有关,也与定制游客群体的偏好及品位有关。因此,景区定制接待服务部门首先应根据景区特色与主题 IP 及定制游客确定的主题进行 IP 元素的设计,以尽可能多地设计可供游客晾晒或发朋友圈或宣传推广的"晒点",使整个产品具有可识别性与唯一性;其次应衡量定制游客的品位偏好、体验偏好是否和已有的服务与产品风格相匹配,动静是否冲突、菜品是否符合、节奏是否恰当等,均需要逐一分析以保证其匹配性。一般而言,定制服务与产品的风格往往具有更强的独特性或差异性,也通常是"细节决定成败"的体现。

二、寻找服务与产品资源

在景区定制接待服务部门完成游客定制信息搜集和需求信息分析之后,实际上也同步完成了寻找内部服务与产品和资源的任务。通常而言,景区定制服务与产品的内部资源通常包括其资源与空间、设施与设备以及人力资源条件。

视频:寻找服务与产品资源

(一)景区的资源与空间

优良的旅游资源、良好的生态环境、美丽的休闲空间等,都是景区开展定制服务与产品的基础和前提。尤其是其潜在的内涵与价值,往往是景区定制服务与产品的核心依托。

1. 景区的生态环境及其价值

一般而言,旅游景区的生态环境相对都较城市更好。良好的生态环境,主要体现在森林覆盖率或绿化植被率、水质、空气质量等方面,与人类康体养生具有很强的关联性。因此,要依托景区的生态环境及其所蕴含的价值开展定制服务与产品时,景区必须做到如下三点:第一,景区内部必须拥有生态保护理念,相关基础配套设施尽量实现生态化,如尽量使用清洁能源、架设生态栈道等;第二,景区内部必须确保全域干净整洁;第三,景区应尽量依托优良生态环境开发运动休闲类、康体养生类旅游产品。

2. 景区的优美环境及其价值

一般而言,优美的景区环境是基于优良的生态环境与干净整洁的氛围,并经专项绿化景观提升与局部空间营造而成的,通常是景区开展定制旅游活动的重要空间,其价值通常体现在围绕景区主题或定制游客的主题诉求而开展的各类创新创意活动。对于旅游景区而言,其优美的环境是游客开展各类观光游览、休闲娱乐、文化体验及特色活动等消费体验的空间,一般可以分为室内空间、户外空间。除经典景观空间与主题场馆空间之外,景区优美的环境适宜开展各类创意主题活动,以适应现代定制游客的消费需求。

3. 景区的核心资源及其价值

景区的核心资源通常指典型景观。典型景观可以作为优享空间,并通过附加简易功能与活动,实现定制服务与产品。值得注意的是,景区的典型景观往往是景区的优质资源,尤其是被视为国家 A 级旅游景区景观质量评估的核心竞争力,一般不建议做复杂更改或调整,以保证核心资源的可持续利用。

(二)景区的设施与设备

景区的相关设施与设备是景区开展定制服务、提供定制旅游产品的必要组成,一般可分为接待服务设施、基础配套设施与休闲娱乐设施三类。

1. 景区的接待服务设施

与景区接待常规游客不同,定制游客对接待服务设施的要求更高,尤其是相应的餐饮、住宿、研学、体验等接待服务设施。随着游客的综合性消费需求越来越明显,景区的各类接待服务设施也越来越多样,尤其是以乌镇景区等为代表的国家 5A 级旅游景区和以上海迪士尼等为代表的主题公园。对于定制游客而言,需要既能提供已有丰富多样的"菜单"直接供其选择,也能利用优美环境开辟新的"菜肴"供游客选择。

想一想:近年来,随着国内外旅居装备的日益完善,各种悬崖酒店、鸟巢小屋等特色接待服务设施不断爆红,请分析其满足了游客的哪些特定需求?

2. 景区的基础配套设施

景区的基础配套设施通常包括道路交通设施、工程管线设施、电力通信设施、环境卫生设施与安全防护设施等。与景区的常规游客接待服务体系不同的是,开展定制服务与产品供给会导致对景区不同区域在不同时刻产生不同的基础配套设施需求。例如,景区某一特定空旷场地,平时仅仅作为一块休闲绿地供游客休闲使用,而在某企业需要定制场地进行主题活动时,则需要对场地进行布置,需要配置相应的电力甚至燃气等设施,在运输特殊装备进场时,还需要拓宽或增设道路交通设施。因此,未来在景区改造升级或规划建设过程中,应具有超前发展理念,提前完善或布置相应的基础配套设施。

3. 景区的休闲娱乐设施

景区的休闲娱乐设施往往是定制游客个性化需求最为突出的组成要素之一。对于旅游景区而言,其休闲娱乐设施通常可以分为已有固定场所的休闲娱乐设施与非固定场所的临时性休闲娱乐设施。近年来,山岳型景区内玻璃滑道、高空秋千、玻璃栈道、玻璃桥等休闲娱乐设施的进驻,一定程度上激发了景区的消费活力,但也造成了大量的重复建设与管理困境,尤其是景观氛围营造与主题 IP 包装方面基本缺失。因此,作为景区定制服务与产品而言,重点应关注各类休闲娱乐业态的培育或引入,关注各类主题节庆或娱乐活动的策划与执行。

(三)景区的人力资源

众所周知,"科技是第一生产力,人才是第一资源"。对于以创新为核心驱动、以贯彻落实为根本的定制旅游服务与产品而言,都离不开专业人才的支撑。与传统旅游景区特别重视常规接待、市场营销、工程建设等人才队伍建设不同,将定制服务与产品作为重要业务组成部分的现代景区必须重视具有创新创造能力与综合运营能力的人才队伍储备与建设。因此,现代景区必须从部门设置出发,重视包括定制功能在内的综合接待人才队伍的建设,其游客需求信息搜集与处理、主题活动或产品策划、定制服务与产品实施及评估等均是其核心能力。

三、设计定制服务与产品方案

在做完前期工作后,就要正式设计定制服务与产品的方案,通常需要经过提炼主题、设计特色与亮点、安排行程线路与配套活动、预算与报价等步骤。

(一) 提炼主题

景区根据定制服务与产品的核心诉求及景区自有特色、品牌 IP 等提炼其主题。

1. 主题设计的三个步骤

景区定制服务与产品的主题提炼需要经过三个步骤：确定主题名称、填充主题产品或内容、设计主题线路。需要注意的是，景区的旅游资源是有限的，但是可以选定的主题是无限的。遵照主题性原则与差异性原则，在同一个旅游景区，设计出不同主题的定制服务与产品，旅游资源的有效利用与创新设计是主题提炼与内容设计的关键。

2. 主题提炼的两个注意事项

第一，景区定制服务与产品的主题提炼影响着景区产品的形象塑造、品牌形成和推广促销，是定制旅游服务与产品营销的重中之重。因此，景区要在认真地开展资源调查、市场分析和景区所在目的地区域的文脉（文化底蕴）、地脉（自然环境）和人脉（社会活动）的分析基础上，策划定制服务与产品的主题，同时对目标细分市场或定制游客群体进行特定产品的有效推广，为定制旅游服务与产品及其品牌的树立和内涵的充实打好坚实基础。

第二，景区定制服务与产品主题的最终表述，往往以主题或口号加以概括。旅游宣传口号以景区所在地的自然、社会环境为背景，以景区自身的景观资源为基础，将其最具优势的特征加以提炼，概括成一句宣传口号，以达到打动游客、激发其亲临实地旅游的欲望的目的。对于旅游景区而言，其宣传口号一般可分为两类：一类是反映景区总体形象特点与品牌价值的口号；另一类是针对定制旅游服务与产品的主题口号。

试一试：以周边熟悉的高等级景区为例，收集其总体宣传口号及各类细分宣传口号，分析两类宣传口号之间的关系。

(二) 设计特色与亮点

根据既定主题设计定制服务与产品的特色及亮点，是创意设计的重要组成部分。所谓特色与亮点，前者注重与常规线路或产品的不同或差异性，后者注重其"高光"与"亮眼"，其本质上都是与众不同，是"物以稀为贵"的重要体现。具体而言，景区定制服务与产品的特色、亮点，主要可以从以下三个方面进行设计：一是充分利用景区独有的优美环境及典型景观，直接嫁接传统旅游要素，实现传统旅游要素的新场景消费，如将传统酒店婚礼改为水下婚礼或草坪婚礼，将传统住宿或餐饮服务改为户外自然场景，让游客获得与众不同的消费体验；二是充分利用景区特色资源与主题 IP 对定制游客的游览空间与体验场景进行主题化的装饰，以进一步强化主题氛围；三是通过增设临时主题性休闲娱乐设施或节事演艺项目，以增强消费体验感，如景区可邀请相关演艺团队进驻景区进行主题展演活动等。

(三) 安排行程与活动

在确定好定制服务与产品的主题、特色、亮点的基础上，接下来的工作就是要安排具体行程或活动，并注意以下四个方面的问题。

第一，要注意定制游客的抵离时间。定制游客抵离时间的不同，直接关系到景区的开门闭园、用餐住宿、休闲娱乐等各类体验环节与场景的先后顺序安排。值得注意的是,部分按约定时间来获取定制服务与产品的应严格根据双方商定或景区确定的时间执行,其他定制服务与产品则可根据定制游客的约定时间来执行。

第二,要注意抵离期间的天气。不同的天气对游客出行、景区体验及相关配套娱乐体验活动等将产生重大影响,也对配套服务提出了更高的要求,尤其是风霜雨雪等特殊天气更要密切关注,特殊天气条件下可以延迟甚至取消定制服务与产品。

第三,要注意定制服务与产品体验期间景区的运营管理情况。一方面是涉及景区内部空间、设施、资源的调配,必须提前做好安排或储备;另一方面是涉及景区人力资源的调配,应确保各个环节相关人员提前到岗并做好准备、协调及衔接等系列工作。

第四,要注意制订应急方案。景区应根据上述三类情况制订相应的应急预案,特殊情况下要制订两套及以上方案,并做好相关的演练。

(四) 预算与报价

预算与报价是编制整个定制服务与产品方案的重要环节。首先,预算是建立在成本核算的基础之上的。对于旅游景区而言,从前期沟通、方案策划、现场执行到后期评估等各个阶段的成本均需考虑在内,尤其是相应的人力资源成本。同时,景区应考虑使用特殊资源或场景所产生的费用,如部分平时相对脆弱又比较有特色的典型景观或空间的使用,甚至需要支付资源或环境使用费。此外,景区还应考虑各个环节配套产品及服务的层次,加上景区必要的利润、管理成本等影响因素,形成最后的价格。其次,报价则是景区与定制游客之间的商务谈判过程。事实上,部分定制服务与产品可以根据执行情况确定一个比较透明的价格区间供游客选择,部分特殊定制服务与产品,尤其是个性化较强、利润率较高的,则需要通过商务谈判来解决。

视频:景区
定制服务评
估与诊断

单元 3 景区定制服务评估与诊断

游客意见征询不仅仅是每家旅游企业不断提升服务品质的重要路径,更是《旅游景区质量等级的划分与评定》(GB/T 17775—2003)对国家 A 级旅游景区的重要考核指标之一。对旅游景区而言,尤其是针对定制服务与产品,更加需要开展相关的服务效果评估与诊断,以不断优化服务流程与提升产品质量。

一、游客信息反馈与分析

(一) 游客信息反馈与调研

1. 游客满意度调研

游客满意度调研是最为直接有效的信息反馈渠道,通常可以在游客即将结束行程的时候利用提前准备好的满意度测评问卷开展调研。需要注意的是,针对购买定制服务与产品的游客来说,一般需系统性地设置一份相对全面但又不能过于复杂的问卷,可通过游客本人或其代理人填写或访谈完成,每一批次的定制游客问卷可以相同也可以不同,主要根据定制服务与产品的差异性而定,但肯定与普通游客的意见征询表是不同的,也不能按照服务岗位来填写满意度,避免给定制游客造成"反复叨扰"的印象。

2. 游客消费行为观察

景区定制接待服务工作人员在接待定制游客团队时,也可以通过观察游客的消费行为及其表情特征来评估游客的满意度。如果定制游客在行程中大部分时间保持欣喜、欢快的情绪,有效互动,说明其总体满意度较高;如果其在行程中大部分时间保持冷静、沉默、寡言或面无表情,通常说明其总体满意度不高甚至是非常不满,这时尤其要注意分析其内在原因。

3. 游客消费行为数据自动采集

随着互联网技术与数字经济的发展,充分利用手机信令数据技术、无线定位技术、景区内部 App 或小程序及第三方 OTA 平台数据,可有效采集游客的时间信息、驻留信息、消费信息、咨询信息等数据。例如,乌镇景区的早茶客服务(乌镇景区内部为住宿游客提供的早餐服务),需要通过游客在现场扫码选择不同的早餐类型,即可以作为游客消费信息乃至偏好信息的分析依据。又如,上海迪士尼也通过"迪士尼度假区"App 为游客在现场提供各类信息服务,也可实现相关行为数据的自动采集。但是,景区在采集游客数据时,必须征得游客同意,不得采集私人信息以免造成信息泄露。

4. 互联网平台信息采集

目前,微博、微信、抖音、小红书等自媒体平台和携程、驴妈妈、同程、飞猪、马蜂窝、美团等 OTA 平台,以及百度地图、高德地图等导航平台,都能成为各类游客发布各类旅游心得体会与评论的"专区"。尤其对定制游客来说更是如此。因此,通过大数据抓取游客的信息与数据,是景区获取特定群体或定制游客消费需求、满意度的重要途径。

5. 意见箱和咨询系统信息采集

首先,景区应在各个主要节点设置意见箱,并定期对游客意见进行整理与分析,必要的时候还应该尽快与留言的游客取得联系,以获取更加完善精准的意见和建议。其次,景区应该充分重视咨询服务系统的建设以及咨询服务信息的搜集与整理,并对游客咨询频率最高的内容进行分析以找出目前整个接待服务体系及配套服务设施体系中存在的问题与不足。例如,游客对如何到访景区的公共交通或特殊停车位信息咨询较多,景区则应该反思几个问题:一是景区有没有关注到游客的相关诉求信息;二是相关交通服务信息是否在各类平台及时发布;三是相关发布平台是否是游客经常用到或能看到的;四是相关发布的信息是否准确并符合游客的要求。

(二) 游客综合信息分析

景区在获取游客各类主动或被动反馈的信息之后,应开展综合信息分析与研究,深入挖掘和分析景区定制服务与产品的开发、执行过程中存在的优点与缺点,重点要做好三个层面的判断:一是定制游客是否认可服务与产品的主题及景区的品牌形象;二是定制游客是否感知或认可服务与产品的特色和亮点;三是定制游客是否满足行程与活动的安排。通过综合性的研判及关联分析,明确景区定制服务与产品存在的问题及原因、存在的优势与亮点,以真正达到扬长避短的目的。同时,景区应编制各类调查分析报告,以供景区管理层及定制接待服务部门研发定制服务与产品决策使用。此外,景区还可编制并发布游客的综合满意度报告或服务质量报告,以提升社会责任感。

二、方案调整优化

(一) 方案调整优化的内容

景区定制接待服务部门在完成定制服务与产品体验全部环节之后,应系统开展复盘反思与综合信息调研及分析工作,找出其中存在的短板与问题,以调整优化定制服务与产品,具体可包括以下几点。一是调整优化主题与口号。如果定制游客对既有主题及口号的感知度或认可度较低,就需要调整优化相关主题与宣传口号,尤其是部分定制服务与产品的依托空间、依托季节等发生变化的时候。二是调整优化营销渠道与策略。尤其对于第三方机构主导型或团队型定制游客来说,景区配套的营销渠道与策略也是非常重要的宣传推广方式。如果存在效果不佳、内容不全等问题,也应该及时调整相关的内容、渠道及推送策略。三是调整优化特色与亮点。如果定制游客对既有特色与亮点的感知度或认可度偏低,就说明其表现形式、展现内容存在差距,必须进行优化调整。四是调整优化配套设施与人力配置。尤其是在现场执行过程中,是否存在衔接不畅、人力不足等问题或出现资源配置浪费现象。五是调整优化方案预算,杜绝出现亏损等现象。

(二) 方案调整优化的注意事项

1. 注重综合效益

在景区实际操作过程中,方案调整优化必须要注重综合效益,即景区应根据游客的诉求及目的来定,也就是接待定制游客团队的主要目的是实现社会效益、生态效益和经济效益。一般而言,景区如果相对看重社会效益或生态效益,就可以相对忽略经济成本,尤其是部分商务考察定制团或部分名人、影星或文旅达人定制团。而对于普通定制服务与产品而言,必须关注并精准测算景区的运营成本,并要求其能保持在常规游客的平均运营利润水平之上。

2. 注重主观能动性

景区在系统复盘和综合分析时,必须清楚掌握存在的问题是由主观性因素造成的,还是由客观性因素造成的。对于景区定制接待服务部门而言,可以优化调整的问题通常是由主观性因素造成的。因此,方案的调整优化必须关注景区及其员工的主观能动性,尤其是在临时性配套服务设施与主题娱乐活动策划设置、场景布置等方面。

3. 注重可操作性

世界上不存在"十全十美"的方案,我们必须在尊重现实与客观实际的基础上,提出一个最具可操作性的方案。对于景区定制服务与产品的方案来说,也是如此。所谓的可操作性,主要包括三个层面:一是政策层面的可操作性,即不能在定制服务与产品中突破国家法律法规和政策的底线;二是技术层面的可操作性,即要在景区已有的技术条件与设施允许的范围内操作实施;三是经济层面的可操作性,即要在确保整个产品不亏损或基本不亏损的情况下操作实施。

4. 注重产权与品牌

景区在优化定制服务与产品方案时,必须坚持一个理念,即可否将其变成一个相对固定的定制产品,变成景区的一个子品牌或热门产品。因此,景区的定制接待服务部门在定制服务与产品方案研发、执行过程中,应该注重知识产权与品牌的保护,对独有的创新产品可以申请专利保护并开发相关的衍生品。

模 块 小 结

随着我国国民经济发展水平的提高以及人民群众对美好生活的向往,在标准化基础之上的个性化、主题化、品质化旅游消费已经成为热点,也是当下及未来旅游景区接待服务的重要组成部分及可持续发展之路。因此,本模块在解读景区定制服务的概念、内涵、类型及特征的基础上,重点展示了如何定制景区服务与产品方案、如何评估与诊断景区定制服务两个环节,主要目的是让学习者能熟练开展景区定制服务与产品的工作,能科学评估与诊断景区定制服务的绩效。

讨论与思考

注意观察或思考商业综合体、银行、保险、交通、演艺等相关现代服务业,其中有哪些现象属于定制服务? 如果引入到旅游景区行业,会发生怎样的变化?

模 块 测 验

一、名词解释

1. 定制
2. 景区定制服务

二、填空题

1. 根据景区消费群体大小与旅游目的来划分,景区定制服务与产品又可以分为个人型、_____、_____。

2. 定制游客需求信息的收集渠道或方式可以分为两种:一是_____,二是_____。

3. _____是景区定制服务与产品的灵魂。

4. 景区的基础配套设施通常包括道路交通设施、工程管线设施、_____、环境卫生设施与_____等。

5. 定制服务与产品的风格往往具有更强的_____或_____，也通常是"细节决定成败"的体现。

三、选择题

1. 景区定制服务有哪些特征？（　　　）

A. 差异性或不可完全复制性　　　　　B. 排他性或相对独享性

C. 小众性或非常规性　　　　　　　　D. 和谐性或统一性

2. 景区定制服务的内涵是什么？（　　　）

A. 更好彰显人文关怀　　　　　　　　B. 更好体现精细管理

C. 更好地促进生态发展　　　　　　　D. 更好实现高质量发展

3. 从属性特征的角度来看，景区定制服务可以划分为不同的类型？（　　　）

A. 差异程度　　　　　　　　　　　　B. 实施主体

C. 消费群体　　　　　　　　　　　　D. 实现途径

4. 方案调整优化的注意事项有哪些？（　　　）

A. 注重综合效益　　　　　　　　　　B. 注重主观能动性

C. 注重可操作性　　　　　　　　　　D. 注重产权与品牌

四、简答题

1. 景区定制服务的内涵及发展趋势是什么？

2. 如何有效搜集定制游客的消费需求？

3. 如何有效配置定制服务与产品的所需资源？

4. 如何有效分析定制游客的反馈信息？

扩展技能训练

以某个旅游景区或旅游目的地为例，通过对某一特定群体或定制游客的访谈或综合分析，为其定制个性化的服务与产品方案。

模块 11　景区服务质量监控与管理

◆ **学习目标**

● **素养目标**

1. 树立质量意识，培养精益求精的"工匠精神"。

2. 树立以游客为中心的服务意识。

3. 积极开展文明旅游的宣传与引导工作。

● **知识目标**

1. 掌握景区内部质量监控与管理的类型、内容与方法。

2. 掌握景区外部质量监控与管理的类型、内容与方法。

● **能力目标**

1. 能根据景区实际情况设计内部质量监控与管理的岗位职责及制度体系。

2. 能有针对性发现质量管理与监控中存在的问题并进行改进。

3. 能利用大数据分析等方法动态获取外部质量监控信息。

情景案例

案例 1：中共中央、国务院印发《质量强国建设纲要》

新华社北京 2023 年 2 月 6 日电　近日，中共中央、国务院印发了《质量强国建设纲要》（以下简称《纲要》），并发出通知，要求各地区各部门结合实际认真贯彻落实。

《纲要》认为建设质量强国是推动高质量发展、促进我国经济由大向强转变的重要举措，是满足人民美好生活需要的重要途径。近年来，全民质量意识显著提高，质量管理和品牌发展能力明显增强，产品、工程、服务质量总体水平稳步提升，质量安全更有保障，一批重大技术装备、重大工程、重要消费品、新兴领域高技术产品的质量达到国际先进水平，商贸、旅游、金融、物流等服务质量明显改善；产业和区域质量竞争力持续提升，质量基础设施效能逐步彰显，质量对提高全要素生产率和促进经济发展的贡献更加突出，人民群众质量获得感显著增强。

《纲要》明确要"以习近平新时代中国特色社会主义思想为指导，立足新发展阶段，完整、准确、全面贯彻新发展理念，构建新发展格局，统筹发展和安全，以推动高质量发展为主题，以提高供给质量为主攻方向，以改革创新为根本动力，以满足人民日益增长的美好生活需要为根本目的，深入实施质量强国战略，牢固树立质量第一意识，健全质量政策，加强全面质量管理，促进质量变革创新，着力提升产品、工程、服务质量，着力推动品牌建设，着力增强产业质量竞争力，着力提高经济发展质量效益，着力提高全民质量素养，积极对接国际先进技术、规则、标准，全方位建设质量强国，为全面建设社会主义现代化国家、实现中华民族伟大复兴的中国梦提供质量支撑。"

《纲要》提出到 2025 年，质量整体水平进一步全面提高，中国品牌影响力稳步提升，人民群众质量获得感、满意度明显增强，质量推动经济社会发展的作用更加突出，质量强国建设取得阶段性成效；到 2035 年，质量强国建设基础更加牢固，先进质量文化蔚然成风，质量和品牌综合实力达到更高水平。可见，"十四五"乃至"十五五"期间，是我国质量建设的关键时期。因此，《纲要》分别从推动经济质量效益型发展、增强产业质量竞争力、加快产品质量提档升级、提升建设工程品质、增加优质服务供给、增强企业质量和品牌发展能力、构建高水平质量基础设施、推进质量治理现代化及组织保障等方面提出了 32 条实施意见。

案例 2：文化和旅游部关于加强旅游服务质量监管提升旅游服务质量的指导意见

2021 年 5 月 21 日，文化和旅游部发布了《关于加强旅游服务质量监管提升旅游服务质量的指导意见》（文旅市场发〔2021〕50 号，以下简称《意见》）。

《意见》认为，旅游服务质量是旅游业作为现代服务业的内在属性，是企业的核心竞争力，是衡量行业发展水平的重要指标。加强旅游服务质量监管、提升旅游服务质量是推进旅游业供给侧结构性改革的主要载体，是旅游业现代治理体系和治理能力建设的重要内容，是促进旅游消费升级、满足人民群众多层次旅游消费需求的有效举措，是推动旅游业高质量发展的重要抓手。近年来，旅游行业服务质量意识和管理水平不断提升，监管能力进一步增强，为维护游客合法权益、规范市场秩序提供了有力保障。但从高质量发展阶段的新要求来看,旅游服务质量意识不强、管理水平不高、品牌知名度和美誉度不强、质量基础设施不完善、质量人才匮乏、监管手段不硬、质量持续提升动力不足等问题依然突出,旅游服务质量仍是旅游业高质量发展的制约性因素。

提升旅游服务质量只有起点没有终点,为全面落实质量强国战略,推动新时代旅游业高质量发展,《意见》从总体要求、主要任务、保障措施三个层面进行了总体部署。首先,从总体要求的角度看,《意见》明确要"牢固树立质量第一的发展意识,把持续提升旅游服务质量作为旅游业高质量发展的重点领域,一手抓服务质量监管不放松,夯实发展基础,一手抓优质服务促进不动摇,提升质量标准,积极服务于扩大内需战略基点,以高质量旅游服务供给引领和创造新需求,助力建设高标准旅游市场体系,不断增强广大游客的获得感、幸福感、安全感。"并提出了坚持以人民为中心、坚持系统观念、坚持创新发展、坚持深化改革四个基本原则,这也是我们景区接待服务的总体要求。其次,主要任务包括落实旅游服务质量主体责任、培育优质旅游服务品牌、夯实旅游服务质量基础、加强旅游人才队伍建设、加快推进旅游信用体系建设、加强行业旅游服务质量监管六个方面共 29 条意见。

《意见》对包括旅游景区在内的旅游行业服务质量与监管提升做出了系统部署、创新指导,尤其是对不同责任主体、系统质量管理、创新监管方式等做出了详细的要求,对未来旅游景区服务质量的提升与有效监管起到了很好的"指挥棒"作用。

想一想:国家为什么特别重视质量管理? 旅游景区的质量管理有什么特殊性?

旅游景区运营成功与否,除了受景区的资源品质、环境状况、设施设备、市场营销等因素的影响,其服务质量的好坏也起着非常关键的作用。服务质量是景区的生命线,服务质量的提高是景区各项管理职能充分发挥作用并相互协调的结果。服务质量也是景区综合运营与管理水平的体现。

一、景区服务质量的概念

景区服务质量是指景区的服务所能满足游客显性或隐性需求、满足游客物质或精神需求的总和,包括产品质量、环境质量、景观质量及游客意见评价等。景区服务质量具有明显的主观性与不确定性,通常可由游客满意度来衡量。游客对景区满意与否,很大程度上取决于景区与游客之间在服务质量问题上的互动程度。这种互动关系可以表述为

$$游客满意度 =(景区实际提供的服务质量 - 景区承诺的服务质量)÷$$
$$(游客实际感受的服务质量 - 游客期望的服务质量)× 100\%$$

想一想:根据游客满意度的公式,请问旅游景区在宣传促销过程中,应该注意哪些方面的问题?

该互动关系反映了游客满意度不仅受实际感知的服务质量影响,还受到其自身所期望的服务质量的影响。一般来说,游客希望所选择的景区是"物超所值"或"价廉物美"的。

因此,景区如何将一个"物有所值"的产品转化成游客所期待的"物超所值"的感知,是极其重要的。

二、景区服务质量的地位与内容

景区是以生态环境、景观资源与设施设备为基础,为游客提供多样化观光、休闲、娱乐、康体、养生、节庆、购物等产品与服务,即其一般由硬件、软件、流程性材料和服务构成。景区的生态环境、景观资源及设施设备都是固定不变的,唯一能影响或促成"物有所值"向"物超所值"或"价美物廉"转变的,关键就看景区的软件管理体系、流程性材料与服务,而其最终体现就是服务流程与规范。因此,景区服务质量的高低是景区运营管理的重要组成。首先,是实物产品质量。实物产品质量主要是指餐饮食品产品质量和满足游客购物需求的旅游商品质量,是景区服务质量形成的基础条件。其次,是设施设备质量。设施设备是景区实现正常运营、提供优质接待服务的基础。设施设备的完好程度、舒适程度及美观程度都直接或间接地影响服务质量。再次,是景区环境质量。良好的生态环境能够给游客提供优美、舒适、便利的旅游环境与氛围,一般包括景区绿化环境、环境卫生、场景装饰与美化、灯光音响、室内温度的适宜程度等方面。最后,是劳务活动质量。劳务活动质量是指以劳动的直接形式创造使用价值的质量,主要包括景区服务人员的服务态度、仪容仪表、服务纪律、服务技能、服务方式、言行举止、礼貌修养、职业道德等方面,具体又涉及景区预约服务、交通服务、游客中心服务、景点场馆服务、商业接待服务、导游讲解服务、游乐项目服务及定制服务等。

三、景区服务质量监控与管理

景区服务质量监控与管理是景区接待服务与运营管理的重要组成部分,是指景区为确保运营服务质量、保持游客较高满意度与回头率及"口碑效应",对景区的预约服务、交通服务、游客中心服务、景点场馆服务、商业接待服务、导游讲解服务、游乐项目服务及定制服务等进行全过程监督控制与管理。景区服务质量的监控与管理,一般应遵循以游客满意为导向、构建良好的互动关系、系统化控制与管理、全过程全员监控与管理、持续诊断改进与提升等原则。此外,景区必须提前制定服务质量的系列标准,才能有效开展监控与管理。

单元 1　监控、分析与诊断景区服务质量

一、监控景区服务质量

(一) 监控景区服务质量的渠道与类型

景区服务质量的监控与管理,通常可以分为内部自我监控与管理、外部借力监控与管理两个途径。

视频:监控
景区服务
质量

1. 景区内部自我监控与管理

所谓内部自我质量监控与管理，是指通过景区内部或自身发现问题、分析原因并自我改进的一种服务质量监控、分析诊断、改进与提升过程。首先，根据内部自我质量监督与管理的层级或主体划分，可以分为基层自检、中层部门常规检查及高层抽检三个层次。其中，基层自检是景区接待服务从业人员必须做的工作，包括岗前检查、岗中核查及岗后复查，必须严格按照景区接待服务流程与规范要求执行，不得随意更改服务流程规范；中层部门常规检查是景区质量监控与管理专职部门的检查，其核心职责是根据景区服务质量监控与管理的要求，对整个景区的各个部门进行监督、检查，确保各个部门及各个岗位能按照景区接待服务流程与规范要求执行；高层抽检是指景区领导层根据定期抽检、随机抽检等方式，对基层自检、中层常规检查进行二次监控与检查，以进一步强化景区服务质量管理。其次，根据内部自我检查的方式划分，可以分为线上与线下结合、定期与抽检结合、主动与被动结合、委托检查（如体验师、暗访等）等方式。

2. 景区外部借力监控与管理

所谓外部借力监控与管理，是指通过景区外部发现问题、分析原因并敦促改进的一种服务质量监控、分析诊断、改进与提升过程。一般来说，根据景区外部借力监控与管理的实施主体来划分，可以分为游客、文旅体验师、第三方评价机构以及政府主管部门等。第一，来自游客主导的监督最为直接有效，一般可通过游客投诉、游客咨询、景区意见征询问卷和意见本反馈、网络平台留言或评价等方式。其中，游客投诉、游客咨询以及景区意见征询问卷和意见本等反馈渠道通常可控，具体可以参照游客中心的投诉服务；网络平台留言或评价相对较为隐蔽，通常要求景区及时关注网络舆情并有效跟进处理。第二，来自文旅体验师的监督往往是较为专业的，且具有较大的影响力。文旅体验师已经成为文旅行业的一种重要职业岗位，其往往能很好地结合行业标准与游客旅游消费需求，提出服务质量的问题或短板，甚至可能通过其自媒体平台产生扩散效应。第三，随着我国文化和旅游主管部门对国家 A 级旅游景区实施动态化管理以来，各级主管部门已经通过明查、暗访等方式对旅游景区进行监督检查，对部分不符合《旅游景区质量等级的划分与评定》（GB/T 17775—2003）的景区采取了警告、通报批评、降级直至摘牌等处罚手段，并极大地引起了社会及地方政府的重视，促进了旅游景区的健康发展。

（二）景区服务质量监控与管理的内容

1. 景区服务质量监控与管理的内容分类

景区服务质量监控与管理的内容可以覆盖景区对客服务的各个方面。首先，从景区服务与产品的组成来看，可以包括景区的生态环境、景观资源、设施设备及劳务活动。对于景区内部自我监控与管理而言，需要系统监控各个层面的内容，既要确保景区生态环境优良、景观资源品质优良，又要确保设施设备正常运转、接待人员规范有序。其次，从景区接待服务的部门或空间组成来看，可以包括景区预约服务、停车场服务、游客中心服务、交通服务、景点场馆服务、景区商业接待服务、景区导游讲解服务、景区游乐项目服务以及具有综合性特征的景区定制服务等。最后，从景区接待服务流程来看，包括游客到访前的接待服务（通常以咨询为主，包括网络咨询、电话咨询等）、现场接待服务及离开后的接待服务，其核心是现场接待服务。

2. 景区服务质量监控与管理的核心要点

景区服务质量监控与管理的核心要点主要体现在以下三个方面。一是根据景区接待服务的各个岗位职责及管理制度进行监控与管理。例如，景区后勤服务部门要求卫生清洁人员每 15 分钟必须对游客中心附近厕所进行清洁，而且应该设置相应的工作日志表进行操作登记，以便部门基层自检、中层常规检查与高层抽检。其核心要点是景区接待服务部门的岗位职责或制度必须清晰准确，最好能借助数字化技术，实现精准化管理。二是根据景区所属行业相关的国家标准或行业标准进行监控与管理。例如，景区应该按照规定对游客进行意见征询，并具有一定的数量比例。三是根据景区接待游客的实际感受与满意度进行监控与管理，其涉及的内容往往更加宽泛且具有典型的主观性与不可控制性。

二、建立景区服务质量标准

视频：建立
景区服务质
量标准

正如前文所述，景区要做好服务质量的监控与管理，就必须建立景区服务质量的标准；否则就面临无标准可依的尴尬境地，也将无法开展监督与管理。需要注意的是，景区在建立相应的服务质量标准体系时，应主要做好景区服务质量标准的定位与目的、建设相应的服务质量标准体系两个环节。

（一）景区服务质量标准的定位与目的

景区建立服务质量标准的定位与目的主要有：一是确定为游客提供服务的质量要求；二是将质量要求文件化、制度化，作为实现服务与记录服务的依据；三是针对质量要求，确定相应的验收标准与服务日志，用于考核或评价服务；四是作为向游客承诺的依据；五是全体员工将实现服务的质量要求作为自己的职责和目标。与此同时，景区在制定或建立服务质量标准时，还可以设置高品质型服务质量、常规型服务质量及经济型服务质量三种标准。一般来说，高等级旅游景区或高售价旅游产品或者定制旅游等，通常需要高品质型服务质量标准；对于中等级旅游景区或大众游客，通常需要常规型服务质量标准。对于现代社会而言，游客正日益追求高服务质量，因此不建议景区采用经济型服务质量标准；否则容易进入恶性循环，影响景区可持续发展。

（二）景区服务质量标准的制定过程

景区服务质量标准的制定一般需经过如下流程：第一，进行市场调查，明确景区实际或未来可能潜在的增长市场，提出开拓景区市场的思路与策略；第二，选择目标细分市场，尤其是当下旅游景区市场竞争日益激烈的情况下，明确目标细分市场是中小型旅游景区的必由之路，能够做到"有的放矢"；第三，分析目标细分市场游客的需求及其组合特征，并将其转化为服务质量的标准要求；第四，评价满足目标细分游客需求的可行性，景观资源、设施设备以及人力资源的适应性，并进行整体服务的策划；第五，在充分考虑游客的需求和景区承载能力与服务能力的基础上，确定景区服务质量的内容和标准要求。

想一想：什么样的景区可以面向所有游客？现实中存在这样的旅游景区吗？景区应该建立哪种服务与产品体系和质量标准体系才能适应当前游客的需求？

（三）建构景区服务质量标准体系

在一般情况下,质量的监控与评价是以标准来衡量的,但景区服务由于其特殊性,使标准本身受到许多因素的影响,具有明显的可变性与复杂性。高品质型服务不仅要符合服务工作本身的客观规律,还要使游客得到最大程度的满意。景区完成其服务工作所必需的要求与规范构成衡量景区服务质量的内部标准,而游客、文旅体验师乃至各级文旅主管部门派出的暗访人员通过亲身体验做出的对服务质量的感知评价则构成衡量景区服务质量的外部标准。

1. 内部标准

景区服务质量内部标准是指符合服务工作规律,适合游客需求特点的服务规范与质量标准,是景区提供优质服务的基本保证。我国于 1999 年发布、2003 年修订发布的《旅游景区质量等级的划分与评定》(GB/T 17775—2003)对旅游景区制定服务规范起了引导和推动作用。但是,依然存在两个方面的问题:一是国家标准主要涉及一些共性因素的评价,而每个景区都有区别于其他景区的不同特点;二是国家标准修定需要遵循一定的流程规范与要求,无法满足或彰显最新市场变化与科学技术的支撑。因此,景区服务质量内部标准的制定还应考虑到经济社会与科技的发展新情况、景区的实际情况和景区本身的特点,如景观资源特色、资源等级及保护要求、当地风俗文化、目标客源市场需求等,这样才能制定出具体的、全面的、具有可操作性的、重点突出的、满足游客需求的内部参考标准。事实上,国家标准通常是最低标准或门槛标准,一个旅游景区若想取得长久发展,提升综合竞争力,必须保证内部标准高于国家标准。

因此,一个优秀的景区服务质量内部标准应该同时满足以下四个方面的要求:一是满足游客的需求或游客具有较高的满意度;二是符合景区实际状况,能为员工所接受或具有可操作性;三是重点突出,并具有一定的挑战性,即"跳一跳,够得着";四是要及时修改,使之与内外部条件变化相适应。具体内部标准如表 11-1 所示。

表 11-1　景区服务质量内部标准的内容要点

主项	子项	内容要点
景观资源	资源吸引力	(1)观赏游憩价值或历史价值、文化价值、科学价值。 (2)珍贵物种,或景观异常奇特程度,或相应级别资源实体。 (3)资源实体体量,或资源类型,或资源实体疏密度。 (4)资源实体完整程度,保持原来形态与结构情况
	市场吸引力	(1)知名度。 (2)美誉度。 (3)市场辐射力。 (4)主题鲜明程度,特色与独创性
生态环境	环境质量	(1)空气质量水平。 (2)噪声质量水平。 (3)地面水环境质量水平。 (4)污水排放与处理情况,垃圾处理情况

续表

主项	子项	内容要点
生态环境	环境卫生	(1)环境整洁,无污水、污物,无乱建、乱堆、乱放现象,建筑物及各种设施设备无剥落、无污垢,空气清新、无异味。 (2)公共厕所布局合理,数量能满足需要,标识醒目美观,建筑造型景观化。 (3)垃圾箱布局合理,分类设置,标识明显,与环境相协调
	景观风貌	(1)建筑布局合理,建筑物体量、高度、色彩、造型与景观相协调。出入口主体建筑格调突出,并烘托景观及环境。周边建筑物与景观格调协调,或具有一定的缓冲区域。 (2)环境氛围优美。绿化覆盖率高,植物与景观配置得当,景观与环境美化措施多样,效果好。 (3)不造成环境污染和其他公害,不破坏旅游资源和游览气氛
设施设备	旅游交通	(1)有与景观环境相协调的专用停车场或船舶码头,布局合理,场地平整坚实、绿化美观,标志规范、醒目、美观。 (2)区内应使用新能源交通工具,配套智慧停车、充电、洗车等设施设备。 (3)有旅游集散或接驳系统,有便捷抵达景区的公共交通或旅游专线交通工具
	游览设施	(1)游客中心位置合理,规模适度,设施齐全,功能体现充分。 (2)各种引导标识(包括导游全景图、导览图、标识牌、景物介绍牌等)造型特色突出,标识牌和景物介绍牌设置合理。 (3)公共休息设施布局合理,数量充足,设计精美,特色突出
	安全设施	(1)消防、防盗、救护等设备齐全、完好、有效,交通、机电、游览、娱乐等设备完好,运行正常,无安全隐患。 (2)危险地段标志明显,防护设施齐备、有效。 (3)设立医务室,并配备专职医务人员
	购物设施	购物场所布局合理,建筑造型、色彩、材质有特色,与环境协调
服务管理	游览线路	区内游览(参观)路线布局合理、顺畅,与观赏内容联结度高,兴奋感强
	游览服务	(1)咨询服务人员配备齐全,业务熟练,服务热情。 (2)导游员(讲解员)持证上岗,人数及语种能满足游客需要。 (3)导游(讲解)词科学、准确、有文采,导游服务具有针对性,强调个性化。 (4)提供手机充电、饮用水、小件物品寄存及其他服务。
	安全服务	有突发事件处理预案,应急处理能力强,事故处理及时、妥当
	卫生服务	(1)厕所设专人服务,洁具洁净、无污垢、无堵塞。 (2)垃圾清扫及时,日产日清
	邮政服务	提供邮政及邮政纪念服务

续表

主项	子项	内容要点
服务管理	购物服务	(1)对购物场所进行集中管理,环境整洁,秩序良好,无围追兜售、强买强卖现象。 (2)做好旅游购物场所的位置管理、价格管理、质量管理等,配套相应的退换货服务、快递服务等
	综合管理	(1)具有独特的产品形象、良好的质量品质、鲜明的视觉形象和文明的员工形象,确立自身的品牌标志,并全面、恰当地使用。 (2)投诉制度健全,投诉处理及时、妥善,档案记录完整。 (3)为特定人群(老年人、儿童、残疾人等)配备旅游工具、用品,提供特殊服务。 (4)设立志愿服务工作站点,提供旅游志愿者公益服务。 (5)科学管理游客容量

注:本表根据《旅游景区质量等级的划分与评定》(GB/T17775)2003 年版本和 2023 年征求意见稿整理。

2. 外部标准

景区服务具有典型的无形性和非常规性等特点,使景区服务质量的衡量无法采用其他物质产品的统计检验技术。此外,景区服务标准就算符合内部标准,也并不一定被认为是优质产品和服务,必须同时得到游客的认可,即景区服务质量还需通过游客满意度、文旅体验师乃至景区暗访等外部标准来进行衡量。无论是游客满意度、文旅体验师评价还是明察、暗访,一般都会出现三种情况:一是实际效果与评分高于标准;二是实际效果与评分等于标准;三是实际效果与评分低于标准。同时,游客的满意度除了在景区现场给予反馈,还经常通过各类 OTA 平台或自媒体平台以赋分或留言评价等方式进行。因此,旅游景区应特别注意外部 OTA 平台及各类自媒体平台对景区的综合评价得分及留言评价。一般而言,假如 OTA 平台对景区的综合评价得分低于 4.5 分,则其综合满意度一般要低于 90%,必须引起景区的足够重视。

三、分析与诊断景区服务质量

在明确景区服务质量监控与管理的渠道及在完成相关标准体系建立的基础上,景区应通过自我检查、巡视抽检、数据搜集与分析等手段,对景区服务质量进行系统分析与诊断,以明确存在的问题与短板及其原因。

(一) 发现景区服务质量的问题与短板

景区一般可以通过内部自我监控与管理以及外部借力监控与管理等渠道来发现问题与短板,其具体的问题与短板一般包括以下四个部分。一是景区接待服务人员的行为与态度,可包括但不限于沟通语言、仪容仪表、礼仪规范、是否发自内心的微笑、是否真诚服务的细节等。对于景区接待服务而言,尤其是定制服务而言,细节服务往往是成败的关键。假如游客明显感觉身体乏力或不舒服,接待服务人员若能及时调整行程或给予相应的照料,通常会让游客倍感温馨与体贴,并且能实现超强满意度的回馈。二是景区接待服务的时效性,服务有易逝性的特点,不可储存、不可回收,游客在享受服务之前不能对服务做出判断,只能在消费的过程中评判,服务的时效性包括等待的时间、服务完成所需要的时间等。如果景区能够明确告知游客需要等待的时间,并在等待服务的过程中给予相应的互动或其他服务,通常会让游客满意;而不知何时能得到服务且毫无关怀与互动的等待则会极大地损耗游客的耐心与满意度。三是景区接待服务的不合格点,即考察实际的服务成效偏离目标的情况,如讲解接待过程中应提供 4 个节点的讲解服务,实际只提供了 3 个节点的讲解服务。四是配套服务设施设备的相关特性。服务设施设备对服务质量有很大的影响,有时候甚至会直接影响游客对服务的满意程度。例如,游客租用景区的讲解器,结果游客在体验过程中,发现讲解器无法使用或声音不够清晰,这会极大地影响游客的认知与体验,并最终影响游客的满意度。

试一试:请利用 Python 等技术,再利用部分 OTA 平台选取景区的网络评价与留言,分析研判景区服务质量的问题与短板。

(二) 剖析景区服务质量存在问题的原因

游客对景区服务质量的判断或评价具有较强的主观性,其核心是取决于游客对服务质量的预期与实际体验的对比。因此,剖析景区服务质量存在问题的原因,其关键是找到服务质量提供与体验的差距所在(图 11-1)。

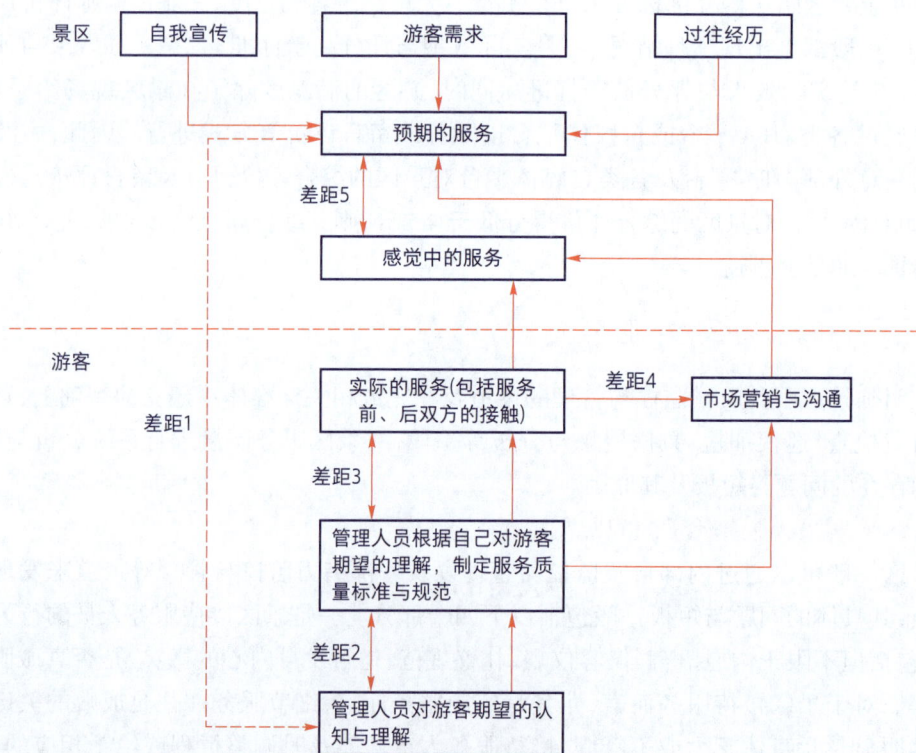

图 11-1　旅游景区服务质量差距模型

1. 游客对接待服务的期望与景区接待服务人员实际认知差距

主要指游客对景区服务的期望与接待服务人员对这些期望认识之间的差距。通俗地讲,就是游客希望得到 100 分的服务,而景区接待服务人员认为只要提供 90 分的服务即可。造成这种差距的主要原因有:景区设计服务与产品时没有进行充分的市场调研和需求分析研判;进行市场调研和需求分析研判时得到的信息不准确;虽然景区接待服务人员了解游客的需求和愿望,但由于种种原因,导致游客需求信息未被及时地传递给相关工作部门及管理层。缩小该差距的方法主要包括改进市场调研方法、增进管理者与接待服务人员之间的交流、管理层扁平化及拉近与游客的距离。尤其是在市场调研阶段,应该充分利用现代信息技术与大数据分析方法,实现对目标细分市场的精准分析并给予整改提升。

2. 管理人员对游客期望认知与服务质量标准之间的差距

一般而言,景区的服务质量标准或规范都是由景区管理人员参与制定的。而管理人员对游客期望的认识与服务质量标准或规范之间存在差距,或者说管理人员没有建立一个能够满足游客期望的服务质量标准体系并将这些标准体系转换成实际可行的接待流程与规范。产生此类差距的原因主要有:旅游景区没有明确的质量目标;景区服务质量管理的计划性较弱;景区计划实施与管理不力,使计划流于形式。缩小该差距的方法主要包括景区树立明确的质量目标,制定严格的服务质量标准体系,强化景区管理人员与接待服务人员的沟通交流并进行密切配合,制定景区服务质量标准和实施计划并督促落实。

3. 服务质量标准和服务与产品提供之间的差距

旅游景区服务质量标准和服务与产品提供之间的差距,也就是景区接待人员无法或未能按照景区服务质量标准和操作规范提供相应的服务与产品。产生此类差距的原因主要有四个方面:一是景区服务质量标准、操作规范偏离实际,可操作性差;二是景区配套设施设备、技术支持系统不能达到服务规范的要求;三是景区接待服务人员态度或能力不足,或者缺乏相应的培训、测评系统;四是景区的管理、监督及激励系统不匹配。缩小该差距的方法主要包括:根据游客的需求和景区硬件、软件的实际情况制定服务质量标准与规范;加强员工培训,提高员工素质,使其在理念、技术、行为上都能够理解和适应服务质量标准与规范的要求;条件允许时可以改进景区的硬件设施设备;改进旅游景区的监督和激励机制。

4. 服务提供与外部沟通之间的差距

所谓服务提供与外部沟通之间的差距,又可称为许诺和守诺之间的差距。对旅游景区而言,旅游宣传与促销是实现景区正常运营与管理的重要环节,但是受旅游景区自身的季节性因素影响,往往会导致宣传促销中的"许诺"与游客到访之后所享受到的服务与产品的"守诺"之间存在差距。景区除了因季节性因素等客观因素,产生此类差距的主观因素还有:景区对外宣传促销活动与内部经营管理、服务质量控制相对脱节;景区对外宣传促销时不客观或过分许诺;景区高层管理者对市场营销活动没有进行严格控制和管理。缩小该差距的方法主要有:景区要同时抓好外部营销沟通和内部营销沟通两种活动,建立内外部运转协调统一的机制;对外宣传、沟通和许诺的服务必须是游客最需要的且是景区能够完全落实的服务。

想一想：影响游客满意度的主要因素有哪些？景区应该如何应对？

视频：改进
与提升景区
服务质量的
对策措施

单元 2　改进与提升景区服务质量

对景区服务质量的监控与管理，其本质是为了改进与提升景区服务质量，是为了更有效地促进景区运营与管理，以更好地提升游客的满意度、增强景区的品牌影响力。

一、改进与提升景区服务质量的对策措施

（一）完善景区服务质量监控与管理的组织架构

首先，建立景区服务质量监控与管理领导小组，由统领整个景区运营与管理的核心人员组成，主要包括但不限于景区高层管理者和各主要部门负责人。领导小组除管理、安排、协调日常工作之外，还要引导景区向既定目标健康发展。对领导小组来说，安排、引进合适的人去做相应的工作比较关键。领导小组不必参与具体的工作，但领导小组应制定目标、内外统筹、协调管理。其次，建立景区的服务质量监控与管理部门，一般可以称为质量监督或监察部门，与其他二级部门平级，但直接对景区服务质量监控与管理领导小组负责，或者对景区的核心管理层或股东负责。其主要职责是负责对景区各个业务部门的接待服务质量、设施设备运转情况、生态环境与景观资源状况等进行监督检查，并根据分析诊断的问题及其原因，提出相应的改进措施。目前，国内一些旅游景区在景区服务质量监控与管理的机构设置上存在缺失，或者即便有相关的机构与制度，但其执行力堪忧。

（二）形成景区服务质量监控与管理的良好氛围

景区应坚持部门主导负责制与全员参与制相结合，以形成服务质量监控与管理的良好氛围。首先，积极实施游客参与制。游客是景区的直接服务对象，其对服务质量的切身感受对景区服务质量的评判与改进最有说服力。景区可通过问卷调查、游客意见箱、各种投诉等渠道获取景区现有服务质量体系与服务接待流程存在的问题，使游客真正参与到景区服务质量监控与管理过程中。要鼓励游客为景区出谋划策，帮助景区在服务质量上再上新台阶。其次，积极实施全体员工参与制。景区全体员工是景区服务质量改进的参与者与具体实施者，他们是景区服务质量监控与管理活动的主要力量。景区的点滴进步都需要全体员工发挥主观能动性来实现。目前，国内多数知名景区都不同程度地开展各类全员活动，以发动景区员工来参与景区服务质量监控与管理，如深圳欢乐谷与乌镇等景区。

（三）编制景区服务质量监控与管理的制度标准

没有规矩，不成方圆；没有岗位职责、管理制度以及服务标准和流程的约束，就无法控制服务质量的规范性、准确性。对于景区来说，等级越高，对服务质量的规范性要求也越高。首先，景区应根据自身实际情况，确定各个部门及岗位的职责、配套管理制度及服务流

程、规范。其次,景区应根据自身实际情况,确定各个岗位或区块服务的主要内容,做到全面、系统,同时参照《旅游景区质量等级的划分与评定》(GB/T 17775—2003),以及目前景区服务的实际情况,制定出旅游交通、游览、安全、卫生、邮电、购物、综合管理、资源与环境保护等标准,还应在服务态度、服务时效、服务技巧、服务礼仪等方面进行细化研究。再次,景区在自查问题的同时,要根据游客需求变化及期望、管理层或相关部门对游客期望的理解,制定出兼顾各方面的、契合实际的、可操作性强的内部执行标准。最后,景区应根据运营与管理实际情况,编制景区应知应会手册并实时更新,并根据"首问责任制"原则要求全体员工及时掌握景区的最新动态信息,来为游客提供最精准的信息服务。

试一试:以某旅游景区为例,对不同岗位的工作人员进行同类问题的咨询或提问,收集归纳其答复结果,并指出其存在问题的原因,提出相应的对策措施。

(四)建立景区服务质量监控与管理的培训体系

景区各个部门的工作人员都应对景区服务质量及游客满意度负责。景区从业人员的意识理念、素质水平、服务技能等都会影响到景区服务质量监控与管理体系。因此,景区必须建立起全员覆盖的培训制度体系,这是服务质量监控与管理的基础性工作。目前,我国很多景区的服务质量监控与管理等培训工作的开展情况并没有引起应有的重视,主要是没有意识到培训的重要性,或者是因为资金、时间、成本等顾虑而对人力资源建设投入不足。景区服务质量监控与管理体系要想取得理想的效果,必须建立良好的服务质量培训制度体系。培训工作的主要步骤包括:首先,根据景区服务质量标准、质量监控与检查及游客投诉等情况确定培训需求;其次,从景区的实际出发,确定培训方式、项目,合理安排课程,并制定相应的评估标准并与薪资待遇等级挂钩;第三,安排合适的师资对需要培训的员工进行系统性培训;最后,通过考试、跟踪调查等手段对景区培训效果进行评估。

二、景区服务质量典型情况处理

(一)内部自检典型情况处理

1. 对景区游客中心咨询服务人员"刷抖音"的情况处理

景区游客中心的咨询服务人员是景区的"窗口"形象,其形象礼仪、仪容仪表、行为举止及其对景区"应知应会"的掌握程度,都将影响游客对景区品牌形象的认知与满意度。假如景区的服务质量监控与管理体系发现有咨询服务人员在岗时间"刷抖音",应该根据如下步骤进行处理:第一,应立即制止员工的异常行为,以免其负面影响进一步扩大;第二,应根据掌握的证据(如监控录像、录音、视频、照片等物证或旁观人员的人证),对其使用手机等设备"刷抖音"等现象进行核实,使其本人确认存在违规现象或违规行为;第三,根据景区服务质量管控的相关制度与标准,对员工的行为进行酌情处理,并根据其影响程度进行批评教育或通报,情节特别恶劣的需要给予罚款、降级、调离岗位直至开除等处罚;第四,对其进行再教育与培训,并根据培训效果与评估,决定是否保留原岗位或职级待遇。

视频:景区服务质量典型情况处理

2. 对景区讲解接待服务人员"偷工减料"的情况处理

讲解接待是游客深度了解景区的重要窗口。在现实接待过程中，可能存在部分讲解接待服务人员由于各种原因对游客的讲解服务"偷工减料"，其主要表现是降低讲解深度、缩短讲解时间、遗漏讲解环节及缺失配套服务（如协助购物、互动体验）等。除根据景区服务质量监控与管理的标准要求进行核实讲解接待服务人员的服务态度、服务内容、服务技巧等方面之外，必要时应对讲解接待服务人员进行批评教育乃至处罚，并开展相应的培训与评估以确定是否保留原岗位或职级待遇。同时，景区应重视对讲解服务信息的反馈，应根据景区不同线路产品设计不同类型的游客意见反馈表，对因游客原因或其他原因调整线路及讲解服务内容的，需经游客核实确认，并在行程结束后由游客代表填写意见反馈表与满意度测评表。

3. 对景区环境卫生服务人员异常情况的处理

保洁员是景区环境卫生服务岗位中数量最多、又是最为常见的服务人员。可以说，保洁员清洁服务工作是否到位，将直接影响游客对景区环境品质的认知。试想，当游客进入景区的厕所时，发现里面臭气熏天、蚊虫乱飞是一种怎样的体验；当游客在沿线参观游览时，发现有腐烂垃圾躺在游步道边上；当游客坐在休憩椅上时，邻近的垃圾桶里的垃圾已经明显外溢。当景区服务质量监控与管理部门发现此类情况，或者接到游客投诉时，应立即采取如下处理措施：首先，立即通知后勤保洁部门指定当值保洁员或巡扫人员马上进行场地清理或保洁；其次，根据景区服务质量监控与管理的相关标准，对相关责任人员进行处理与再教育、培训与评估；再次，剖析与检查保洁员岗位职责、服务流程与规范是否符合实际，如果是由客流量过大等原因造成的，应根据景区各个区块的客流量重新制定保洁服务的标准流程与清扫频次，或者增加巡扫、清运力度。

(二) 外部他检典型情况处理

与景区内部自检不同，外部他检可以避免熟视无睹或熟人自检尴尬，也有"外来的和尚好念经"的原因。

1. 聘请第三方机构开展服务质量诊断与改进提升工作

与景区内部自检发现问题的偶然性或局部性不同,邀请第三方机构或文旅体验师开展服务质量诊断工作,通常具有较强的系统性与全面性。当景区服务质量监控与管理部门接到第三方机构或文旅体验师提供的诊断与改进提升报告之后,应重点做好三个方面的工作:第一,立即对报告中存在明显责任事故的相关部门与工作人员进行处理及批评教育,立即禁止相关现象的持续发生;第二,应联合相关部门对相关岗位的岗位职责、管理制度、服务流程及规范等进行重新梳理、修订,并对相关部门与员工进行系统培训和考核,并迅速贯彻落实;第三,对存在的问题与现象进行专项自查,以确保相关问题不再出现。

2. 通过征求游客意见与网络评价开展服务质量诊断与改进提升工作

景区服务质量监控与管理部门应根据游客意见征询表(满意度调查问卷)、意见箱或意见本、咨询信息统计分析表、网络评价意见分析报告等材料,系统分析景区接待服务过程中存在的问题与不足。其中,游客意见征询表、意见箱或意见本应每天向游客开放并每月做好统计分析;咨询信息必须每天如实记录到日志表中,并每月或每个季度做好统计分析;网络评价既要关注是否出现突发网络舆情,又要关注长期的统计分析工作。对存在的问题与不足,应联合相关部门进行深度分析与讨论,确定是景区的客观"硬伤",还是主观的"软伤";对景区能整改提升的生态环境、设施设备、服务质量、宣传推广、信息服务等"软伤"均应责成相关部门立即完成整改。

3. 通过暗访景区开展服务质量诊断与改进提升工作

与前述通过主动他检不同的是,暗访往往具有明显的被动性。一般而言,国家文化和旅游部的相关职能部门(通常是全国旅游景区质量等级评定委员会)负责全国 5A 级旅游景区的暗访工作,兼顾 4A 级旅游景区的抽检工作;省级文化和旅游主管部门所属的景区质量等级评定委员会负责辖区内 4A 级旅游景区的暗访工作,兼顾 3A 级旅游景区的抽检工作。当景区接到各级文化和旅游主管部门转发的暗访报告或通报之后,应重点做好六个方面的工作:第一,立即成立应急管理小组,尤其是应对景区可能面临警告、通报批评、降级、摘牌等严肃处理所引起的负面舆论;第二,立即对暗访报告中存在明显责任事故的相关部门与工作人员进行处理及批评教育,以立即禁止相关现象的持续发生;第三,应联合相关部门对相关岗位的岗位职责、管理制度、服务流程及规范等进行重新梳理、修订,并对相关部门与员工进行系统培训和考核,以迅速贯彻落实;第四,对景区能整改提升的生态环境、设施设备乃至景观资源等进行整改提升;第五,对全部过程资料进行总结,并将整改落实情况甚至游客的满意度等情况及时上报文化和旅游主管部门,并适时对社会进行公开做好舆论引导工作;第六,对存在的问题与现象进行专项自查,以确保相关问题不再出现。

想一想: 除文化和旅游主管部门之外,还有哪些政府职能部门会对景区日常运营与管理进行监督检查?其对应的内容有哪些?

模 块 小 结

景区服务质量是影响游客满意度的关键要素,更是影响景区品牌形象塑造与可持续发展的重要因素。因此,本模块重点从监控与管理的视角对整个景区接待服务的工作体系做一个闭环管理,阐述了开展景区服务质量监控与管理的重要意义。然后分两步探讨了如何监控、分析与诊断景区服务质量,如何改进与提升景区服务质量。首先,在梳理景区服务质量监控与管理的渠道、类型、内容的基础上,分别提出了建立景区服务质量标准、发现景区服务质量的问题与短板、剖析其中存在问题的原因。其次,从系统性角度提出了改进与提升景区服务质量的四条对策措施,并分别从内部自检和外部他检两个视角分享了典型情况的处理步骤与技巧。

讨论与思考

根据图 11-1,思考景区内部自检或外部他检的相关服务质量问题或短板都需要从哪些方面整改提升?

模 块 测 验

一、名词解释

1. 景区服务质量

2. 景区服务质量监控与管理

3. 内部质量监控与管理

4. 外部质量监控与管理

二、填空题

1. 景区的生态环境、景观资源及设施设备都是固定不变的,唯一能影响或促成"物有所值"向"物超所值"或"价美物廉"转变,关键就看景区的软件管理体系、流程性材料与服务,而其最终体现就是_____与_____。

2. 景区服务质量的监控与管理,通常可以分为内部_____、外部_____两个途径。

3. 一般来说,根据景区外部服务质量监控与管理的实施主体来划分,可以分为_____、文旅体验师、_____及政府主管部门等。

4. 根据景区接待游客的实际感受与满意度进行监控与管理,其涉及的内容往往更加宽泛且具有典型的_____与_____。

5. 在明确景区服务质量监控与管理的渠道以及完成相关标准体系建立的基础上,景区应通过自我检查、_____、_____等手段,对景区服务质量进行系统分析与诊断,以明确存在的问题与短板及其原因。

三、选择题

1. 景区服务质量的地位与内容主要包括哪几部分?(　　　)

A. 实物产品质量　　　　　　　　　B. 设施设备质量

C. 景区环境质量　　　　　　　　　D. 劳务活动质量

2. 根据内部自我监督与管理的层级或主体划分,可以分为哪几个层次?(　　　)

A. 基层自检　　　　　　　　　　　B. 中层部门常规检查

C. 高层抽检　　　　　　　　　　　D. 主管部门检查

3. 下列哪些方式是游客监督的常见方式?(　　　)

A. 游客投诉　　　　　　　　　　　B. 游客咨询

C. 景区意见征询问卷　　　　　　　D. 网络平台留言

E. 网络平台评价

4. 对于一个乡村旅游型或研学型旅游景区而言,其在制定或建立服务质量标准时,一般选择哪种标准?(　　　)

A. 高品质型服务质量标准　　　　　B. 常规型服务质量标准

C. 经济型服务质量　　　　　　　　D. 主题型服务质量标准

5. 景区常见的服务质量问题或短板包括下列哪几项?(　　　)

A. 接待服务人员的行为与态度　　　B. 接待服务的时效性

C. 接待服务内容的缺失　　　　　　D. 配套服务设施的失灵

E. 景区天气条件不如意

四、简答题

1. 为什么说景区质量提升是景区安身立命之本?

2. 结合案例谈谈景区如何提高自身的服务质量?

3. 分析景区服务质量存在的原因?

4. 景区服务质量标准体系通常可由哪些部分组成?

扩展技能训练

以某旅游景区为例,利用 OTA 平台的网络评价数据及现场体验信息反馈、游客满意度调查等方式,对景区服务质量进行系统分析与诊断,并提出相应的整改措施。

参考文献

[1] 黄齐超.菜品量化公示缘何成为景区餐饮的"一股清流"？[N].中国旅游报,2023-1-31(3).

[2] 余子萍.现代景区职业经理人[M].北京:化学工业出版社,2010.

[3] 陈才,黄丽.旅游景区管理[M].2版.北京:中国旅游出版社,2016.

[4] 陈晓磬.旅游景区的概念及相关学术语境构建[J].地理与地理信息科学,2012,28(1):100-105.

[5] 温燕.旅游景区服务与管理[M].武汉:华中科技大学出版社,2017.

[6] 邹统钎.景区服务与管理[M].南京:南京师范大学出版社,2013.

[7] 曾兰君.景区服务与管理[M].北京:北京理工大学出版社,2015.

[8] 刘巧萍.关于旅游服务与管理专业学生职业素质培养研究[J].中国农村教育,2019,295(9):52.

[9] 杨絮飞,蔡维英.旅游景区管理[M].2版.北京:北京大学出版社,2020.

[10] 高霞蓉.无障碍旅游理念传播的新趋势[J].中华文化论坛,2016(2):174-176.

[11] 方小燕.景区服务与管理[M].北京:清华大学出版社,2015.

[12] 张芳蕊,索虹.景区服务与管理[M].2版.北京:清华大学出版社,2019.

[13] 王昕,龚德才,张海龙,等.旅游景区服务与管理[M].北京:中国旅游出版社,2018.

[14] 陈文专.开展研学旅游的意义、不足和对策[J].旅游纵览,2022(23):44-46.

[15] 彭松林,李臻.公共文化服务机构研学旅行服务:意义、现状与策略[J].图书馆杂志,2022,41(3):32-40.

[16] 杨晓.研学旅行的内涵、类型与实施策略[J].课程·教材·教法,2018,38(4):131-135.

[17] 张建忠,程小琴,江海涛.旅游景区管理实务[M].上海:上海交通大学出版社,2016.

[18] 李琳,刘悦琛图.山东旅游商品的一点新玩法儿[J].走向世界,2022-8:58-61.

[19] 马树生,许萍.模拟导游[M].3版.北京:旅游教育出版社,2004.

[20] 窦志萍.导游技巧与模拟导游[M].北京:清华大学出版社,2006.

[21] 马树生.导游实务[M].北京:旅游教育出版社,2013.

[22] 唐由庆.景区讲解服务[M].北京:高等教育出版社,2015.

[23] 李向东.大型游乐设施安全管理与作业人员培训教程[M].北京:机械工业出版社,2018.

[24] 董观志.景区运营与管理[M].武汉:华中科技大学出版社,2017.

[25] 王瑜.旅游景区服务与管理[M].4版.大连:东北财经大学出版社,2020.

读者意见反馈

为收集对教材的意见建议,进一步完善教材编写并做好服务工作,读者可将对本教材的意见建议通过如下渠道反馈至我社。

咨询电话 400-810-0598

反馈邮箱 gjdzfwb@pub.hep.cn

通信地址 北京市朝阳区惠新东街4号富盛大厦1座
高等教育出版社总编辑办公室

邮政编码 100029

责任编辑:张卫

高等教育出版社 高等职业教育出版事业部 综合分社

地 址:北京市朝阳区惠新东街4号富盛大厦1座19层

邮 编:100029

联系电话:(010)58582742

E-mail: zhangwei6@hep.com.cn

QQ: 285674764

(申请配套教学资源请联系责任编辑)